Les névroses

Les névroses

Pierre Janet

Editions le Mono

ISBN : 978-2-36659-6496
EAN : 9782366596496

Table des matières

Introduction

Introduction

Les ouvrages courts qui résument en quelques idées générales un très grand nombre d'études scientifiques sont fort difficiles à écrire et fort dangereux pour l'auteur. Ils suppriment les observations des faits particuliers qui peuvent être exactes et intéressantes même si les théories sont insuffisantes, ils ne permettent pas d'indiquer les exceptions, les restrictions que tout auteur même systématique ajoute toujours à ses thèses et qui en atténuent la fausseté inévitable. Ils grossissent et mettent en évidence cette fausseté inhérente à tout système qui essaie de classer et de fixer les formes innombrables et changeantes des phénomènes naturels. Cependant de tels ouvrages sont utiles; ils instruisent rapidement et éveillent la curiosité ainsi que le désir d'étudier mieux les questions dont ils traitent. Ils montrent ce qu'il y a d'intéressant et d'utile dans une conception d'ensemble, dans une méthode; ils indiquent la voie à suivre pour critiquer et pour perfectionner. Un auteur qui a longtemps poursuivi les études de détail doit peut-être quelquefois affronter de tels ouvrages.

Voici vingt ans que je publie de gros volumes d'études particulières sur les Névroses, ces volumes contiennent plus de cinq cents observations détaillées de malades de toutes espèces et de nombreuses analyses psychologiques et physiologiques de leurs troubles si variés. Ces analyses me paraissent constituer la partie la plus intéressante de mes recherches, elles serviront de matériaux à ceux qui dans quelques années édifieront la théorie des maladies de l'esprit humain. Mais je n'ai pas pu accumuler tant d'observations sans avoir quelque conception générale, au moins quelque idée directrice pour grouper les faits et pour présenter un résumé à la mémoire. Ce sont ces quelques idées générales sur les Névroses que, sur la demande de M. le Dr Gustave Le Bon, je voudrais résumer dans ce livre, en priant le lecteur de m'excuser si je ne puis les accompagner ici des démonstrations et des discussions que j'ai souvent présentées ailleurs.

Ces études ne peuvent pas porter sur tous les phénomènes appelés à tort ou à raison névropathiques, mais elles doivent se borner à étudier les plus importants et les plus fréquents et surtout les mieux connus. La première partie de ce livre présentera une description rapide d'un certain nombre de symptômes qui me paraissent devoir rester longtemps encore dans le cadre des Névrose et qui se rattachent à deux maladies névropathiques fréquemment étudiées aujourd'hui. Dans la seconde partie, j'essayerai de tirer de ces études quelques notions d'ensemble sur ces deux névroses intéressantes : l'*Hystérie* et la *Psychasténie,* et une conception au moins provisoire de ce qu'on peut appeler en général une névrose.

Première Partie :
Les symptômes névropathiques

Chapitre I

Les idées fixes et les obsessions.

Dès le début des études médicales, les observateurs avaient noté avec étonnement un trouble particulier de l'intelligence, une sorte de délire bizarre que l'on ne pouvait ranger dans l'aliénation proprement dite, parce qu'il était très passager et ne troublait guère les rapports du malade avec la société. Ce délire passager se présentait chez les Pythonisses, chez les Sybilles, sur le trépied sacré de Delphes : il réapparut plus tard chez les possédés du Diable et chez les extatiques possédés de Dieu, il se montra souvent chez une foule de malades tourmentés par un chagrin, une passion ou un remords. Shakespeare nous donne, dans le drame de *Macbeth*, une excellente description de la conception populaire que l'on se faisait alors de ce trouble mental. Lady Macbeth marche dans son sommeil les yeux ouverts, mais sans voir les témoins; elle raconte tout haut le meurtre de Banco sans s'apercevoir de la présence du médecin et de la dame suivante, elle pousse des cris de terreur, quand elle croit voir sur son doigt la fameuse tache de sang : « damnée tache, tous les parfums de l'Arabie ne t'enlèveront pas ». C'est ce phénomène de l'idée fixe que nous considérons encore aujourd'hui comme le type de ces symptômes surprenants que l'on range dans les névroses. Nous verrons les principales formes qu'il prend chez différents malades; ses variétés, ou du moins deux d'entre elles, sont assez distinctes pour caractériser dès le début deux groupes de malades différents. Les caractères de ces troubles devront ensuite être compris avec quelque précision, car ils se trouveront, si je ne me trompe, dans un grand nombre d'autres manifestations névropathiques.

1. - Les idées fixes de forme somnambulique.

Dans un premier groupe d'observations, l'*idée* qui trouble l'esprit *se présente d'une manière exagérée* et souvent assez dramatique *pendant des états de conscience anormaux,* des sortes de crises qui méritent le plus souvent d'être appelées *des somnambulismes.* Dans les cas les plus simples, cette idée est le souvenir d'un événement de la vie du sujet, souvenir exact mais qui se reproduit mal à propos sans rapport avec les circonstances environnantes.

Voici un premier exemple : une jeune femme de vingt-neuf ans, Gib…, intelligente, vive, impressionnable, reçoit un jour un peu trop brusquement une fatale nouvelle : on lui annonce que sa nièce, habitant la maison voisine et déjà malade depuis quelque temps, vient de succomber dans des conditions terribles. Elle se précipite au dehors et arrive malheureusement à temps pour voir, sur le trottoir, le cadavre de cette jeune fille qui, dans un accès de délire, s'était précipitée par la fenêtre. Gib…, quoique très émue, conserve en apparence son sang-froid, aide à tous les funèbres préparatifs, assiste à l'enterrement, etc. Mais, à partir de ce moment, son humeur s'assombrit de plus en plus, sa santé s'altère et l'on voit commencer les singuliers accidents suivants. Très souvent, presque tous les jours, la nuit ou le jour, elle entre dans un état bizarre, elle paraît être dans un rêve : tout doucement elle bavarde avec une personne absente qu'elle appelle Pauline (c'était le nom de la nièce morte récemment), elle lui dit qu'elle admire sont sort, son courage, que sa mort a été très belle, elle se lève et s'approche des fenêtres, elle les ouvre, les referme, les essaye les unes après les autres, monte sur l'appui de la fenêtre, et évidemment si on ne l'arrêtait pas, se précipiterait. Il faut la retenir, la surveiller sans cesse, jusqu'à ce qu'elle se secoue, se frotte les yeux et reprenne ses occupation ordinaires comme si rien ne s'était passé.

Un homme de trente-deux ans, Sm., présente un cas encore plus étrange, il est d'ordinaire toujours couché sur son lit, car il a les deux jambes paralysées. Ne nous occupons pas aujourd'hui de cette paralysie, quoiqu'elle soit bien singulière. Au milieu de la nuit le voici qui se redresse tout doucement, il saute en bas de son lit avec légèreté, car la paralysie précédente a totalement disparu; il prend son oreiller, le serre précieusement dans ses bras et lui parle comme à un enfant; il croit en effet tenir son petit garçon et veut l'enlever pour le faire échapper aux persécutions d'une belle-mère. En portant ce fardeau, il sort de la salle sans faire de bruit, ouvre les portes, se sauve au travers des cours, puis en s'accrochant à une gouttière, il grimpe sur les toits, et le voici qui, avec une agilité merveilleuse, emporte son oreiller autour de tous les bâtiments de l'hôpital. C'est toute une affaire que le rattraper, de le faire descendre avec précaution, car il se réveille avec un air tout hébété, et dès l'instant où il se réveille de son rêve, il est de nouveau paralysé des deux jambes, et on est obligé de la porter jusqu'à son lit. Il ne comprend rien à ce qu'on lui dit, et ne peut pas s'expliquer qu'on ait été obligé de le chercher sur les toits un pauvre homme qu'une paralysie totale des deux jambes retient sur son lit depuis des mois.

Une dernière observation, car je tiens à multiplier les exemples instructifs. Nous revenons au cas banal d'une jeune fille, Irène, âgée de vingt ans, qui tombe malade à cause du désespoir causé par la mort de sa mère. Il faut se rappeler que la mort de cette femme a été réellement très impressionnante et très dramatique. La pauvre femme, au dernier degré de la phtisie, était restée seule avec sa fille dans une pauvre chambre d'ouvrier, la mort est venue peu à peu avec les étouffements, les vomissements de sang et tout son cortège effrayant de symptômes. La jeune fille a lutté désespérément contre l'impossible, elle est restée soixante nuits près de sa mère, sans se coucher, travaillant à la machine à coudre pour gagner quelques sous pendant les instants où la mourante la laissait libre. Elle a essayé de faire revivre le cadavre, de le faire respirer; dans ces essais, elle a fait tomber le corps hors du lit et au eu une peine infinie à le remonter. Ce fut toute une scène macabre que l'on peut aisément imaginer.

Quelque temps après l'enterrement, ont commencé chez Irène des accidents très curieux et vraiment très impressionnants. Ce fut un des plus beaux cas de somnambulisme auquel j'aie assisté : il se prolongeait pendant des heures entières et il présentait un admirable spectacle dramatique, car aucune actrice ne pourrait jouer ces scènes lugubres avec tant de perfections. La jeune fille, en effet, avait la singulière habitude de rejouer tout entière, dans tous ses détails, les scènes qui avaient eu lieu au moment de la mort de sa mère; tantôt elle parlait et alors elle racontait tout ce qui s'était passé avec une grande volubilité, faisant les demandes et les réponses, ou bien en faisant seulement les demandes et ayant l'air d'écouter les réponses. Tantôt elle se bornait à voir devant elle ces mêmes spectacles, les yeux fixes, devant les scènes auxquelles elle assistait et en prenant des attitudes en rapport avec ces scènes. Mais le plus souvent elle réunissait tout, hallucinations, paroles et actions, et semblait jouer alors une comédie bien singulière. Quand dans son drame, la scène de la mort était achevée, elle continuait la même série d'idées en préparant son propre suicide. Elle le discutait tout haut, en ayant l 'air de causer avec sa mère et d'en recevoir des conseils et elle imaginait de se faire écraser par un locomotive de chemin de fer. Ce détail d'ailleurs était encore en rapport avec le souvenir d'un événement réel de sa vie. Elle croyait être sur la voie et s'étendait de tout son long sur le plancher de la salle en se disant sur les rails. Elle attendait avec impatience et effroi, elle avait des poses et des expressions de physionomie admirables qui restaient figées pendant plusieurs minutes. Le train arrivait devant ses yeux dilatés par la terreur, elle poussait un grand cri et restait immobile, comme morte. D'ailleurs elle ne tardait pas à se relever et à recommencer la comédie à l'une des scènes précédentes. Un caractère en effet de ces somnambulismes, c'est qu'ils se répètent indéfiniment : non seulement les divers accès successifs sont toujours exactement les mêmes avec les mêmes poses, les mêmes expressions et les mêmes paroles, mais encore au cours d'un même accès assez prolongé la même histoire peut être répétée une dizaine de fois exactement semblable. Enfin l'agitation paraissait s'épuiser, le rêve était moins net et graduellement ou brusquement suivant les cas, le sujet revenait à son état normal de conscience. Il reprenait ses occupations antérieures sans se préoccuper le moins du monde de ce qui venait de se passer.

Des exemples de ce genre pourraient être répétés indéfiniment, tous les événements de la vie peuvent être reproduits dans des scènes semblables. Celui-ci répète un incident dans lequel il a été mordu par un chien, celui-là reproduit dans son rêve l'émotion qu'il a éprouvée quand il a été blessé par la chute d'un ascenseur; cette petite fille recommence une scène qui s'est passée à la pension et dans laquelle elle avait été punie gravement; cette jeune fille reproduit une scène de viol, ce jeune homme une bataille dans la rue, cet autre un chapitre de roman qu'il a lu et dans lequel des voleurs entrent par une lucarne et le ligottent sur son lit.

Dans d'autres cas de ce genre, *les idées fixes porteront sur des faits tout à fait imaginaires* comme on peut le voir chez les sujets qui se figurent être en Enfer, au milieu des démons ou qui se croient transportés dans le Ciel, ou qui jouent comme Louise Lateau la scène de la crucifixion. Un exemple amusant de cette forme du phénomène nous est donné dans l'observation du jeune Vi... Ce jeune homme de dix-sept ans est employé dans une pharmacie, ce qui lui a permis d'acquérir quelques vagues connaissances médicales; à la suite de différents bouleversements, en particulier après la mort de son jeune frère, il présente le délire suivant. Presque tous les jours et souvent plusieurs fois par jour, on le voit quitter ses occupations, changer d'attitude et de langage. Il se tient debout, les yeux ouverts et marche au milieu de la salle avec dignité : il s'arrête contre le mur, se baisse un peu, frappe avec ses doigts comme s'il percutait la poitrine d'une personne imaginaire; il s'incline et couche son oreille sur cette personne. Il se relève et d'un ton doctoral se met à dire : « il va mieux aujourd'hui, mais il a encore une forte toux et de la température; on entend des bruits crépitants, vous savez, comme du sel mis sur le feu; il a mal aux reins, mal à la tête, toujours soif, quelques suffocations; c'est bien la broncho-pneumonie, une inflammation du parenchyme du poumon. Écrivez : teinture de digitale 20 gouttes, des cachets de thiocol, pour lui cicatriser le poumon... » Il avance dans la salle et continue son manège et ses démonstration. Cette fois, il s'agit d'un prétendu épileptique : « épilepsie idiopathique, messieurs... les circonvolutions du cerveau sont convexes, séparées par le conduit médullaire... il a de l'épilepsie double, la tonique et la clonique. Écrivez : KBr, LaBr, KI, aaa 5 grammes, sirop d'écorces d'oranges amères 30 grammes, eau, q.s. pour 300 grammes... », etc. Il continue ainsi pendant des heures. On voit qu'il joue le rôle d'un médecin d'hôpital qui fait la visite d'une salle, s'arrête devant chaque lit, dit quelques mots d'explication aux élèves et dicte l'ordonnance. Au bout d'un certain temps Vi... paraît fatigué, il parle plus lentement, il ferme les yeux, puis il a quelques secousses, il reprend ses occupations ordinaires ou sa lecture sans s'excuser de ce qui vient de se passer : si on lui en parle, il prétend qu'on se moque de lui cependant dans quelque temps la même crise va recommencer, il va se retrouver dans la même salle avec les même malades qui n'ont aucunement changé, et il va répéter au même endroit les mêmes gestes et les mêmes paroles.

Enfin dans un autre groupe nous pourrions placer *des idées fixes portant moins sur une représentation que sur une action.* Le sujet ne semble plus songer qu'à une action qu'il cherche à exécuter malgré tous les obstacles. Bien des impulsions à voler, à frapper les autres, à attenter à sa propre vie, ou simplement à boire, se présentent sous la même forme que les crises précédentes. J'ai souvent insisté sur l'observation de Maria, une femme de trente ans, qui se met à boire pendant des journées entières tout à fait de la même manière que les somnambules précédents jouaient leur comédie. Elle finit par tomber dans quelque ruisseau et se réveille dans un hôpital ou dans une prison sans savoir pourquoi elle se trouve là et sans pouvoir comprendre ce qu'elle a fait pendant les huit jours précédents. Plus souvent qu'on ne le croit, de véritables crimes sont exécutés dans ces conditions et on peut en voir un bel exemple dans l'observation récemment publiée par le Dr Biaute.

Dans les cas précédents, l'idée fixe se manifestait d'une manière complète à la fois par des actes, des paroles, des attitudes, des perturbations émotionnelles, des hallucinations, des rêves. *Mais le syndrome peut être moins complet et les premiers termes de ces manifestations peuvent être supprimés.*

Par exemple, l'action proprement dite disparaît souvent, *le sujet au lieu de jouer son rêve se borne à la parler* : il décrit la rivière où il a failli se noyer, le bateau qui chavire, le froid de l'eau. Sans doute il manifeste par ses expressions de physionomie et ses contorsions les émotions qu'il ressent, mais il ne joue pas la scène, il ne nage pas sur le parquet, il se borne à raconter qu'il le fait. Su... est bien amusante quand elle se figure monter au ciel, quand elle décrit les nuages qui se rapprochent d'elle, les hommes qui deviennent tout petits, la terre qui est bien loin et les anges qui viennent au-devant d'elle : « ils volent, ils agitent leurs ailes bleues, les voici tous qui m'entourent; cher ange, garde-moi dans tes bras, c'est si doux, laisse-moi toujours dans ce bonheur! »

Un degré au-dessous et le sujet cesse même de parler, *il n'exprime son idée fixe que par l'attitude de son corps et l'expression de sa physionomie*, il reste comme figé avec une expression magnifique de joie, d'extase, de peur ou de colère. Ce sont les attitudes cataleptiques qui ont joué un grand rôle dans les épidémies religieuses et dans les études des artistes. Un degré encore au-dessous, les attitudes des membres disparaissent, ils restent immobiles et retombent inertes si on les déplace; seuls les changements de la physionomie, les grandes modifications de la respiration et des palpitations du cœur indiquent les émotions qui bouleversent l'esprit du sujet. Un pas de plus encore et nous arrivons à un phénomène qui n'est pas toujours bien compris : le malade semble s'être évanoui, il a les yeux fermés, les membres en résolution, la respiration régulière, c'est en vain qu'on essaye de le secouer, il ne réagit en aucune manière. Au bout d'un certain temps, très variable, il se réveille de lui-même et soutient qu'il ne lui est rien arrivé; souvent même il ne se souvient pas de s'être endormi. Pouvons-nous aussi comparer cet état aux précédents et l'appeler encore une idée fixe de forme somnambulique? Dans quelques cas, je crois que cela est exact, on peut observer d'abord que ces nouveaux accidents se produisent dans les mêmes conditions que les précédents après un fait émotionnant et après les événements qui le rappellent. Ensuite dans certains états que nous étudierons plus tard on peut rappeler les souvenirs de ce qui s'est passé pendant ces sommeils, on peut forcer les sujets à dire tout haut les rêves qu'ils ont eus. On voit alors que leur immobilité et leur inertie n'étaient qu'apparents, *l'idée fixe se développait en dedans d'eux-mêmes par des hallucinations et des images sans se manifester au dehors* et le sujet se racontait à lui-même : « je vais mourir, voici mon petit cercueil sur deux chaises, mes amies le couvrent de roses blanches, etc... ». Malgré la dégradation des expressions extérieures, l'idée fixe a toujours conservé ses caractères essentiels.

2. - Les idées fixes partielles ou de forme médianimique.

Quand les idées fixes deviennent ainsi incomplètes, il se produit souvent un phénomène remarquable, difficile à expliquer au point de vue clinique. Les idées ne remplissent pas l'esprit tout entier comme dans les cas précédents, d'autre pensées étrangères à l'idée fixe peuvent se développer chez le sujet en même temps ou en apparence simultanément et le sujet quoique en proie à son idée fixe peut continuer à parler d'autre chose. Mais ce qu'il y a de remarquable, c'est que ce sujet qui s'exprime ainsi *semble ignorer le délire qui se développe au dedans de lui-même* ou n'en connaître que quelques fragments. Non seulement il semble oublier son idée fixe après son développement mais il semble l'ignorer pendant le développement même.

Le cas le plus typique qui fera comprendre le caractère étrange de ce groupe nous est fourni par les délires qui prennent la forme de *l'écriture des médiums* et c'est pourquoi j'ai proposé d'appeler ces idées fixes partielles des idées fixes à forme médianimique. L'écriture des médiums, cette écriture intelligente qui semble se produire à l'insu du sujet est, dira-t-on, un phénomène artificiel déterminé par une certaine éducation. C'est possible, mais nous n'avons pas à rechercher en ce moment l'origine des accidents, il nous suffit de décrire la forme qu'ils prennent dans certains cas. Or l'écriture des médium est toujours un délire partiel, d'ordinaire très passager et de peu d'importance, mais dans certains cas elle peut constituer un accident grave et mérite d'être prise comme type de ce groupe de phénomènes. L'observation de My... à laquelle je renvoie est bien remarquable. Cette femme de trente-huit ans, pour charmer ses ennuis, a pris la mauvaise habitude d'interroger les esprits : mais ceux-ci ne tardent pas à lui jouer un mauvais tour. Dès qu'elle est distraite le moins du monde, sa main droite prend un crayon et se met à écrire une phrase qui est malheureusement toujours la même : « Il ne faut pas te tourmenter de ce que je vais transcrire, tu vas mourir; il est trop tard pour te guérir, rien au monde ne peut guérir cette maladie... ne te révolutionne pas outre mesure, tu vas mourir, etc. ». La pauvre dame trouve cette phrase partout : elle écrit à un professeur relit la lettre il n'y a que deux lignes qui soient correctes et pendant quatre pages s'étale la formule : « tu vas mourir, il est trop tard... » My... soutient qu'elle ne pense pas du tout à la mort, qu'elle n'a aucune envie d'écrire cette phrase et qu'elle ne se sent pas ce que fait sa main quand elle l'écrit; mais elle beau faire la brave, ces messages la bouleversent et déterminent toutes sortes d'accidents nerveux.

Ce délire sous forme d'écriture automatique s'observe très fréquemment et peut prendre des formes très graves. Cependant dans les cas les plus ordinaires il est simplement risible : qui n'a pas connu ces familles éplorées, au désespoir, parce que la jeune fille de la maison voulait évoquer des anges et que sa main, guidée par le démon, n'écrit que des obscénités?

Cette première forme du phénomène nous permet de mieux comprendre d'autres accidents du même genre. À côté de l'écriture automatique il a *la parole automatique*. On connaît l'histoire des petits prophètes cévénols pendant la révolte des Camisards : ils parlaient involontairement en croyant obéir à une impulsion étrangère : « ils écoutaient, dit un témoin, leurs propres paroles comme provenant de l'Esprit. Ils avaient le sentiment que leurs idées leur étaient fournies à mesure que les mots leur étaient dictés, que leur langue était mise en mouvement sans qu'ils y fussent pour rien ». Au XVIIIe

siècle, Carré de Montgeron décrivant les convulsionnaires du cloître Saint-Médard racontait le fait suivant : « Il arrive souvent que la bouche des orateurs prononce une suite de paroles indépendantes de leur volonté en sorte qu'ils s'écoutent eux-mêmes comme les assistants et qu'ils n'ont connaissance de ce qu'ils disent qu'à mesure qu'ils le prononcent ». Beaucoup de nos malades présentent aujourd'hui des phénomènes du même genre et quand nous parlerons du mutisme nous verrons plusieurs sujets qui ne peuvent plus parler volontairement, mais qui sont tout étonnés d'entendre leur bouche prononcer des paroles qu'ils n'ont ni voulues, ci conçues.

D'autres actes que la parole peuvent être ainsi en rapport avec *ce délire partiel qui semble se développer au-dessous de la conscience normale* et qui mérite d'être appelé *subconscient*. Je rappelle seulement un fait amusant que j'ai décrit autrefois : une femme de vingt ans, B… qui avait déjà présenté toutes sortes d'accidents névropathiques venait se plaindre de ce qu'elle appelait des vertiges. Quand elle marchait dans la rue, le sol se dérobait tout à coup sous ses pieds, elle se sentait précipitée en avant et devait se retenir pour ne pas tomber. Ce vertige qui ne se rattachait à aucun symptôme précis a paru longtemps inexplicable jusqu'à ce que nous ayons pu pénétrer dans les rêveries qui remplissaient la conscience de la malade à son insu. Quelque temps auparavant elle avait fait une visite à ses parents et ceux-ci lui avaient violemment reproché sa conduite irrégulière. En revenant, elle rêvait à ces accusations et prenait dans son rêve une résolution qui simplifie toujours beaucoup les choses, celle de se jeter à la Seine; elle enjambait alors le parapet et sautait dans l'eau. Mais cette chute imaginaire faite simplement dans la rue déterminait un soubresaut qui la réveillait; elle se sentait alors tomber en avant sans savoir pourquoi et éprouvait cette impression de vertige dont elle était venue se plaindre.

Une dernière forme bien intéressante de ces idées fixes partielles est *la forme hallucinatoire*. Au milieu de ses autres pensées, le sujet est tout d'un coup étonné par une hallucination qui lui apparaît sans qu'il en sache l'origine. Il est facile de montrer que cette hallucination n'est qu'un fragment de tout un rêve, de toute une idée fixe dont la plus grande partie reste latente. Il est curieux de voir les deux formes de l'idée fixe chez certains sujets. Cu... par exemple, a des accidents somnambuliques analogues aux précédents dans lesquels elle rencontre un individu nommé Joseph, le voit, s'entretient avec lui et ne lui refuse rien. Mais au milieu de la journée, le même sujet bien tranquille voit subitement apparaître la tête de Joseph, ou sent l'odeur de sa cigarette, ou sent sa joue frôlée par une moustache. Une pauvre mère qui a perdu ses deux enfants voit des draps noirs, des squelettes, un corbillard qui passe dans la salle.

Enfin je crois que dans certains cas, la manifestation de ces idées fixes partielles peut être encore plus réduite et qu'il faut quelquefois rattacher à ces phénomènes des émotions subites, des peurs inexplicables qui traversent tout d'un coup la conscience du sujet sans rapport apparent avec les idées qu'il a en ce moment. Telles sont les diverses formes complètes ou incomplètes des idées fixes à forme somnambulique ou à forme médianimique que l'on observe chez les hystériques.

3. - Les obsessions.

Les idées qui troublent l'esprit sont loin de se présenter toujours sous la forme que nous venons de décrire. Chez d'autres névropathes, peut-être plus nombreux que les précédents, que j'ai proposé de désigner sous le nom de *psychasténiques*, on observe des troubles intellectuels analogues qui consistent aussi dans l'importance exagérée que prend une certaine idée et dans les troubles que cette idées entraîne avec elle; mais chez eux les idées pathologiques ne se présentent pas de la même manière. Il s'agit des *obsessions des psychasténiques*, et nous verrons peu à peu en quoi elles différent des idées fixes des hystériques.

L'aspect de ces malades et la manière même dont nous connaissons leurs troubles sont tout à fait différents. On vient de voir que l'hystérique, dans les cas typiques, oublie complètement le sujet de ses rêves et la scène qu'elle a jouée pendant la crise précédente. Quand elle est revenue à l'état normal, elle peut tout au plus nous raconter qu'elle a souvent de singulières attaques, qu'on lui a dit qu'elle parlait, qu'elle remuait, mais elle sait très vaguement de quoi il s'agit. Souvent, il est curieux d'observer que, pendant cet état normal, elle n'est pas du tout préoccupée du sujet qui devient idée fixe dans ses crises, elle l'a quelquefois entièrement oublié. L'autre malade dont il nous reste à parler, est tout à fait différent : il est embarrassé, gêné, il a peine à s'exprimer; mais, en réalité, il sait parfaitement ce qui le tourmente. Au lieu d'apprendre par l'entourage du malade le sujet de l'idée fixe, c'est par le malade lui-même que nous apprenons le contenu de l'obsession, car il peut en indiquer tous les détails. Il en résulte que la crise dans laquelle cette idée se développe est beaucoup moins nette, elle n'a pas un commencement et une fin bien déterminées. La préoccupation est presque continuelle et présente simplement des moments d'exaspération.

Voyons donc, d'après les dires des malades, les idées qui les préoccupent; nous reprendrons ensuite les caractères de ces obsessions en même temps que ceux des idées fixes précédentes. *Les sujets de ces obsessions* peuvent être extrêmement variés et la liste en serait interminable. J'ai cependant essayé de les répartir en quelques groupes qu'il me semble intéressant de conserver pour mettre un peu d'ordre dans l'exposé.

1° *Obsessions et impulsions sacrilèges.* — Dans un premier groupe, il s'agit évidemment d'obsessions religieuses, mais ce sont des idées religieuses toutes spéciales et ayant un aspect horrible, monstrueux, en dehors de toute croyance raisonnable. Au lieu de se préoccuper des événements de la vie commune, de la mort d'un enfant, de l'absence d'une personne aimée, ces malades songent à des crimes religieux, irréalisables et fantastiques. Un homme de quarante ans, après beaucoup de tergiversations, nous fait l'aveu de ce qui le tourmente jour et nuit. Il vient de perdre, il y a deux ans, son père et son oncle pour qui il avait la pus grande affection et la plus grande vénération : il les pleure, cela est naturel. Va-t-il être obsédé par l'image de leur figure comme une hystérique pleurant son père? Non. Il est obsédé par la pensée de l'âme de son oncle. Mais ce qui est effroyable, c'est que l'âme de son oncle est associée, juxtaposée ou confondue (nous savons que ces malades s'expriment très mal) avec un objet répugnant : des excréments humains. « Cette âme gît au fond des cabinets, elle sort du derrière de M. un tel, etc., etc. ». Il fait une foule de variations sur ce joli thème et il pousse des cris d'horreur, se frappe la poitrine : « Peut-on concevoir abomination pareille, penser que l'âme de mon oncle c'est de la m... ». Le cas est intéressant par sa grossièreté; une idée de ce genre présente, à mon avis, un cachet tout spécial : elle avertit déjà le médecin qui ne le rencontrera guère en dehors du délire du scrupule.

J'ai beaucoup insisté sur le cas d'une jeune fille qui croit constamment voir devant elle les parties sexuelles d'un homme en train de souiller une hostie consacrée. Il est bon de remarquer qu'elle ne se borne pas à regarder ce spectacle imaginaire, à méditer sur lui, elle prétend être poussée à y collaborer, à souiller elle-même l'hostie, à commettre toutes sortes d'actes immodestes et sacrilèges. D'autres répètent sans cesse : « Je pense tout le temps que le diable me pousse à faire des malpropretés pour m'empêcher de faire mon salut ».

Enfin, ce qui est banal chez tous, c'est l'idée du blasphème, « parler mal des choses divines, penser au démon en faisant des prières et insulter Dieu au lieu de le prier..., ne savoir exprimer que la haine de Dieu d'une façon mauvaise et grossière, se révolter contre Dieu et le maudire, dire des blasphèmes dès qu'on pense à la religion... cochon de Dieu, etc. », telles sont les paroles que répètent un grand nombre de ces malades. Ceux-là mêmes qui ont des obsessions d'une autre nature mêlent la divinité et la religion à leur maladie « Je suis damnée, je lutte contre Dieu lutte contre mon cerveau malade, je me moque de Dieu si je consens à me soigner ». L'idée de sacrilège se mêle aux autres idées.

2° *Obsessions et impulsions du crime.* — Plus fréquemment peut-être les malades sont préoccupés d'idées morales et pensent constamment à quelque action criminelle qu'ils ne veulent pas faire et qui les tente cependant. Dans les cas complets, l'impulsion est indissolublement associée à l'obsession proprement dite. L'un se figure qu'il est poussé à violer une vieille femme, sur un banc, devant une église. Un autre prétend être poursuivi par la tentation de frapper les gens avec un couteau pointu «qui crève les yeux, qui entre bien». Ger... est poussée à couper la tête de sa petite-fille, et à la mettre dans l'eau bouillante. D'ailleurs, on ne peut compter les scrupuleux qui ont des impulsions à frapper des gens et surtout à frapper leurs enfants à coups de couteaux. Dans une conférence que je faisais récemment à la Salpêtrière sur ces malades, j'avais pu réunir cinq mères de famille, répétant toutes en pleurant exactement la même chose : que quelque chose les poussait à frapper leurs petits enfants avec un couteau pointu. Ces obsessions impulsives, qui semblent pousser les malades à l'homicide, sont parmi les plus fréquentes et les plus connues. Schopenhauer rapportait déjà un cas d'impulsion à l'homicide chez un malade qui avait conscience de l'absurdité d'une semblable idée et s'en désolait. Maudsley, Magnan, Saury en décrivent de nombreux exemples. Dans une observation de M. Magnan, le malade veut simplement mordre et manger la peau qu'il aura arrachée. On peut donc réunir dans un premier groupe toutes les obsessions-impulsions à des actes de violence quelconque.

L'impulsion au suicide vient par ordre de fréquence après l'impulsion au meurtre. Nous la retrouvons chez beaucoup de nos malades, chez Nadia, par exemple, qui, dans une rêverie romanesque, arrive à se représenter qu'elle se noie dans la mer Baltique.

Les obsessions et les impulsions génitales seront naturellement parmi les plus remarquables. Combien de jeunes filles ont peur de rester libres, veulent se réfugier dans des couvents, parce qu'elles se figurent être poussées à s'approcher de leurs frères ou de tous les hommes qui entrent. À propos de ces impulsions génitales, je voudrais signaler en deux mots une idée obsédante, à laquelle des événements récents donnent quelque intérêt. Beaucoup de ces malades, des hommes ou des femmes, se prétendent atteints d'inversion sexuelle et déplorent le triste penchant qui les pousse vers le même sexe. Je ne discute pas ici la question délicate des invertis sexuels, mais je suis convaincu que trop souvent on a fait des théories sur l'inversion sexuelle à propos de simples névropathes ayant une impulsion vers cette action, comme ils auraient une impulsion à un crime quelconque, simplement parce qu'ils se la représentent comme criminelle.   Inutile d'énumérer les impulsions à d'autres actions malhonnêtes, à voler, à mentir, à quitter le travail, à boire de l'alcool, à absorber des poisons, à résister à toutes les idées que la religion ou la morale commandent.

3° *Obsessions et impulsions de la honte de soi.* — Un autre genre d'obsessions voisin des précédents, bien entendu, mais un peu plus simple peut-être se retrouve chez les scrupuleux, soit en coexistence avec les obsessions du sacrilège et du crime dans les cas plus grave.   Il m'est difficile de résumer par un mot le caractère général qui se retrouve dans les idées de ce groupe. Il s'agit non seulement de remords proprement dits, mais de mépris, de *mécontentement* portant, non seulement sur les actes, mais sur les facultés morales, sur la personne du sujet.   Le malade a constamment l'idée que ce qu'il fait, que ce qu'il est, que ce qui lui appartient est mauvais.   Le caractère qui me semble le plus général, c'est le sentiment de honte, quoique, dans certains cas, la honte soit légère et qu'il s'agisse surtout de mécontentement.   C'est pourquoi nous réunissons ces faits sous le nom générique : d'obsessions de honte.

Le malade se tourmente et s'accuse constamment à propos de tout de ce qu'il fait; il est poussé à se dénigrer, à s'humilier quand ce n'est pas à se punir lui-même et à se torturer.   On ne peut énumérer toutes les formes bizarres que prennent ces obsessions.   Tantôt il s'agit d'un mécontentement portant sur l'intelligence, sur les sens : les malades sont convaincus ou prétendent l'être qu'ils ne peuvent pas voir ni entendre; ils veulent toucher pour vérifier tous les objets et recommencer indéfiniment la vérification. Ils sont obsédés par la pensée de la folie, prétendent être fous, et, ce qui est pis, se sentent poussés à se conduire comme des fous : « Je vois les maisons et les gens à l'envers, je dis des sottises, je vais me cogner la tête contre les murs, regardez donc mes yeux, vous verrez comme ils sont égarés ». Ils ont l'obsession que leur personnalité est changée, que leur mémoire est transformée. La célèbre obsession du « déjà vu » rentre dans cette catégorie. Le malade, à tout moment, dans quelque état qu'il soit, ne peut fixer son attention sur aucun événement, sans avoir l'idée que cet événement, sans avoir l'idée que cet événement s'est déjà passé exactement de la même manière, dans les mêmes circonstances, il y a un an. D'autres critiquent leurs propres sentiments; il y a même , à ce propos, une maladie qui mérite d'être appelée la maladie des fiancées. Ce sont des jeunes filles tourmentées par la pensée qu'elles n'aiment pas bien leur fiancé, qui font des efforts désespérés pour « l'aimer » et qui en arrivent, à force de perfectionnements, à le détester. Des obsessions d'envie, des désirs immodérés d'indépendance rentrent aussi dans ce groupe, et, dans bien des cas obsessions amoureuses ne sont qu'une forme de la honte de soi. Dans ces obsessions, le phénomène génital, si même il existe, ne joue qu'un rôle accessoire, tandis que l'amour moral, le besoin de vivre auprès d'une personne déterminée, de penser constamment à elle, de lui subordonner toutes les actions de la vie devient l'essentiel. Si les malades ne peuvent plus se passer de cette personne s'ils se sentent seuls, s'ils croient devenir fous par isolement quand elle les abandonne, c'est qu'ils croient être incapables de se diriger seuls et qu'ils ont un besoin obsédant de cette direction ou de cette excitation très spéciale qui les remonte. Des impulsions évidentes à courir après une personne déterminée, à l'entourer, à s'occuper d'elle, accompagnent cette obsession. J'ai vu des impulsion bizarres à la générosité, des impulsions à faire des cadeaux, à rendre sans cesse des services qui n'étaient autre chose qu'une manifestation de la honte de soi.

4° *Obsessions de la honte du corps*. — Cette idée du mépris de soi-même, cette obsession du mécontentement personnel porte bien plus souvent encore *sur la personne physique, sur le corps*. Les malades chez qui l'on rencontre ce mécontentement de leur corps sont fort nombreux; ils forment un groupe singulier dont on ne pourrait pas soupçonner l'importance avant de les avoir fréquentés. On pourrait les appeler tous des « honteux de leur corps ». Les plus complets ont une obsession relative à leur corps tout entier; à toutes ses parties, et, par conséquent, leur obsession générale se subdivise en une foule de petits délires particuliers. Les autres vont moins loin dans la même voie et leur obsession de honte ne porte par sur tout l'organisme, mais elle se systématise sur telle ou telle partie, telle ou telle fonction dont ils sont particulièrement honteux.

L'une des formes les plus curieuses et les plus dangereuses de cette honte du corps est celle qui s'accompagne d'une impulsion à refuser toute nourriture. Pour une raison quelconque, les jeunes gens ou les jeunes filles trouvent qu'ils grandissent trop et surtout qu'ils grossissent trop. Ils ont peur de devenir des grandes personnes, de ne plus être aimés et protégés comme des enfants ou bien ils croient qu'ils vont devenir trop gros ou trop laids, qu'ils seront ridicules et méprisés, ou bien ils sont effrayés par le développement des organes sexuels, des seins, et ils mêlent à la honte du corps une obsession génitale. Dans tous ces cas, ils se sentent poussés à arrêter cet embonpoint en ne mangeant plus; ils montrent une résistance invraisemblable, déploient une grande habileté pour arriver à supprimer toute alimentation et ils tombent dans des états de maigreur parfois extraordinaires.

Si la honte porte sur telle ou telle partie du corps, nous aurons la honte et la crainte de la rougeur au visage qui a été si souvent étudiée dans ces dernières années, la honte des mains, la crainte des taches, la honte de l'écriture qui joue un rôle si important dans ce qu'on a appelé souvent à tort la crampe des écrivains, la honte des fonctions de la vessie, les obsessions de honte relatives aux fonctions génitales qui rendent fréquemment les jeunes gens impuissants; enfin faut-il rappeler l'obsession relative aux gaz abdominaux et ces personnes qui se cloîtrent volontairement, qui refusent de voir personne, parce qu'elles sont convaincues qu'on va se boucher le nez se elles approchent.

On remarquera que dans tous ces cas des impulsions à des actes déterminés accompagnent toutes ces obsessions. Non seulement le malade pense qu'il est trop gros ou qu'il va lâcher des gaz, mais encore il refuse de manger, il refuse de sortir, il est poussé à se faire vomir ou à se teindre le visage en rouge, afin qu'on ne voie pas apparaître la rougeur émotive.

5° *Les obsessions hypocondriaques.* — Un autre groupe d'obsessions se rencontre aussi fréquemment que les précédentes chez les mêmes sujets : ce sont des préoccupations qui ont rapport à leur propre santé ou à leur propre vie, en un mot, des préoccupations hypocondriaques. La forme typique de cette obsession sera naturellement la pensée de la mort qui se présente de diverse manières, tantôt la mort est considérée comme une maladie, une souffrance terrible que le malade redoute, tantôt elle est considérée comme la suppression des joies de la vie et le malade ne peut plus s'intéresser à rien : « Tout est insignifiant, sans valeur, puisque tôt ou tard tout doit être supprimé par la mort. ». Il est inutile d'énumérer toutes les obsessions déterminées par la crainte de se blesser, la peur d'avaler des fragments d'aiguilles, de s'infecter, de se salir, par la pensée de telle ou telle maladie plus ou moins connue du peuple. L'obsession de la phtisie et bien plus souvent encore l'obsession de la syphilis sont parmi les plus fréquents et les plus redoutables de ces troubles mentaux.

Formes incomplètes des obsessions. — De même que nous avons étudié les formes incomplètes des idées fixes hystériques, de même nous pouvons constater que ces obsessions psychasténiques ne se développent pas toujours au même degré. Quand le phénomène est complet, il contient, comme nous l'avons dit, non seulement des idées, mais des tendances à l'acte, des impulsions et en même temps des peurs, des phénomènes émotifs. Ces différents élément peuvent jusqu'à un certain point se séparer même dans l'obsession proprement dite : en particulier l'élément impulsif peut être prédominant chez le dipsomane, le morphinomane, qui ne réfléchit guère et qui n'a que l'impulsion à boire ou à absorber son poison. Au contraire, l'obsession peut rester un phénomène intellectuel sans être accompagnée d'impulsion : par exemple les obsessions du crime peuvent prendre la forme du remords. Le malade ne se sent pas actuellement poussé à accomplir une action criminelle, mais il pense qu'il l'a accomplie autrefois et il est bourrelé de remords. On peut mettre bien entendu au premier rang les remords des fautes religieuses, les désespoirs causés par les confessions insuffisantes ou par les communions prétendues sacrilèges. Tous ceux qui s'occupent de maladies mentales ont connu ces femmes affolées pendant des mois parce qu'elles croient avoir fait entrer un morceau d'hostie dans une dent creuse. Le fait est si banal qu'il a été bien connu et bien décrit par les romanciers : on peut relire à ce propos la jolie description de la sœur aux scrupules dans *le Musée de béguines*, de G. Rodenbach.

D'autres ont des remords pour tous les crimes possibles qui tout à l'heure provoquaient des impulsions. Une femme, caissière dans une maison de commerce est poursuivie par l'idée qu'elle a mal rendu la monnaie, qu'elle a volé; un homme a l'idée qu'il a pu tuer quelqu'un; il va dans la rue frôler les sergents de ville, et il se trouve sur le point de les prier de l'arrêter.

Dans quelques cas, on pourrait dire que l'obsession se réduit encore à un seul mot, à une image simple qui apparaît au malade et qui résume ses longs tourments précédents. Par exemple, un jeune homme qui est obsédé par l'idée de liberté, en relation, comme on l'a vu, avec le honte de soi, me décrit cette impression singulière. Il se figure en marchant dans la rue qu'il est toujours entouré par quatre arbres, deux par devant, deux par derrière, et que ces arbres sont reliés par des chaînes. Ces arbres, il les connaît bien, ce sont les quatre arbres de la cour du lycée. Une femme prétend voir devant elle une tête humaine traversée par un long couteau pointu au niveau des yeux. Enfin la plupart des jeunes filles qui ont des obsessions religieuses sont terrifiées par l'apparition d'objets blancs sur le pavé des rues qui sont évidemment des hosties ou par des images de croix ou de saintes qui apparaissent dans les nuages. Il semble donc que ces hallucinations réduites soient des fragments de l'obsession comme les hallucinations qui apparaissaient subitement pendant la veille des hystériques étaient des fragments de leurs rêves somnambuliques. Mais il ne faut pas trop se presser de conclure à une assimilation complète. Les deux groupes de phénomènes que nous venons de décrire paraissent se ressembler, mais en examinant leurs caractères nous trouverons de nombreuses différences.

4. - Les caractères des idées fixes hystériques

Pour comparer ces phénomènes reprenons les idées fixes complètes, incomplètes ou partielles, que nous avons observées dans le premier groupe de malades et voyons leurs caractères essentiels.

1° Le premier caractère, bien visible et très important de ces rêves, c'est *l'intensité et la perfection de leur développement*. Tous les phénomènes en rapport avec l'idée qui domine le rêve semblent démesurément grandis. Sans doute, nous avons tous des expressions de physionomie, des attitudes du corps en rapport avec nos sentiments et nos idées, mais nos expressions semblent petites, incomplètes, contradictoires à côté de ces merveilleuses expressions que l'on rencontre chez les somnambules ou chez les extatiques. Quand le sujet agit, il a une précision, une complexité de mouvements qui font de lui un admirable acteur, plus habile quelquefois qu'il ne pourrait être à l'état de veille. Notre malade, qui croyait sauver son enfant, courait sur les toits mieux qu'il n'aurait pu le faire à l'état normal, même s'il n'eut pas été paralysé. Les scènes érotiques se déroulent avec un réalisme qui n'est troublé par aucune pudeur. Aussi n'est-il pas surprenant, comme nous l'avons vu , que de tels délires amènent quelquefois des actes graves. Beaucoup d'auteurs, comme Legrand du Saulle, 1852, Yellowlees, 1878, Féré et Motet, 1881, Pitres, Gilles de la Tourette, Barth, Biaute, 1904, ont signalé des crimes et des suicides commis dans ces conditions.

Cette même perfection qui amène la réalisation des actes existe aussi dans la représentation des images; les choses auxquelles pense le malade comme conséquence de son idée fixe deviennent dans cet état de véritables hallucinations. Il n'existe guère de maladie mentale où les hallucinations soient aussi complètes et aussi indiscutables : il n'y a guère que dans le délire alcoolique que l'on trouve des hallucinations visuelles comparables. L'attitude du sujet, ses expressions de physionomie, ses paroles nous montrent qu'il voit et qu'il entend exactement comme s'il s'agissait d'objets réels. Tous les sens sont intéressés et se complètent l'un par l'autre : dans certains cas d'hallucinations érotiques, le sujet décrit minutieusement les impressions de tous les sens, il sent les poils de la moustache de l'individu qui l'embrasse aussi bien qu'il voit sa figure et qu'il a senti l'odeur de sa cigarette. Cette transformation de toutes les impressions en images et souvent en images visuelles explique beaucoup de phénomènes qu'on observe chez l'hystérique et en particulier sa prétendue lucidité. Elle voit à distance, et décrit si bien des endroits éloignés que les auditeurs naïfs croient qu'elle s'y est transportée; elle voit si bien le paradis et l'enfer qu'elle y fait croire les assistants; bien mieux, elle voit ses organes internes, c'est-à-dire qu'elle transforme en spectacle visuel ses vagues notions anatomiques et les impressions qu'elle ressent de ses différents organes.

Il est inutile de revenir sur le développement de la parole, qui est poussé à l'extrême et qui donne une sorte d'éloquence à des sujets d'ordinaire incapables de parler de cette façon : ce caractère se rattache étroitement aux deux précédents.

2° Le deuxième caractère essentiel me paraît consister dans *la régularité de ce développement* : le sujet répète les mêmes mots aux mêmes instants, fait les mêmes gestes à la même place toutes les fois qu'il recommence la comédie. Il semble avoir sur ce point une mémoire merveilleuse : quand il a adapté son somnambulisme à une salle donnée, il se souvient de tout ce qu'il a fait aux différents endroits de cette salle, il sait dans quel tiroir il a pris des photographies pour les manger, dans quelle table il a trouvé un morceau de bois qui simulait pour lui un revolver, il va directement à cet endroit, sans hésitation, se rappelant parfaitement ce qu'il veut y trouver. Quelquefois dans le cours des différents somnambulismes, la scène qui est jouée se continue au lieu de se répéter et le sujet semble se souvenir parfaitement du point de son histoire où il était resté dans la crise précédente. On connaît l'histoire d'un somnambule de Charcot qui dans les crises se croyait journaliste et écrivait un roman. Il se réveillait après avoir écrit deux ou trois pages qu'on lui enlevait; dans la prochaine crise, il recommençait son roman exactement au point où il l'avait laissé. Ces observations nous montrent quel rôle considérable jouent dans ces phénomènes l'association des idées et la mémoire.

3° En opposition avec ce développement brillant de certains phénomènes on constate avec étonnement d'étranges *lacunes mentales*. Ce sujet qui semble avoir des sensations très précises, puisqu'il sait marcher sur les toits, chercher des objets dans un tiroir et qu'il voit très bien le lit où, dans son imagination agonise sa mère, ce même sujet ne semble pas du tout percevoir les autres objets qui l'environnent. C'est là ce qui avait frappé tout d'abord l'observation populaire : on peut parler à ces malades, ils ne vous répondent pas; on peut essayer par tous les moyens de se mettre en rapport avec eux, ils ne semblent pas vous apercevoir; les objets que l'on met devant leurs yeux ne changent en aucune façon leur rêve. Comme le remarque le médecin de lady Macbeth, les yeux paraissent ouverts, mais sont fermés à tout impression. Disons mieux aujourd'hui : ils sont fermés à toute impression qui ne se rapporte pas à leur rêve. Pour se faire entendre, il faut rêver avec le sujet et ne lui dire que des paroles qui s'accordent avec son délire.

De même que le sujet ne perçoit rien en dehors de son idée dominante, de même il ne se souvient de rien en dehors cette idée, il ne sait plus où il est, il ne sait plus les changements survenus depuis l'époque qu'il récite, souvent il ne sait même plus son nom. Il n'a des souvenirs, comme des sensations, que dans une sphère très restreinte.

4° Le somnambulisme se termine, le sujet revient à la conscience, nous voyons alors de nouveaux caractères s'ajouter aux précédents. Le malade a repris les sensations, les souvenirs qu'il avait perdus, il sait son nom, il sait où il est, il se souvient de tous les événements de sa vie, il paraît avoir son caractère et sa personnalité ordinaire. Mais, chose surprenante, dans cette personnalité, le somnambulisme a laissé une lacune; *le sujet paraît avoir oublié toute cette période précédente*, qui nous a tant surpris par son caractère dramatique. Il ne s'en préoccupe pas, ne cherche pas à continuer son rêve ou à le contredire, il ne cherche pas à s'excuser de toutes les absurdités qu'il vient de faire devant nous, il semble ne pas se douter qu'elles aient eu lieu. Quand on l'interroge sur ce qu'il vient d'éprouver, il répond d'une manière fort vague, il se souvient des malaises du début, des dernières périodes de la crise, quelquefois il sait vaguement qu'il a crié, il sait, d'après ce qu'on lui a dit, qu'il parle, dans ses crises, mais tout cela est très léger et, en réalité, il n'a pas le souvenir de l'idée qui a joué un si grand rôle dans sa crise, ni des détails de son développement. Certains fait nous montrent quelquefois la profondeur de cet oubli : des malades qui volent ou prennent des objets dans leurs crises et qui les cachent ne peuvent plus les retrouver, d'autres qui se sont blessés ne comprennent pas l'origine de leurs contusions. Beaucoup ont avoué tout haut devant nous toutes sortes de choses qu'ils voulaient nous cacher, ils restent convaincus que nous ne les savons pas; ils n'ont aucunement les sentiments de gêne qu'ils auraient , s'ils soupçonnaient que nous sommes renseignés. Il y a une foule d'indices moraux qui nous montrent l'importance de cette amnésie. Comme ce phénomène est très important et que nous aurons à y revenir dans le chapitre suivant, il nous suffit de constater ici son existence.

Quand les idées fixes ne sont pas complètes, quand elles prennent la forme que nous avons appelée partielle, le sujet, comme on l'a vu, ne perd pas conscience pendant que s'exécutent les mouvements, pendant que se développent les hallucinations. Il n'y a plus, ici, d'amnésie proprement dite, mais il y a un phénomène analogue, c'est *l'inconscience*. Pendant que sa main écrit les billevesées en rapport avec l'idée de sa mort, My... ne paraît pas se douter de ce qui se passe, elle ne sent pas ses actes, ou ne les sent qu'incomplètement sans les comprendre. Cette malade qui, toute éveillés, rêvait à se jeter dans la Seine, sentait réellement qu'elle tombait, mais n'avait pas conscience des mouvements qu'elle avait faits pour sauter, ni des idées qui avaient amené ces mouvements, puisqu'elle attribuait sa chute à un vertige et venait consulter pour ce vertige. Sans doute, l'interprétation de cette inconscience présente beaucoup de difficultés : on peut se demander, en particulier, si la seconde série de pensées, qui constitue le rêve est, elle aussi, accompagnée d'une certaine sorte de conscience, si les deux séries de phénomènes psychologiques sont bien simultanées. Peu importe ici, l'essentiel c'est que le système de pensées qui constitue la personne, la conscience personnelle, semble être plus ou moins séparé cet autre système de pensées qui constitue l'idée fixe.

On peut, en effet, résumer tous ces caractères de la manière suivante : une idée, la mémoire d'un événement, la pensée de la mort de sa mère, par exemple constituent des groupes de faits psychologiques étroitement associés les uns avec les autres; ils forment des espèces de systèmes comprenant toutes sortes d'images et toutes sortes de tendances à des mouvements. Ces systèmes, dans notre esprit, ont une grande tendance au développement, lorsqu'ils ne sont pas arrêtés, contenus par quelque autre pouvoir. On peut représenter ce système de faits psychologiques qui constitue une idée par un système de points réunis par des lignes formant une sorte de polygone. Le point V (figure 1) représente la vue de la figure et de la mère morte. Le point A est le son de sa voix. Le point M est le sentiment du mouvement fait pour soulever son corps et ainsi de suite. Chaque point est réuni avec les autres, de telle manière qu'on n'en peut pas exciter le premier sans faire apparaître le seconde et que tout le système a une tendance à se développer complètement.

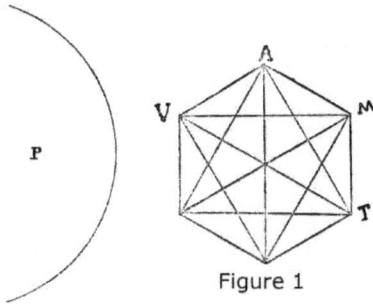

Figure 1

Mais en même temps, dans les esprits bien portants, ces systèmes relatifs à chaque idée sont en rapport avec un système infiniment plus vaste dont ils ne sont qu'une partie, le système de notre conscience tout entière, de toute notre individualité. Le souvenir de la mort de sa mère, l'affection qu'Irène sent pour elle, avec tous les souvenirs qui s'y rapportent ne forment qu'une partie de l'ensemble de la conscience de cette jeune fille. Admettons que ce grand cercle P auprès du petit polygone représente toute la personnalité de la jeune fille, le souvenir de tout ce qui lui arriva dans sa vie antérieure. Normalement, dans l'état de santé, le petit système est réuni au grand et il en dépend, il n'est éveillé que lorsque l'ensemble de la conscience y consent et seulement dans les limites où cette conscience le permet. Pour nous représenter ce qui se passe dans l'esprit de toutes ces hystériques, on peut adopter ce simple résumé provisoire. *Les choses se passent comme si une idée, un système partiel de pensée s'émancipait, devenait indépendant et se développait lui-même pour son propre compte.* Le résultat est que, d'un côté, il se développe beaucoup trop et que de l'autre la conscience totale présente une lacune, amnésie ou inconscience relatives à cette même idée.

Cet ensemble de caractères nous semble assez net pour constituer un groupe de symptômes bien distincts. C'est là une forme de délire très spéciale que l'on ne rencontre pas dans tous les troubles de l'esprit. Il est accompagné, comme nous le verrons, de plus en plus par d'autres symptômes qui obéissent aux mêmes lois; c'est pourquoi nous conviendrons de donner à ce groupe un nom particulier et nous dirons, dorénavant, que les délires ayant ces caractères d'une manière nette ou s'en approchant suffisamment, sont *des délires hystériques.*

5. - Les caractères des obsessions psychasténiques.

Le second groupe de phénomènes, les obsessions, sont des phénomènes évidemment comparables aux idées fixes des hystériques, mais leurs caractères sont cependant bien différents. Sans doute ce sont également des idées d'une importance exagérée qui tiennent une trop grande place dans l'esprit du sujet, si on tient compte de leur utilité et de l'intelligence du malade, il est absurde pour un homme d'intelligence moyenne de consacrer une dizaine d'heures par jour à méditer sur le sacrilège ou sur la mort. Mais ce développement des idées ne se fait pas du tout de la même manière, nous ne retrouvons plus ce développement complet et régulier qui faisait apparaître successivement tous les éléments, images ou mouvements constituant l'idée de la mort ou l'idée de la crucifixion. Depuis longtemps l'observation clinique avait constaté cette restriction de l'idée et baptisé ce phénomène en associant deux termes contradictoires : c'est, dit-on, *une folie lucide, un délire avec conscience, une obsession consciente.* On veut dire par là que l'idée commence bien à se développer d'une manière délirante, mais que le sujet la connaît, la constate et la juge, et qu'il l'arrête dans son évolution.

Aussi voyons-nous des caractères positifs et des caractères négatifs. La durée de l'obsession est extrêmement longue; elle peut remplir des années. L'idée réapparaît très fréquemment, quelquefois à chaque moment de la journée. Si elle revient si souvent dans l'esprit, c'est qu'elle semble être évoquée par d'innombrables phénomènes en apparence sans grands rapports avec elle, l'association des idées semble être très facile. L'une de ces malades est terrifiée parce que sa bonne s'appelle Antoinette ou parce que son fils a une cravate rouge, car cela la fait penser à l'échafaud et au crime. Un autre qui a l'obsession des chiens enragés ne peut plus entrer dans son cabinet de travail, parce que sa femme y a pénétré en portant une robe avec laquelle elle venait de traverser la place de la Concorde, rendez-vous habituel, paraît-il, des chiens enragés. C'est à cause de ces associations que l'obsédé retombe malade en rentrant chez lui : « Je retrouve toutes mes idées en rentrant chez moi, comme un paquet posé; chaque meuble en est un vrai nid ». Ces caractères semblent être du même genre que ceux que nous venons d'observer.

Je crois cependant qu'il y a déjà quelques nuances à remarquer : la véritable crise d'idées fixes hystériques dure, se reproduit, s'éveille tout à fait automatiquement; le sujet, qui la connaît peu ou mal, ne s'occupe pas d'elle, et elle se réveille quand un de ses éléments a été évoqué d'une manière matérielle. Par exemple, le sujet qui a dans ses crise l'hallucination d'un incendie recommence la crise quand il voit devant lui une flamme ou quand il entend la trompe des pompiers, parce ce que la vue de la flamme et le son de la trompe sont réellement depuis longtemps les éléments consécutifs de l'idée d'incendie, des points de notre polygone tel qu'il était constitué antérieurement à la maladie. Chez l'obsédé, les idées durent non pas uniquement par elles-mêmes, mais grâce à la bonne volonté du sujet lui-même. Il souffre de son obsession, mais il y tient; il croit que s'il ne pense plus au crime, il deviendra malhonnête; que, s'il ne pense plus à la mort, il fera des imprudences et se portera mal. Il y là une continuation active et non une duré automatique. Le fait est encore plus net si l'on considère l'évocation des idées par association. Un jeune homme vient nous dire qu'il est malade parce qu'il a mangé d'un pain qui vient d'un boulanger qui a été indiqué à sa mère par un individu dont la femme est morte le même jour, où il a lui-même rencontré une femme de chambre dont le souvenir l'obsède et lui donne des obsessions génitales. Je dis que cette cascade d'associations d'idées n'est pas naturelle comme celle de la flamme et de l'incendie, que l'idée du pain à elle toute seule ne contient pas dans ses éléments l'idée de la femme de chambre. Le polygone antérieurement constitué ne contenait pas de tels éléments, c'est le malade lui-même qui les y ajoute aujourd'hui pour les besoins de la cause et pour justifier l'apparition de sa propre obsession. *Il y a là une collaboration de toute la personnalité que nous ne trouvions pas dans le cas précédent.*

Les obsessions, comme on l'a vu s'accompagnent presque toujours d'impulsion. Cela est vrai, et on peut rapprocher ce fait de l'exécution si remarquable des idées fixes hystériques. Cependant l'analogie n'est que superficielle : l'hystérique n'a pas seulement des impulsions, il a des actions. Nous avons vu qu'il joue son rêve; il va quelquefois jusqu'au crime, et s'il ne réussit pas plus souvent, c'est à cause de sa maladresse et de son défaut de perception de la réalité. Est-ce que le malade impulsif cède de la même manière à ses impulsions? Il le prétend, il a une peur affreuse d'être entraîné à commettre un homicide, il demande en suppliant qu'on le protège contre lui-même, il vous montre même de petits mouvements qu'il appelle des commencements d'exécution. Mais c'est tout : en fait il n'exécute jamais rien, au moins dans la grande majorité des cas. Je faisait remarquer autrefois que, sur trois cents malades de ce genre observés pendant une douzaine d'années, je n'avais constaté aucun accident réel. Je crois aujourd'hui qu'il y a dans cette affirmation quelques difficultés et que dans un certain nombre de cas il faut diagnostiquer avec soin l'état du malade. Certaines exécutions de l'idée obsédante peuvent survenir quand il s'agit de malades dont l'état mental est transformé par des intoxications, comme les alcooliques et les morphinomanes. Certains malades, d'autre part, se trompent; ils considèrent l'acte comme peu important, peu dangereux; ils se figurent ne faire qu'un geste, qu'un début de l'action, et, sans s'en douter, ils font des choses beaucoup plus graves qu'ils ne le supposaient. Je songe en particulier aux jeunes filles qui refusent de manger, qui s'imposent des régimes absurdes, de peur leur poitrine ne se développe ou que leur nez ne rougisse. D'autres enfin sont plus avancés dans la maladie : ils ont dépassé l'obsession et arrivent à un véritable délire.

L'évolution de l'obsession vers les délires plus ou moins systématiques est plus fréquente qu'on ne le croyait. Ces derniers malades deviennent dangereux et peuvent exécuter des idées qui, pendant des années, étaient restées de simples impulsions sans conséquence. En général, *si on considère l'obsession proprement dite, il n'y a pas de réalisation* et nous sommes loin de la comédie que jouait la somnambule.

Retrouverons-nous davantage le développement représentatif et les hallucinations si caractéristiques des idées fixes hystériques? En apparence on les retrouve également : ces malades sentent des vers qui remuent dans leur ventre, des fluides qui les chatouillent, ils prétendent voir une foule de choses, et nous avons cité des hallucinations obscènes, des hallucinations criminelles, la vue du couteau à travers la face, l'hallucination d'un précipice auprès de soi, que l'on attribuait déjà à Pascal. Presque toujours il suffit d'insister un peu pour que le sujet reconnaisse l'exagération de ces paroles : « il sait bien qu'il n'a pas vu d'hostie par terre; c'était quelque chose de blanc, comme s'il en voyait une ». Il ne peut pas décrire son hallucination, il reste dans des termes vogues et finit par avouer qu'il cherche à la voir plus qu'il ne la voit. D'autre part, on peut remarquer que ces hallucinations sont d'un genre bien spécial : ce ne sont pas des objets qui sont vus en eux-mêmes et pour eux-mêmes, ce sont des images qui ont une signification par rapport à l'idée du patient, ce sont des symboles. Les quatre arbres du lycée entourés de chaînes sont le symbole de l'esclavage, comme le membre viril et l'hostie sont les symboles du sacrilège. Ce ne sont donc pas des images qui se développent automatiquement, parce qu'elles font partie intégrante de l'idée, ce sont des représentations que le sujet essaye d'y ajouter pour préciser son idée. D'un côté, ces hallucinations sont fort imparfaites, et le malade est bien loin de les prendre pour des objets réel; de l'autre, *leur développement même, si faible qu'il soit, est la conséquence d'un effort d'attention du sujet* et ne surgit pas spontanément, comme l'hallucination de l'hystérique.

Un dernier problème résume tous les précédents : le sujet croit-il à son obsession? Se croit-il réellement sacrilège, criminel, phtisique ou syphilitique? Quand il s'agit de l'hystérique qui délire, nous n'avons pas de doute; la malade qui se couche par terre en attendant que le train passe et qui se croit écrasée par la locomotive, pousse de tels cris d'horreur, a de telles expressions de physionomie, s'évanouit si réellement, que nous ne doutons pas qu'à ce moment même elle n'ait la conviction. Il n'en est plus du tout de même avec le psychasténique : on ne sait jamais ce qu'il pense; il pleure pendant des heures en disant qu'il a volé au moment de rendre la monnaie, et il ne consent pas à ce qu'on aille reporter l'argent; il se dit syphilitique et s'en désespère, et il refuse le traitement. En réalité, *il doute énormément de son idée*, et c'est ce doute qui vient remplacer les caractères négatifs de l'inconscience et de l'amnésie.

Comme ce caractère est très remarquable, nous lui consacrerons une étude spéciale. Pour le moment, nous pouvons dire en résumé que *l'obsession des psychasténiques ne se développe pas complètement, comme celle de l'hystérique, et qu'elle n'est pas non plus, comme celle-ci, en dehors de la conscience et de la mémoire.* Elle a un certain développement imparfait; elle ne donne pas au malade l'impression nette d'une idée qui lui appartient; elle semble s'imposer à lui; elle manque de précision, de certitude, de liberté. C'est un trouble à la fois plus général et moins complet. J'ai insisté sur ces deux premiers phénomènes : l'idée fixe et l'obsession, et sur leur comparaison, parce que ce sont des phénomènes névropathiques très importants qui caractérisent deux états d'esprit différents. Nous retrouverons plus aisément les mêmes caractères et les mêmes oppositions dans les autres troubles névropathiques qui seront maintenant plus aisés à comprendre.

Chapitre II

Les amnésies et les doutes.

L'examen des idées fixes nous a déjà montré que le développement de ces phénomènes était accompagné par un grand nombre d'oublis qui jouait probablement un grand rôle dans le trouble général. On a vu de même, quoique moins aisément, que les obsessions étaient accompagnées par des insuffisances de la pensée, qui était incapable de les arrêter et d'arriver à leur propos à une solution nette. Ces insuffisances de la pensée escortant les obsessions comme l'amnésie suit les idées fixes à forme somnambulique me semblent être surtout des doutes. Aussi, dans ce chapitre, décrirons-nous successivement ces deux phénomènes qui se correspondent, *les amnésies hystériques* et *les doutes psychasténiques.* Nous chercherons ensuite, en étudiant leurs caractères, à voir ce que ces deux phénomènes ont de commun et en quoi ils diffèrent.

1. - Les amnésies hystériques.

Pendant le développement de l'idée fixe, le malade a sans doute une grande mémoire de tout ce qui se rapporte à son idée, mais il est visible aussi qu'il a oublié toutes les choses qui ne s'y rapportent pas directement. Il a perdu le souvenir des événements qui se sont passés depuis le fait qui l'a troublé et qui ont complètement changé les circonstances dans lesquelles il est placé, il ne sait pas qu'il a changé d'appartement, qu'il est venu dans un hôpital, il ne s'aperçoit pas qu'il tient son oreiller et non pas un enfant. De même, quand la crise est terminée, il a oublié toutes les sottises qu'il vient de faire et il se figure que nous les ignorons. Ce sont là des amnésies évidentes, mais d'ordinaire on se préoccupe davantage du phénomène de l'agitation mentale qui les accompagne et on ne les considère pas comme importantes. Dans d'autres cas, les amnésies occupent le premier plan, et elles se développent sans qu'il y ait en même temps une crise d'idées fixes bien nettes, elles constituent alors un symptôme maladif fort remarquable.

1° *Amnésies systématiques.* — Reprenons à ce propos l'observation de cette jeune fille Irène qui joue dans son somnambulisme la scène de la mort de sa mère avec une telle précision apparente dans les souvenirs. Étudions-là dans l'intervalle des accès, dans la période où on se figure qu'elle est normal, nous remarquons bien vite que, même dans ces moments-là, il y a quelque chose de changé en elle; sa famille d'ailleurs le disait en l'amenant. « Elle est devenue insensible et indifférente, elle a bien vite oublié la mort de sa mère et ne se souvient même plus de sa maladie ». Cette remarque qui paraît surprenante, est pourtant bien vraie, cette jeune fille ne sait pas raconter ce qui l'a rendue malade pour un excellente raison, c'est qu'elle ne se souvient plus du tout des événements dramatiques survenus il y trois mois. « Je sais bien, dit-elle, que ma mère doit être morte, puisqu'on me le répète, puisque je ne la vois plus, puisqu'on m'a habillée en deuil, mais vraiment cela m'étonne. Quand est-elle morte? De quoi? Est-ce que je n'étais pas près d'elle pour la soigner? Et puis, ce que je ne comprends pas, c'est que l'aimant comme je le faisait autrefois, je n'aie aucun chagrin de sa mort. je ne puis pas arriver à m'affliger, il me semble que son absence est insignifiante, qu'elle est en voyage, qu'elle va revenir ».

Il en est de même si on l'interroge sur un des événements quelconques qui ont empli les trois derniers mois avant la mort : la maladie, les accidents, les veilles, les soucis d'argent, les querelles avec le père ivrogne, tout cela a absolument disparu de son esprit. Si nous avions le temps d'y insister, il y a, dans ce cas, bien des choses curieuse : les sentiment filiaux, les sentiments d'affection qui ressemblent à ceux qu'elle éprouvait pour sa mère ont tous disparu. On dirait qu'il y a une lacune dans les sentiments comme dans la mémoire. Mais je n'insiste que sur un point, l'oubli ne porte pas seulement, comme on le croit d'ordinaire, sur la période du somnambulisme, sur la scène délirante, l'oubli porte aussi sur l'événement qui a donné naissance à ce délire, sur tous les faits qui s'y rattachent, sur les sentiments qui en dépendent.

Cette remarque très importante peut être faite sur la plupart des autres cas. He... qui a le délire de la lionne, a non seulement oublié cette période de somnambulisme, mais encore sa promenade au Jardin des Plantes qui lui a donné naissance. Sm., qui emporte son oreiller sur le toit en croyant sauver son enfant des griffes d'une belle-mère, ne se souvient plus de ses querelles avec cette femme, querelles qui sont pourtant le point de départ de cette maladie actuelle. J'ai recueilli à ce propos une observation singulière, où cette amnésie rétrograde accompagnant le somnambulisme est bien mise en évidence. Une jeune fille de dix-neuf, L..., a des crises de somnambulisme dans lesquelles elle parle d'argent, de voleurs, d'incendie, et dans lesquelles elle appelle à son secours un certain Lucien. Réveillée, elle ne sait pas du tout ce que cela veut dire, et prétend que, dans sa vie, il n'y a aucun événement dans lequel il soit question de voleurs, d'incendie et de Lucien. Comme elle est venue seule à l'hôpital, nous n'avons pas d'autres renseignements et nous sommes forcés de croire qu'il s'agit là d'un délire imaginaire. Six mois après seulement, des parents viennent de province pour la voir, et nous racontent un événement survenu il y a trois ans, qui a été le point de départ de ses crises nerveuses. Elle était domestique dans un château qui a été une nuit volé et incendié et elle a été sauvée par un jardinier nommé Lucien. Comment cette jeune fille a-t-elle oublié un événement aussi grave, et n'a-t-elle jamais pu en parler quand elle racontait sa vie, et comment un oubli si singulier coïncide-t-il justement avec le développement de cette mémoire extraordinaire sur le même sujet qui remplit le somnambulisme? C'est là, croyons-nous, le fait essentiel.

Ce qui caractérise ce premier groupe d'amnésies, c'est qu'elles ne portent pas sur une catégorie de souvenirs bien distincte, comme le seraient les images d'un sens déterminé, les images auditives ou les images visuelles. *L'oubli porte sur des images très variées se rattachant à un même événement*, collaborant, comme disait M. Paulhan, a une fin commune; ce qui est oublié, c'est un système d'images, et c'est pourquoi on peut désigner ce premier groupe sous le nom d'*amnésie systématique*. Nous aurons l'occasion de revoir un grand nombre d'amnésies de ce genre à propos des diverses paralysies; il suffit de constater ici leur existence.

2° *Amnésies localisées*. — Chez les mêmes sujets, dans des circonstances à peu près semblables, on peut observer plus facilement peut-être des amnésies un peu différentes. Celles-ci ne portent pas uniquement sur un système d'idées ou d'événements, mais *elles portent sur toute une époque*, sur toute une même période de temps, quels que soient les événements qui l'aient remplie. Les anciens magnétiseurs, comme Despine d'Aix, en 1840, avaient déjà souvent observé le fait. « Il lui arrivait souvent, dit ce dernier auteur en parlant d'Estelle, de faire ou d'entendre une lecture, une conversation qui semblait l'avoir vivement intéressée, et peu d'instants après l'enfant ne paraissait pas en conserver le moindre souvenir. On la portait à la promenade, elle voyait tout ce qui se passait autour d'elle, y prenait intérêt, en causait, etc., et, au retour, elle semblait avoir tout oublié; on aurait dit un rêve qui s'enfuyait ». De telles amnésies portant sur un temps donné sont aujourd'hui très connues. Nous venons d'en voir un exemple en constatant l'oubli qui suit les périodes pendant lesquelles se sont développées les idées fixes à forme somnambulique. On les constate souvent sans qu'il y ait eu auparavant de somnambulisme bien net, ou du moins sans qu'on se soit aperçu que la période précédente était un somnambulisme. Une de ces personnes va au théâtre, paraît s'y amuser, et, au retour, semble convaincue qu'elle n'a pas bougé de chez elle. Telle autre fait un grand travail de broderie et, retrouvant cet ouvrage, demande naïvement qui l'a fait. On voit de ces amnésies qui s'étendent sur d'assez longs laps de temps, plusieurs jours ou quelquefois plusieurs mois, nous apprenant ainsi que ces périodes ont eu un caractère anormal, ce qui n'avait pas toujours été remarqué. Il n'est pas rare qu'au moment de la guérison des hystériques on constate ainsi des amnésies portant sur de longues périodes de la maladie. L'étude de ces amnésies localisées est des plus importantes pour nous renseigner sur les diverses modifications de la maladie du sujet.

Parmi les amnésies localisés, il faut faire une place à part à cette forme particulièrement remarquable qui a été décrite sous le nom d'*amnésie rétrograde*. L'oubli, dans ces cas, est déterminé par un choc ou par une émotion violente, et il porte en arrière sur une période de temps plus ou moins longue précédant immédiatement cet événement. Ce sont des cas de ce genre qui ont été l'occasion des premières études de M. Ribot sur les Maladies de la Mémoire et qui ont joué un grand rôle dans le développement de la psychologie pathologique.

À propos de ces cas je voudrais rappeler une méthode graphique qui m'a semblé fort utile pour représenter de pareilles amnésies. On se sert souvent en médecine de petites figures schématiques pour représenter les différentes lésions d'un organe ou les troubles de la sensibilité, mais il n'existait pas de schéma de ce genre pour les troubles de la mémoire, car il y avait là une grande difficulté de représentation. Dans un souvenir ou dans un oubli il y a deux choses différentes qu'il faut exposer simultanément. Nous devons d'abord considérer le moment où ce souvenir se présente à notre esprit; nous devons aussi considérer la période passée sur laquelle porte le souvenir. Pour indiquer ces deux notions, je me suis servi souvent du schéma suivant : Dans la figure 2, la ligne horizontale OX de gauche à droite représente les différentes périodes du cours de la vie dans leur ordre d'apparition, c'est sur cette ligne que nous inscrirons les souvenirs au moment où ils se manifestent. La ligne verticale OY, de bas en haut, représente les mêmes périodes, mais en tant que souvenirs, en tant que représentations. À chaque point de la ligne horizontale nous élevons une perpendiculaire représentant le nombre de souvenirs qu'on possède à ce moment. Sa hauteur est déterminée par la hauteur à laquelle s'élève sur la ligne verticale OY les souvenirs correspondants aux périodes écoulées à ce moment. Comme cette hauteur s'élève naturellement à mesure que s'avance le cours de la vie, la mémoire normale est théoriquement représentée par ce triangle, dont l'un des côtés est formé par la ligne horizontale OX ; l'autre par la perpendiculaire XY, et la troisième par la diagonale tirée du point O.

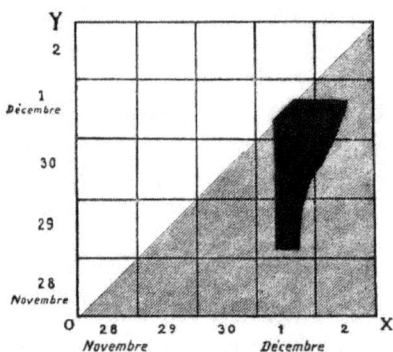

FIG. 2. — Schéma d'un cas d'amnésie rétrograde
Cas de Kœmpfen, 1835.

FIG. 2. — Schéma d'un cas d'amnésie rétrograde
Cas de Koempfen, 1835.

Si nous avons à représenter des oublis, des amnésies, nous marquerons un point noir au-dessus de celui qui représente la date où l'amnésie apparaît, et la grandeur de cette marque noire sera déterminée par la ligne parallèle qui rencontre sur la verticale OY le souvenir oublié. Cette figure, qui est assez simple, nous permet de nous représenter les différentes amnésies d'une manière claire et frappante. Ainsi la figure 2 représente un cas d'amnésie rétrograde des plus anciens et des plus typiques; le cas de Kaempfen, 1835.

Ces amnésies rétrogrades ont été observées dans des cas très variés : après des chutes de cheval, des tentatives de suicide, après des empoisonnements, elles sont surtout fréquente après des émotions. Je ne discute pas ici pour savoir si ce symptôme peut se présenter en dehors de l'hystérie, mais je crois pouvoir dire que la plupart des cas remarquables et bien typiques ont été observés chez des hystériques.

3° *Amnésies continues.* — Comme on peut le voir par le graphique précédent, l'amnésie déterminée par le choc émotionnel n'est pas uniquement rétrograde. La tache noire s'étend aussi en avant sur le souvenir des événement postérieurs à l'émotion; c'est ce que Charcot appelait l'amnésie antérograde et ce que j'ai désigné moi-même sous le nom d'*amnésie continue.* Le trouble ne semble pas se borner à supprimer des souvenirs anciennement acquis, mais *il semble rendre le modèle incapable d'en acquérir de nouveaux.*

Le cas typique de ce genre est la célèbre Mme D…, le sujet d'une des dernières leçons de Charcot, à laquelle j'ai consacré une longue étude. Cette femme, à l'âge de trente ans, avait été la victime d'une mauvaise plaisanterie : un individu, entré brusquement chez elle, lui avait crié : « Madame D…, préparez un lit, car on rapporte votre mari qui est mort ». La pauvre femme eut à la suite une grande crise convulsive et délirante de quarante-huit heures. Quand elle revint à elle, on constata d'abord qu'elle avait oublié et l'incident malheureux et les trois mois précédents. Mais, en outre, elle présentait une attitude extrêmement bizarre, car elle ne se souvenait de rien de ce qui se passait devant elle; les jours ne s'écoulaient pas pour elle; elle croyait toujours être au lendemain du 14 Juillet et ne savait jamais qu'une personne venait de lui parler ou qu'elle avait fait quelque chose. De graves événements, une morsure par un chien enragé, le voyage à Paris, les injections à l'Institut Pasteur, les examens à Salpêtrière, rien ne laissait la moindre trace dans son esprit. Cette observation paraîtra encore plus remarquable si j'ajoute que ce trouble étrange a été complet pendant plus de quatre ans, et qu'aujourd'hui, après plus de quinze ans, il n'est pas complètement disparu. La malade a conservé l'habitude étrange de ne pas pouvoir retrouver le souvenir des événements tout à fait récents. Ainsi elle ne sait rien de ce qu'elle a fait hier et les souvenirs de la journée d'hier ne pourront être des éléments de sa conscience que dans quelques jours, tandis que les événements de ces nouvelles journées seront eux-mêmes oubliés. C'est là un fait curieux que j'ai appelé *la mémoire retardante* et qui se rattache à toutes sortes de phénomènes curieux de la pathologie mentale. La figure 3 montre les modifications de cette étrange amnésie pendant une période de quatre années.

Sans doute, tous les cas d'amnésie continue sont loin d'être aussi remarquables, mais ce trouble dans l'acquisition des souvenirs nouveaux est cependant fréquent, et on peut observer chez beaucoup d'hystériques. Ces malades cessent de s'instruire, n'ajoutent plus de souvenir nouveaux à leur capital intellectuel et ne conservent en réalité qu'une mémoire très vague des événements qui se passent sous leurs yeux.

2. - Les doutes psychasténiques.

Tous les névropathes sont loin de présenter des amnésies aussi caractéristiques que celles des hystériques. Les malades qui nous ont présenté des obsessions et des impulsions répètent sans doute à chaque instant qu'ils n'ont aucune mémoire, qu'ils oublient tout. Mais il ne faut pas les croire sur parole, nous savons qu'ils sont tourmentés par un perpétuel mécontentement d'eux-mêmes et qu'ils se croient incapables de faire aucune opération correcte. Quand on les interroge avec patience, on constate qu'ils ont en réalité conservé tous les souvenirs. La plupart de mes malades ont pu me raconter leurs crises d'obsessions elles-mêmes avec un luxe de détails inouï. Les malentendus sur ce point dépendent de deux choses, c'est que le malade a besoin d'un certain calme pour retrouver ses souvenirs et qu'ensuite il est si absorbé par ses propres obsessions qu'il accorde très peu d'importance aux événements extérieurs. Cette distraction détermine un certain degré d'amnésie continue, c'est-à-dire un certain oubli d'une partie des événements récents, mais on n'observe pas là la netteté des amnésies hystériques portant sur tous les faits d'une période déterminée.

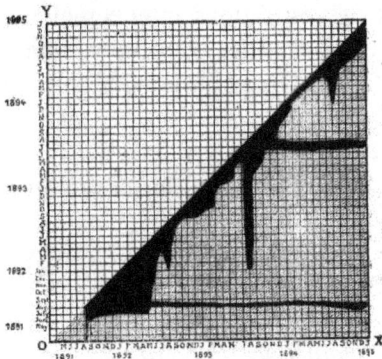

Fig. 3. — Schéma d'un cas d'amnésie rétrograde et continue, celui de Mme D.., pendant quatre ans.

FIG. 3. — Schéma d'un cas d'amnésie rétrograde et continue, celui de Mme D.., pendant quatre ans.

Si ces malades ne présentent pas les amnésies précédentes, on peut se demander s'il y a chez eux un symptôme correspondant à l'amnésie des hystériques, s'ils y a une insuffisance intellectuelle analogue se manifestant sous une autre forme. Je crois qu'il y a chez ces malades un phénomène très important qui correspond exactement à l'amnésie : c'est le doute. Déjà, dans la crise d'obsession, le doute apparaissait, comme précédemment l'amnésie accompagnait les idées fixes. L'obsédé, disions-nous, n'accepte pas complètement son idée délirante, il n'obéit pas à l'impulsion, il n'est pas halluciné, il est tout prêt à déclarer son obsession ridicule; mais tout cela n'empêche pas qu'il s'en préoccupe, qu'il y pense sans cesse. Il y croit donc d'une certaine manière, mais il n'y croit pas complètement; il est à son propos dans un état de doute des plus pénibles.

Le doute s'étend beaucoup plus loin, il détermine une foule de troubles mentaux que l'on pourrait rattacher aux précédents, comme une forme d'obsession incomplète, mais qu'il est plus intéressant de réunir ici avec tout ce qui concerne le doute. Ce sont des agitations de la pensée, des tics intellectuels, comme

51

les appelait *Azam*, ou simplement *des manies mentales,* suivant l'expression du vulgaire qui me semble suffisamment claire. Ce sont des opérations intellectuelles interminables à propos de très petites choses qui occupent dans l'esprit du sujet une place tout à fait disproportionnée avec leur importance réelle.

Les premières et les plus typiques de ces manies mentales que le défaut de croyance nous faisait prévoir sont *les manies de l'oscillation.* L'esprit n'arrive pas à une conviction formelle, mais il ne se repose pas dans cet état de doute que Montaigne appelait un mol oreiller pour les têtes bien faites et qui n'est pour ces têtes-là qu'un instrument de torture. Les uns appliqueront *la manie de l'interrogation* à leurs souvenirs : Ls... a-t-elle voué son enfant au bleu? Il serait essentiel de le savoir; certaines circonstances la poussent à croire que oui, certaines autres que non. Dès que la considération des unes l'incline à une opinion, les autres se présentent avec plus de force et le balancement continue pendant des heures. Les autres s'interrogent sur leurs sentiments. Fa... se demande perpétuellement si elle trouve d'autres hommes mieux que son mari et Re... cherche avec angoisse si oui ou non elle aime son fiancé.

Dans ce groupe doivent se ranger aussi *les manies du présage* ou *l'interrogation du sort.* Le malade ne pouvant arriver lui-même à la solution de la question qu'il s'est posée s'en remet à quelque affirmation étrangère, indiscutable parce qu'elle est incompréhensible, il décide d'accepter la décision du sort; de même, quand nous hésitons entre deux actions et que nous n'avons pas l'énergie suffisante pour reconnaître quelle est la meilleure, nous jouons à pile ou face. By... se tourmente pour savoir s'il croit en Dieu ou s'il n'y croit pas : « Si, décide-t-il, en marchant dans la rue je puis éviter de traverser l'ombre des arbres, c'est que je crois en Dieu, si je traverse l'ombre des arbres c'est que je n'y crois pas ». J.-J. Rousseau, qui, par bien des côtés, était un malade tout à fait semblable à ceux que j'étudie ici, note dans ses *Confessions* qu'il se sentait poussé à résoudre les questions insolubles par un procédé semblable. « La peur de l'enfer, dit-il, m'agitait encore souvent. Je me demandais : quel état suis-je? Si je mourais à l'instant même serais-je damné?... Toujours craintif, et flottant dans cette cruelle incertitude j'avais recours, pour en sortir, aux expédients les plus risibles et pour lesquels je ferais volontiers enfermer un homme si je lui en voyais faire autant... Je m'avisait de me faire une espèce de pronostic pour clamer mon inquiétude. Je me dis : je m'en vais jeter cette pierre contre l'arbre qui est vis-à-vis de moi : si je le touche, signe de salut; si je le manque, signe de damnation. Tout en disant ainsi, je jette ma pierre d'une main tremblante et avec un horrible battement de cœur, mais si heureusement qu'elle va frapper au beau milieu de l'arbre; ce qui véritablement n'était pas difficile, car j'avais eu soin de la choisir fort gros et fort près. Depuis lors je n'ai plus douté de mon salut »

Un grand nombre d'autres manies méritent bien le nom de *manies de l'au delà*. L'esprit toujours instable veut dépasser le terme donné, y ajouter autre chose, aller au delà. Nous verrons un grand nombre de ces manies à propos des troubles de la perception; mais quelques-unes se rattachent aux trouble proprement intellectuels, par exemple *les manies de la recherche* et surtout de la recherche dans le passé. Pour se convaincre qu'il n'a pas accompli dans la journée un acte criminel, Ce... s'arrête et cherche à se rappeler exactement les diverses actions qu'il a faites, les différentes phases par lesquelles a passé chaque action. Il emploie des heures à vérifier dans sa mémoire comment il a passé d'un mouvement insignifiant à un autre aussi futile. Si par malheur, dans cette revue, il y a un instant dont le souvenir ne soit pas précis, le voici au comble du désespoir. Qu'a-t-il pu faire en cet instant? Il fait des efforts inouïs pour se convaincre que, pendant cette seconde, il n'a pas commis quelque horreur. Il y a un an, un vendredi soir, Ls... s'est-elle laissée aller à vouer ses enfants au diable? Pour le savoir, il faut rechercher si à cette époque elle a désiré quelque chose assez fortement pour prier le diable de le lui accorder, si elle a cédé à la tentation d'obtenir ce qu'elle désirait par le sacrifice des enfants ou si elle a su résister en disant la formule d'exorcisme : « Non, non, 4, 2, 1. ». Voilà un petit problème qui n'est pas facile à résoudre.

C'est à cette manie de recherche des souvenirs que se rapportent le plus souvent les faits qui ont été décrits par Charcot et Magnan sous le nom d'*onomatomanie*. Dans le cas le plus remarquable décrit par ces auteurs, le malade a été frappé par la lecture d'une anecdote dans le journal : une petite fille en jouant était tombée dans une bouche d'égout. Il veut, le soir, raconter ce qu'il a lu, mais il s'aperçoit qu'il a oublié le nom de la petite fille; il cherche son nom avec une angoisse terrible. La crise d'agitation physique et morale déterminée par cette enquête a été épouvantable toute la nuit, jusqu'à ce que, le matin, il put retrouver dans un journal le nom de Georgette. Plusieurs de nos malades ne circulent pas sans un carnet sur lequel ils inscrivent les noms et les adresses de toutes les personnes qui leur parlent, afin de les retrouver sans effort.

Les recherches peuvent encore porter sur d'autres objets : un homme de quarante ans, quand il voyage, essaie de se remémorer l'aspect du paysage qu'il a vu; s'il ne peut y arriver, il souffre tellement qu'il refait le voyage pour combler les lacunes de sa mémoire. Parfois, il transige avec lui-même et se borne à envoyer un domestique pour vérifier certaines particularités restées incertaines dans son esprit. Ce fait rappelle la célèbre anecdote de Legrand du Saulle : un malade de ce genre était préoccupé par la question grave de savoir si les femmes qu'il rencontrait étaient laides ou étaient jolies. Un domestique devait même l'accompagner pour répondre toujours avec précision et ne pas laisser la question grandir dans son esprit. Un jour, ce domestique eut l'imprudence de dire qu'il n'avait pas remarqué si la buraliste du chemin de fer était laide ou jolie. La crise déterminée par cette recherche fut telle qu'il fallut envoyer le domestique faire de nouveau le voyage.

Cette manie des recherches peut s'appliquer à l'avenir, elle peut se compliquer et se transformer en *manie de l'explication* qu'on appelait autrefois la folie métaphysique. J'ai pu observer chez de nombreux sujets tous les degrés de ces recherches d'explications, depuis les questions les plus humbles sur la couleur des feuilles dans les arbres jusqu'aux plus grands problèmes métaphysiques. L'une se demande indéfiniment : « Pourquoi porte-t-on un tablier? pourquoi met-on une robe? pourquoi les messieurs n'ont-ils pas de robe? » Un autre s'interroge sur la fabrication des objets : « Comment a-t-on pu faire une maison? un bec de gaz? » Celle-ci se demande toute la journée : « Comment se fait-il qu'il tonne, qu'il y ait des éclairs, qu'il y ait un soleil, qu'il fasse jour ou nuit? Si on avait pas de rivières et pas d'eau comment est-ce qu'on ferait pour boire, pour laver? Et si on n'avait pas d'yeux, comment est-ce qu'on ferait pour voir? » Celle-là s'élève à des problèmes psychologiques : « Comment des petits points noirs sur le papier peuvent-ils contenir une pensée? Comment les mot viennent-ils dans ma bouche en même temps que je pense? Comment la parole, qui est un bruit, peut-elle transporter la pensée? Comment se fait-il que j'aime ma fille qui est en dehors de moi? » Il est curieux de remarquer que ces spéculations ne se présentent pas uniquement chez les personnes intelligentes et cultivées, elles se retrouvent presque identiques chez des femmes du peuple absolument sans éducation. Hm…, femme de vingt et un ans, ouvrière à la campagne, qui sait à peine lire et qui ne sait pas écrire, est tourmentée après son accouchement par des idées de ce genre : « Je ne puis pas comprendre comment cela se fait qu'il y ait du monde; pourquoi y a-t-il des arbres, des bêtes? qu'est-ce que tout cela va devenir quand tout sera fini? » Il y a là un besoin de spéculation, de travail mental, qui s'effectue indépendamment des connaissances acquises et des capacité du sujet pour discuter les problèmes qu'il pose.

Ces manies de l'au delà aboutissent toutes au même point, *Elles poussent toutes les opérations mentales à l'extrême*, aussi loin qu'il est possible d'arriver. C'est pour cela que, dans leurs obsessions, ces malades s'imaginent toujours des remords, des hontes, des crimes, des sacrilèges tout à fait énormes et invraisemblables.

Ils veulent arriver à des choses épouvantables, à des crimes inouïs que personne n'aurait encore faits, que personne n'aurait encore faits, que personne n'aurait encore imaginés. Ils se torturent l'imagination pour arriver à l'abominable et presque toujours ils échouent dans le grotesque. Cet état d'esprit est assez bien décrit par l'auteur de *A rebours* et de *Là-bas*. En écoutant nos sacrilèges, on pense à ce chanoine « qui nourrit des souris blanches avec des hosties consacrées et qui s'est fait tatouer sur la plante des pieds l'image de la croix, afin de toujours marcher sur le Sauveur ». Cette manie de l'extrême les amène à penser constamment à la mort, à la fin du monde. Ils ont *la manie des généralisations,* la manie du tout ou rien, et beaucoup d'entre eux ont la manie de concevoir constamment les idées d'infini et d'éternité.

Toutes ces diverses manies mentales peuvent se réunir, se combiner les unes avec les autres et déterminer un état d'esprit bien curieux que j'ai appelé *la rumination mentale.* C'est un singulier travail de la pensée qui accumule les associations d'idées, les interrogations, les questions, les recherches innombrables, de manière à former un inextricable dédale. Le travail est plus ou moins compliqué, suivant l'intelligence du sujet; mais qu'il tourne en cercle ou qu'il prenne des embranchements, il n'arrive jamais à une conclusion, il ne peut jamais « tirer la barre », et s'épuise dans un travail aussi interminable qu'inutile.

Il est facile de comprendre les raisons qui déterminent ce travail et ces manies. Il est évident que les mauvaises habitudes y jouent peu à peu un grand rôle; mais il n'en est pas moins vrai qu'il y a au début une raison qui pousse le sujet à ces recherches bizarres. Il s'agit à mon avis, de sentiments particuliers que les sujets éprouves à propos des opérations intellectuelles qui viennent de s'accomplir. J'ai été amené à désigner ces sentiments par un barbarisme que je prie le lecteur d'excuser, car il m'a paru faire image et désigner bien le fait essentiel dont tous ces sujets se plaignent, le caractère inachevé, insuffisant, incomplet qu'ils attribuent à tous leurs phénomènes psychologiques, je les ai appelés *des sentiments d'incomplétude.* Quand ce sentiment porte sur les opérations intellectuelles, les malades sentent d'abord que le travail de l'esprit leur est difficile, presque impossible; ils ont le sentiment de l'insuffisance de leur attention, de son instabilité; ils se figurent qu'ils ne comprennent rien, que leurs idées sont très nombreuses, embrouillées, incoordonnées, et surtout ils ont un sentiment qui domine tous les autres, *le sentiment du doute*. Au début de leur maladie, ils commencent par douter des choses qui sont évidemment les plus obscures et qu'ils comprennent le moins, c'est-à-dire des choses religieuses : « Quand j'ai commencé à être malade, j'ai perdu la foi de mon enfance et je ne savais pas pour quelle raison je ne croyais plus. C'était un défaut de confiance, quelque chose qui s'évanouissait en moi, comme une lumière qui s'éloignait ». Il est curieux de remarquer que cet affaiblissement de la foi n'est pas causé par des lectures, des discussions, ne dépend pas d'arguments; c'est une vieille erreur que de se figurer la croyance des arguments. La foi se perd chez ces malades en vertu du même mécanisme qui va troubler les actions et les perceptions, quoique l'intelligence proprement dite reste intacte. Quand la maladie s'aggrave, le doute commence à porter sur des choses qui, d'ordinaire sont crues plus facilement. Les malades perdent confiance dans les personnes environnantes : à toute autorité, ils opposent le désir d'une autorité plus grande. Si le médecin leur parle, ils voudraient le prêtre, et, si c'est le prête, ils lui reprochent de ne pas être archevêque ou pape : « Et encore si le pape me parlait, je ne le croirait pas, car il se pourrait qu'il m'ait mal comprise et que sa parole infaillible ne s'applique pas à la question. » Un degré de plus et les malades vont douter de leur propre avenir ou de leur propre passé. L'absence d'espoir, l'avenir sombre comme un trou noir accompagne chez eux le doute du passé et le besoin de vérifier tous leurs souvenirs. Ce sont ces sentiments très pénibles qui déterminent, si je ne me trompe, des agitations mentales et toutes les manies de recherches que nous avons rattachées au doute des psychasténiques.

Ce sentiment de doute joue un rôle si considérable dans cette maladie, qu'elle avait même été baptisée autrefois *la folie du doute*. Il me semble que ce caractère correspond assez bien à l'amnésie que nous venons d'observer chez l'hystérique. Pour justifier cette comparaison, il nous reste à voir les caractères des deux phénomènes et à montrer qu'ils sont très voisins l'un de l'autre.

3. — Les caractères psychologiques des amnésies et des doutes.

Au premier abord, on peut être surpris du rapprochement de ces deux phénomènes, car des oublis nets semblent quelque chose de bien différent d'un doute. Dans ce dernier fait les opérations psychologiques sont simplement incomplètes, inachevées, tandis que dans l'amnésie le phénomène psychologique semble tout à fait supprimé. Cette remarque serait peut-être juste pour les amnésies définitives de certains déments, elle n'est pas juste, à mon avis, pour les amnésies hystériques que nous considérons ici, et il me semble facile de montrer que l'amnésie, dans ce cas, n'est pas plus que le doute une destruction du fait psychologique, mais qu'elle est simplement, comme lui, une imperfection de ce phénomène.

Remarquons d'abord que, dans tous ces cas où nous avons constaté des amnésies, les conditions ordinaires pour l'acquisition et la fixation des souvenirs se trouvaient réalisés d'une manière normale. Le sujet a vu ces choses qu'il prétend avoir oubliées; il les a bien perçues et, au moment où elles sont survenues, il paraissait les comprendre comme à l'ordinaire. Il n'était ni imbécile ni dément; il présentait l'intelligence ordinaire qui, autrefois, lui suffisait parfaitement pour conserver les souvenirs. Et cependant, dans le cas présent, il semble n'avoir conservé du fait aucune impression. Est-ce bien vrai? Est-ce que l'amnésie hystérique est une véritable suppression du souvenir qui aurait dû normalement se former? Pour soutenir cela il faudrait pouvoir démontrer que ce souvenir ne réapparaît jamais à aucun moment de la vie. Dans certains cas d'amnésie il en est ainsi; des oublis déterminés par l'hémorragie cérébrale, par les maladies infectieuses, sont définitifs. Ici il en est tout autrement et il y a une foule de circonstances dans lesquelles on peut constater très aisément la présence réelle de ces souvenirs en apparence disparus. Nous l'avons déjà constaté dans notre première étude sur les idées fixes à forme somnambulique : le sujet, disions-nous, au réveil de sa crise, a tout à fait oublié qu'il vient de se promener sur les toits en arrachant son enfant aux mains de sa belle-mère, ou qu'il a essayé de se tuer en se mettant sous un train. Mais dès que la crise recommence, ce qui ne va pas tarder, il se souvient si bien de ces histoires qu'il les recommence en reproduisant exactement les mêmes gestes et les mêmes mots. Un grand nombre de faits qui paraissent oubliés réapparaissaient ainsi dans les crises délirantes. Un jeune homme qui avait des impulsions au vol cherchait désespérément, après sa crise, où il avait bien pu cacher les objets volés. Il ne pouvait pas les retrouver, mais à la prochaine crise il allait tout droit à la cachette. Cette réapparition du souvenir est quelquefois bien curieuse par sa précision. Quelques malades se réveillent subitement au milieu d'une phrase et dans la crise suivante, huit jours après, ils reprennent au mot interrompu.

On pourrait faire la même remarque à propos des idées fixes de forme médianimique et des écritures automatiques, dans lesquelles se manifeste un grand nombre de souvenir en apparence perdus. Dans d'autres cas ces souvenirs réapparaissent dans des états artificiellement provoqués, comme les états hypnotiques. C'est même au moyen de ces états que l'on peut atteindre les idées fixes de forme somnambulique et les modifier. Quelquefois le rêve du sommeil normal suffit pour provoquer la réapparition de ces souvenirs. Le fait était bien manifeste chez Mme D..., cette femme dont l'amnésie continue était si remarquable. Lorsqu'elle était éveillée, elle n'avait aucun souvenir de la blessure de sa main mordue par un chien et cautérisée, de sa présentation dans les hôpitaux, et se croyait toujours à C..., trois mois auparavant; mais la nuit elle avait un sommeil agité et ses voisines l'entendaient parler du vilain chien jaune et des médecins en tablier blanc. Quelquefois les souvenirs qui se sont manifestés en rêve sont à peu près conservés quand le sujet se réveille, et le rêve sert en quelque sorte d'intermédiaire entre le somnambulisme et la veille. Dans d'autres cas, le souvenir a complètement disparu au réveil et l'amnésie n'a été interrompue qu'un instant pendant le sommeil.

Il n'est pas toujours nécessaire que le sujet retombe dans des états anormaux comme ces crises d'idées fixes ou ces somnambulismes : le souvenir qui semblait perdu peut réapparaître pendant la veille la plus normale. On observe d'abord le fait dans une circonstance très simple, quand la maladie hystérique guérit. Les amnésies rétrogrades, par exemple, ne durent qu'un certain temps; peu à peu on voit réapparaître les souvenirs, en commençant par les plus anciens. Comme je l'ai souvent répété, l'oubli consécutif aux crises, aux somnambulismes, aux hypnotismes, est un signe de maladie hystérique. Il disparaît quand le sujet est guéri et celui-ci s'étonne alors de n'avoir pu raconter ce qui se passait pendant ses crises. Cette observation clinique, mal connue, explique bien des faits qu'on a considérés comme étranges : des hystériques, en devenant âgées, s'accusent souvent d'avoir simulé dans leur jeunesse les phénomènes du somnambulisme. Il y eut à ce propos une histoire amusante, à l'époque des grandes querelles soulevées par le magnétisme animal. Une femme nommée Pétronille avait été très souvent présentée comme un type de somnambulisme et on avait démontré sur elle l'amnésie qui suit le somnambulisme. Malheureusement Pétronille, devenue âgée, se mit à raconter tout ce qu'on lui avait fait dans les anciennes séances de somnambulisme. Les adversaires de ces études s'emparèrent du fait et l'on put voir dans les journaux de l'époque des avertissements ironiques adressés aux magnétiseurs et finissant par ces mots : « Cave Pétronille ». Il s'est passé tout récemment un fait du même genre. Les Misses Fox ont joué, comme on sait, un très grand rôle dans l'histoire du spiritisme, en 1850; elles ont pendant longtemps attribué aux esprits leurs mouvements subconscients et leur écriture automatique. Il y a quelques années, l'une d'entre elles, très âgée, a envoyé à des journaux une pitoyable rétractation, disant qu'elle se souvenait maintenant d'avoir fait elle-même tous ces mouvements. Eh bien, ces confessions et ces rétractations ne nous émeuvent pas, nous les avons constatées bien plus rapidement, après quelques mois seulement, quand les hystériques guérissaient.

Elles signifient simplement que, chez les hystériques âgées, les amnésies de la période héroïque de leur vie ne subsistent pas.

Sans attendre aussi longtemps, nous pouvons même, dans le cours de la maladie, faire réapparaître ces souvenirs; il suffit quelquefois de commander au sujet de se souvenir; mieux encore, il suffit de diriger ses efforts d'attention sur les souvenirs effacés. J'ai fait subir toute une éducation à la malade dont nous venons de parler, Irène, pour lui faire retrouver consciemment, pendant la veille, le souvenir de la mort de sa mère, et j'y suis parvenu après quelques semaines d'efforts. Cette restauration des souvenirs a même eu comme conséquence la suppression des crises. Il suffit quelquefois que le malade soit appelé à faire attention, par quelque circonstance accidentelle, pour qu'il puisse lui-même guérir son amnésie. Un malade fort curieux. P.., avait oublié toute une semaine pendant laquelle, en proie à une idée fixe, il s'était sauvé loin de chez lui. Il ne savait aucunement ce qui s'était passé et il resta plus d'un mois sans pouvoir se souvenir de rien. Un jour, il trouva dans la poche d'un vêtement un petit papier contenant quelques mots de recommandation pour une maison charitable, papier qu'il avait reçu pendant sa crise délirante. Il en fut très intrigué et il passa toute une nuit à rechercher ce que ce papier pouvait bien signifier, comment il l'avait eu entre les mains. Le lendemain il était épuisé de fatigue, mais il vint nous raconter tout ce qui s'était passé pendant les dix jours oubliés. Ces observations et ces expériences pourraient être indéfiniment multipliées; c'est un des points qui a été le plus étudié par la psychologie expérimentale. Ce que nous venons de dire suffit pour montrer que *ces souvenirs ne sont pas du tout supprimés, qu'ils existent parfaitement dans la conscience et dans le cerveau du sujet.*

D'autres expériences du même genre pourraient nous prouver que *ces souvenirs existent même au moment où le sujet déclare qu'il ne les connaît pas.* On peut constater des actes accomplis par distraction, des mouvements involontaires qui prouvent parfaitement leur existence. Mme D… semblait oublier tous les événements au fur et à mesure de leur production, par conséquent elle ne connaissait personne dans l'hôpital et semblait toujours être mise en présence d'un étranger quand on la présentait à une personne qu'elle avait vue vingt fois. Cependant, si on la laissait seule au milieu de la cour, elle allait toujours s'asseoir sur le même banc, auprès des deux mêmes malades, ses voisines. Quand un sujet présente de l'écriture automatique, sa main écrit les événements qu'on lui demande, tandis que sa bouche déclare les ignorer absolument.

De ces études, bien des auteurs tireront une conclusion radicale : c'est que c'est là une amnésie absurde et qu'elle n'existe pas. Il est ridicule de supprimer les phénomènes simplement parce qu'on ne les comprend pas. Sans doute c'est là une amnésie bizarre, c'est pour cela que nous la déclarons différente des autres. Sans doute elle se modifie étonnamment dans une foule de circonstances; c'est pour cela que nous devons étudier ces circonstances, et comprendre leur rôle. Mais cela ne supprime pas le symptôme pathologique lui-même, qui n'en est pas moins très grave, très pénible, et qui peut troubler des malades pendant des années.

Je ne crois pas non plus que ces amnésies puissent s'expliquer rapidement par l'imitation ou la suggestion. Sans aucun doute il y a des idées fixes en même temps que l'amnésie; j'ai même soutenu que ces deux phénomènes étaient presque toujours inséparables, mais ces idées fixes ne portent aucunement sur l'amnésie elle-même et sur ses caractères. Les idées fixes de ces malades portent sur des événements de leur vie, sur des désirs ou des rêves, et point du tout sur le fait d'oublier telle ou telle chose. Bien au contraire, le sujet préoccupé par son chagrin serait plutôt disposé à croire qu'il ne doit jamais l'oublier, et cependant on observe de tels oublis dans tous les temps et dans tous les pays.

Cette amnésie est un véritable trouble dans l'évolution des idées : elles ne sont pas détruites, elles sont correctement formées, mais il leur manque quelque chose; *elles restent isolées;* elles ne peuvent être évoquées que par elles-mêmes; elles ne sont pas suffisamment rattachées à l'ensemble des autres phénomènes conscients. Il y a là un manque d'unité et de synthèse qui semble être un défaut d'achèvements dans la formation d'idées suffisantes à d'autres points de vues.

Nous parvenons à une conclusion semblable lorsque nous considérons les doutes du psychasthénique. Ici encore les idées et les souvenirs sur lesquels portent ces doutent sont loin d'avoir disparu. En réalité, le souvenir existe très bien, et quand nous vérifions l'état de la mémoire proprement dite, nous la trouvons très suffisante. Ici encore, la conviction qui semblait disparue peut réapparaître; il y a des moments où le psychasténique retrouve la certitude de ses souvenirs, comme il y a des moments où l'hystérique retrouve la conscience des siens. Le malade est le premier à nous dire de temps en temps : « Je sais parfaitement bien que je n'ai pas commis de crime et je constate que je me souviens très nettement de la figure de mon père ». Dans les périodes où le doute revient, *l'idée subit simplement une diminution*, elle perd quelques-uns des attributs qui caractérisent les idées parfaitement développées. Le souvenir de ces idées, qui existe en fait dans l'esprit, n'entraîne pas avec lui les actions, les paroles, les sentiments; il n'est pas actif, il semble rester dans un état vague, en dehors de la réalité présente; il lui manque en un mot cette perfection particulière qui fait que les pensées sont réelles et présentes. C'est là un problème très difficile, le problème de ce que j'ai appelé la fonction du réel. Nous le retrouverons à propos de chacun des autres troubles de nos malades; il nous suffit de constater ici que leur doute est tout simplement la disparition d'un certain degré de perfectionnement des idées et que, sur ce point, il se rapproche beaucoup de l'amnésie hystérique, qui n'était pas autre chose.

Chapitre III

Les troubles du langage.

Le langage est une fonction remarquable qui se rattache d'un côté à l'intelligence proprement dite et à la formation des idées et qui d'un autre côté nécessite la mise en mouvement de certains organes comme la poitrine, le larynx, la bouche. Les troubles du langage constituent un intermédiaire entre les troubles intellectuels que nous venons d'étudier et les troubles des fonctions motrices plus difficiles à comprendre. Le langage est très fréquemment altéré chez les névropathes : tantôt il semble exagéré, tantôt il est diminué et même supprimé. Nous étudierons les deux catégories de troubles chez les deux groupes de malades que nous avons été amenés à distinguer par l'étude des idées fixes et des obsessions, des amnésies et des doutes. Les caractères de ces troubles nous permettront de comprendre mieux le problème difficile des agitations motrices et des paralysies.

1. Les agitations verbales hystériques.

Déjà dans l'étude des crises d'idées fixes à forme somnambulique, nous aurions pu remarquer le rôle singulier que jouait quelquefois le langage. Certains sujets, qui ne présentent pas la crise complète dans laquelle le malade joue complètement son rêve, se bornent, disions-nous, à le parler. Étendus, immobiles, ils racontent tout haut les événements qui les ont troublés. Si on songe qu'ils n'ont aucune perception du monde extérieur, qu'ils ne connaissant pas la présence des témoins, que d'ailleurs ils n'ont aucune intention de faire connaître leurs idée fixe par le langage. Il y a déjà là un besoin exagéré de parler qui s'ajoute à l'idée fixe elle-même.

Mais dans d'autres cas le trouble du langage est plus manifeste parce qu'il se sépare en quelque sorte du trouble intellectuel. En effet, en écoutant le sujet, nous remarquons qu'il n'exprime pas toujours la même idée, qu'il parle de choses très variées et que ces choses sont d'ailleurs tout à fait indifférentes, en dehors de toute émotion et de toute idée fixe. J'ai insisté autrefois sur le cas de Joséphine L.... À tout moment, dans la journée, elle fermait les yeux, restait immobile et insensible à toute excitation, elle se mettait à bavarder tout haut sur les événements survenus dans la salle : « Ces médecins, quels cochons! Ils ont encore emporté une pauvre femme pour la couper en morceaux...! couillons, va, idiots... si jamais je vous obéis, si je prends encore vos sales médicament...! Je vais me marier, j'aurai de beaux habits... non, j'aime mieux mourir, je ferai mon testament, X... mon petit ami aura des millions et Y... (l'interne de la salle), cette tête d'écureuil, ce cochon, il n'aura qu'une tournure de six sous... » Elle continuait ainsi sans qu'il fût jamais possible d'entrer en relations avec elle et elle se réveillait d'elle-même, sans aucun souvenir de ce qu'elle avait dit. J'ai revu depuis un très grand nombre de cas semblables dans lesquels la part de l'idée fixe était encore moins importante. Ces malades me mettent à chanter, racontent des histoires absurdes, bavardent à tort et à travers sur tout ce qui leur est arrivé, sans grande suite et surtout sans que l'un retrouve l'unité d'une idée fixe. Ainsi j'ai écrit des pages et des pages sous la dictée d'une de ces malades, D..., âgée de vingt-huit ans. Cette femme ne semblait même pas entrer en crise. Elle continuait son travail de couture et bavardait indéfiniment à haute voix. Voici quelques passages de mes notes : « Oh mon pauvre mari, je n'avais pourtant que toi... des peines et des peines... j'arrive et je trouve des punaises dans le lit, des poules à faire pondre... cette pauvre fille, elle ne sait pas faire pondre les poules, il faut la renvoyer chez sa mère.... Et dire que j'ai mangé en route le gâteau que je portais à la nourrice de mon fils, en voilà du chichi... les lapins on bien fait de se sauver..., elle n'a que ce qu'elle mérite, nous le raconterons à la belle-mère... ah celle-là, c'est bien une femme à faire de la morale aux papillons.., etc. » Elle continuait ainsi pendant des heures entières. Ce qui était le plus curieux, c'est qu'on pouvait l'arrêter beaucoup plus facilement que les malades précédentes : si on la secouait, si on lui parlait, elle s'arrêtait, se tournait vers nous, et, après quelques instants de surprise, nous faisait répéter notre question et nous répondait. Mais elle ne pouvait rien dire à propos de son bavardage précédent qu'elle paraissait avoir oublié et qui ne pouvait redevenir conscient que dans des états spéciaux.

Il y a là quelque chose d'analogue à l'écriture automatique que nous avons déjà vue à propos des idées fixes subconscientes. L'écriture comme le langage peut se séparer de l'idée fixe et semble quelquefois se développer pour elle-même. S'il y a des écritures automatiques qui expriment une idée fixe, comme nous l'avons vu, il y a aussi de ces écritures qui n'expriment rien du tout : le médium couvre des pages et des pages de griffonnage. Quand on les déchiffre, on trouve que ce sont des phrases banales, se rattachant à toutes sortes de souvenirs absolument insignifiants ou même d'énormes suites de mots sans signification. C'est de l'écriture pour l'écriture, exactement comme le bavardage précédent n'était que de *l'agitation du langage*. Il est probable que l'on noterait les mêmes phénomènes atténués dans de simple hallucinations verbales : le sujet sans parler lui-même entend parler à tort et à travers, ou sent qu'on parle dans sa tête. Mais ces derniers phénomènes sont déjà moins nets et se séparent difficilement de ceux que nous avons à étudier dans l'autre groupe de malades, les psychasténiques.

2. Le mutisme hystérique.

À côté de ces agitations du langage se place une autre perturbation bien remarquable et peut-être plus connue, mais que l'on a trop isolé du trouble précédent, *le mutisme hystérique*. Déjà dans l'antiquité, on avait remarqué des troubles bizarres de la parole qui apparaissaient et disparaissaient en apparence sans raison. L'observation suivante d'Hippocrate semble bien se rattacher à un accident hystérique : « La femme Polémaque, dit-il, ayant une affection arthritique, éprouva une douleur subite de la hanche, les règles n'étant pas venues; ayant bu de l'eau de bettes, elle resta sans voix toute la nuit jusqu'au milieu du jour. Elle entendait, comprenait, elle indiquait avec la main que la douleur était à la hanche ». Il semble que tout y soit, l'arrêt des règles, les troubles du mouvement, contractures ou paralysies, la conservation des perceptions et le mutisme. Il n'est pas nécessaire de rappeler l'histoire du fils de Crésus, ce muet qui retrouve la parole subitement pour crier : « Soldat, ne tue pas Crésus ». Nous pouvons passer aux temps modernes et rappeler toutes les histoires de mutisme chez les possédés et chez les extatiques. J'ai déjà fait allusion à l'ouvrage de Carré de Montgeron sur les miracles du diacre Paris où l'on peut lire le cas de Marguerite-Françoise Duchesne : « Après une attaque de léthargie, qui dura sept ou huit jours, il survint une extinction de voix presque totale : tout lui fut enlevé jusqu'à la faculté même de se plaindre ». Un mois après, l'ouïe et la vue seulement lui furent rendues, mais il n'en fut pas de même de la voix qui resta entièrement éteinte. Au XIXe siècle, les cas se multiplient, le chirurgien anglais Watson se vante d'avoir rendu la parole par un traitement électrique à une demoiselle qui était aphone et muette depuis douze ans. Briquet, Kussmaul, Revillod, Charcot, Cartaz ont beaucoup insisté sur ces phénomènes qui sont maintenant à peu près bien connus dans leur ensemble.

L'accident peut survenir chez des hystériques avérés qui ont déjà présenté beaucoup de symptômes de la névrose, à la suite d'un somnambulisme ou d'une attaque, mais il peut aussi survenir chez des personnes qui semblaient jusque-là à peu près normales et dans ce cas, il survient presque toujours *à la suite d'une grande émotion* assez subite.

Il en était ainsi, par exemple, dans le cas classique étudié par Charcot : un homme d'une quarantaine d'années vivant en province avait réalisé quelques économies et sa femme parvint à le convaincre de venir les dépenser à Paris. Il s'installa avec elle dans un hôtel de la capitale, mais un jour, rentrant au logis après une absence il constata que sa femme avait disparu en emportant le petit magot. Le bouleversement de ce pauvre homme fut tel qu'il perdit la parole pendant dix-huit mois. Depuis cette époque, quoiqu'il sembla guéri, il resta toujours sujet au même accident : à la moindre émotion, à la moindre fatigue, il perdait de nouveau la parole pendant quinze jours ou pendant deux mois. Il est intéressant de remarquer, en passant, ce caractère de l'hystérie : quand un accident a été une fois déterminé sous une forme particulière et grave, c'est toujours le même accident qui réapparaît à toutes les occasions. Il en est de même dans l'observation suivante, que j'ai recueillie. Un homme qui a actuellement quarante-six ans est malade, en réalité depuis l'âge de vingt ans. À ce moment, il se trouvait dans un jardin, près d'une véranda vitrée : un objet lourd, lancé d'un étage supérieur, tomba sur la véranda, en creva les vitres avec un tapage comparable à un coup de fusil. Notre homme, très effrayé, resta muet pendant deux mois. Depuis vingt-six ans, il n'a jamais guéri complètement; le moindre bruit subit, près de lui, une parole un peu trop forte et le voilà de nouveau muet pendant trente ou cinquante jours : « Si on crie trop fort à mon oreille, je tousse deux ou trois fois et puis plus rien, je ne peux plus faire entendre aucun son ». Dans d'autres observations, le mutisme commence chez des jeunes femmes de vingt ans à la suite d'un incendie, à la suite d'une rupture de fiançailles ou d'une querelle avec les parents. Dans un cas, il s'agit de la vue subite d'un individu déguisé en spectre et l'accident qui a eu lieu quand le malade avait dix-huit ans n'est pas encore guéri à quarante et un ans.

Quelquefois, *le trouble émotionnel porte plus particulièrement sur les organes de la parole ou de la respiration*, car le mutisme survient après des maladies de la gorge ou de la poitrine. Dans certains cas, il ne faut pas oublier qu'il s'agit *d'accidents qui ont porté sur le côté droit du corps*. Un jeune homme de dix-huit ans fait une chute de cheval sur le genou droit, il a, à la suite, une hémiplégie vraiment hystérique du côté droit et du mutisme. Une jeune femme employée dans un débit de vin se blesse la main droite avec une bouteille cassée, elle a d'abord une paralysie du bras droit et cette paralysie semble s'étendre à la gorge, car elle perd la parole. On comprend que ces derniers cas ont de l'importance à propos de l'association des paralysies du côté droit et des aphasies. Enfin, je tiens à rappeler un autre cas curieux, celui de cette femme, grand médium spirite, qui, après avoir abusé de l'écriture automatique, présente du mutisme hystérique; ce fait, où l'on voit l'association du mutisme avec l'écriture subconsciente, est encore intéressant pour l'interprétation.

Quoi qu'il en soit, quand ce mutisme est constitué, il se présente à peu près toujours de la même manière dont Charcot a donné une peinture très vivante et célèbre. Le malade, sauf dans des cas exceptionnels, semble bien portant et n'est pas paralysé. Il n'a pas cet air malade et affaibli des hémiplégiques organiques après une hémorragie cérébrale. *Il n'a pas non plus d'affaiblissement intellectuel* bien visible, il n'a pas leur air hébété, il semble, au contraire, intelligent et vif. Il s'avance au-devant de vous avec une figure expressive, il comprend tout ce qu'on lui dit, mais c'est quand il s'agit de répondre qu'il prend une attitude singulière. Le fait caractéristique, disait Charcot, c'est qu'*il n'essaye pas de répondre*, il ne fait pas ces efforts que fait un individu aphasique ou que fait tout simplement un étranger qui cherche à s'exprimer dans une langue qu'il connaît mal. Il n'a pas l'air de croire que l'on puisse répondre par la parole, il n'ouvre pas la bouche, ne fait entendre aucun son, il répond par écrit. En un mot, il n'y a pas là une parole imparfaite, il n'y a pas là de parole du tout et il semble même que ce malade n'a plus l'idée ni le désir de la parole. Le sujet semble avoir oublié cet usage qu'à tort ou à raison les hommes ont fait de leur bouche. J'insiste sur ce caractère parce que tous les auteurs, avec beaucoup d'exagération à mon avis, en font un signe distinctif entre l'aphasie organique et le mutisme hystérique.

Quand nous cherchons à nous rendre compte de la raison de ce silence qui se prolonge ainsi depuis des mois, nous examinons les différents organes périphériques de la parole et nous remarquons alors le second caractère de cette affection, c'est-à-dire *l'absence à peu près totale de phénomènes paralytiques*. Les lèvres, les joues, la langue, le voile du palais se remuent très bien et de la façon la plus correcte. Le malade, qui comprend tout, fait tout ce qu'on lui demande, remue ses lèvre de tous les côtés, découvre les dents, sourit, exécute tous les mouvements de la langue et tout cela sans difficulté. Sans doute, dans certains cas, je crois qu'il faut faire quelques réserves sur cette description un peu théorique de Charcot; on observe très souvent, chez ces muets, certains petits troubles du mouvement localisés de tel ou tel organe, par exemple des petites contractures de tel ou tel muscle de la langue ou des lèvres : il est même bon de les rechercher avec soin, car il est important de les faire disparaître avant de rechercher à ramener la parole. On remarquera aussi que les mouvements de la bouche et de la face ne sont pas aussi parfaits que le disait Charcot, il n'y a pas de paralysie proprement dite, mais il y a souvent de la maladresse, de la gaucherie, de la laideur. Oui, de la laideur, ces sujets dont l'esprit rétrograde, à mon avis, perdent souvent la délicatesse, la perfection de certaines fonctions supérieures et on peut très bien noter, chez eux, une certaine vulgarité dans l'expression et dans les mouvements délicats.

Cependant, je reconnais volontiers que ces altérations motrices sont légères, et tout à fait incapables de rendre compte de l'énorme paralysie du langage qu'on observe. Si on va plus loin, si on cherche à étudier l'état des cordes vocale (cette étude, commencée à l'époque de Charcot, est résumée dans la thèse de M. Cartaz) on constate qu'il n'y a pas, en réalité, de grands troubles dans les cordes vocales. Certains auteurs ont observé un certain degré de parésie dans l'adduction, mais je crains qu'ils ne se soient fait illusion. Nous ne savons déterminer le rapprochement des cordes vocales qu'en demandant au sujet de crier ou de prononcer un son. Or, il s'agit justement de sujets qui ne savent ni parler, ne crier, et qui, par conséquent, ne pourront pas produire le mouvement des cordes vocales que nous leur demandons : l'immobilité des cordes vocales que nous constatons ne prouvent pas leur paralysie véritable et il est probable qu'il n'y a ici, comme dans tout le reste, que des troubles proprement psychiques.

Le tableau que Charcot a tracé du mutisme hystérique et que je viens de résumer est très saisissant, mais sa précision est un peu exagérée : le trouble peut être plus complexe et il peut aussi être moins complet et moins net. Le mutisme peut se compliquer par l'addition d'autres symptômes, d'abord par l'*addition de diverses paralysies siégeant sur les organes mêmes qui jouent un rôle dans le langage*. Il est très souvent associé avec les troubles respiratoires dont nous aurons à parler plus loin et c'est là une association fort intéressante. Il se complique très souvent de certaines paralysies ou de certaines contractures dans les muscles de la face ou dans les muscles du cou. Beaucoup de sujets en même temps que les mouvements de la parole ont perdu les mouvements délicats des lèvres, ils ne peuvent plus sucer, ni diriger le souffle, ni embrasser, d'autres ont des troubles dans les mouvements de la langue qu'ils ne peuvent pas tirer lorsqu'on leur demande. Enfin, et c'est là un fait extrêmement remarquable, les muets hystériques ont très souvent *une paralysie soit complète, soit partielle des membres du côté droit du corps*. J'ai beaucoup insisté sur ce fait que l'association de l'hémiplégie droite avec les troubles du langage est tout aussi régulière quand il s'agit d'hystérie que lorsqu'il s'agit des accidents organiques.

Le mutisme se complique aussi de certains *troubles de la sensation* ou plutôt de la perception que nous aurons à analyser plus tard et qu'il suffit de signaler ici. Le muet hystérique sent mal les mouvements de sa poitrine, de sa langue ou de ses lèvres. Certains malades ne distinguent pas les impressions de contact faites sur ces différents organes et semblent avoir la face et le cou plus ou moins insensibles. Enfin, il ne faut pas oublier que des troubles de l'audition accompagnent très souvent ces troubles de la parole : il y a une *surdi-mutité hystérique* qui est très fréquente. À côté de ces phénomènes, il faudrait décrire des troubles plus complexes, comme une sorte d'incapacité de comprendre la parole, quoiqu'elle soit cependant entendue, qui se rapproche de la *surdité verbale*.

Plus souvent encore, le mutisme hystérique, au lieu de se compliquer, se décompose : il n'est plus complet, le trouble ne porte plus sur tout le langage, mais seulement sur quelques parties dissociées de la fonction du langage. Un cas bien typique explique cette simplification, le sujet qui avait à sa disposition plusieurs langages perd une de ses langues, une langue étrangère ou sa langue maternelle. Cette observation du médecin autrichien Freud, 1893, est tout à fait typique et caractérise bien l'hystérie. Une fillette de treize ans parlait couramment l'allemand, sa langue maternelle et l'anglais. Une nuit, elle est bouleversée par une terreur et veut se recommander à Dieu : elle ne trouve, dans sa mémoire, aucune prière en allemand, mais seulement une petite prière en vers anglais qu'elle venait d'apprendre, c'est cette prière en anglais qu'elle récite. Le résultat est bien surprenant : au réveil, elle ne peut plus parler qu'anglais, elle ne peut plus prononcer un mot de sa langue maternelle, elle est devenue muette en allemand.

Cette dissociation nous permet de comprendre la suivante beaucoup plus fréquente, je veux parler de l'*aphonie hystérique*. Le sujet ne peut plus parler à haute voix, mais il n'a pas tout à fait perdu le langage, il peut s'exprimer à voix basse. On peut dire que nous avons à notre disposition plusieurs langages différents; le langage du conférencier n'est pas le même que le langage familier, le langage à haute voix n'est pas le même que le langage chuchoté, *c'est l'un de ces langages qui disparaît tandis que l'autre persiste.*

Peut-être pourrais-je expliquer de la même manière d'autres troubles : nous avons un langage calme et un langage émotionnel quand la voix est entrecoupée par des soupirs ou des sanglots, quand l'émotion la fait trembler. Le *bégaiement hystérique* qu'il ne faut pas confondre avec le bégaiement qui se développe depuis l'enfance me semble être la conservation d'une forme inférieure du langage, le langage émotif à la place du langage calme et complet. Il est impossible, d'ailleurs, d'énumérer les complications, les dissociations bizarres que l'on peut observer dans tous ces phénomènes. Des sujets prennent des voix étranges, rauques, nasonnées, aiguës, bredouillantes, ou simplement vulgaires. Un sujet était aphone quand il était debout et avait besoin de s'étendre tout de son long par terre pour retrouver une voix haute et claire. Il y a là toutes sortes de complications du mutisme avec d'autres phénomènes.

Je crois aussi que si on voulait faire une étude complète des troubles du langage chez l'hystérique, il faudrait étudier les *troubles de l'écriture* plus fréquents qu'on ne le croit. On ne cite d'ordinaire que l'écriture automatique, qui est une sorte d'agitation graphique; il faudrait signaler *l'écriture en miroir,* si intéressante et si difficile à comprendre. L'écriture est renversée, elle se fait de droite à gauche et donne l'aspect de l'écriture normale vue dans un miroir. Nous retrouverons ce problème à propos de certains troubles de la perception. Il faudrait aussi parler de l'*agraphie* proprement dite ou perte de l'écriture. J'ai souvent décrit des sujets qui oublient l'écriture comme ils oubliaient la parole vocale. Ce qui me semble très curieux, c'est que, dans certains cas, il n'y a pas perte complète, mais, en quelque sorte, *rétrogradation de l'écriture* : le sujet qui écrivait rapidement et correctement se met à écrire lentement, lourdement. Dans certains cas, j'ai pu me procurer des fragments de cahiers d'écriture de la même personne dans son enfance et j'ai pu mettre en évidence la similitude de ces écritures enfantines qui existaient dix ans auparavant avec l'écriture qui réapparaît aujourd'hui sous l'influence de la maladie.

Enfin, il serait juste de rattacher aux troubles du langage des observation si intéressantes que M. Ingegnieros a présentées, en 1906, sous le nom d'*amusie hystérique.* La musique est en bien des points une sorte de langage, destinée à l'expression et à l'intelligence d'émotions particulières. Bouillaud et Charcot, en 1883, et plus récemment M. Ingegnieros, de Buenos-Ayres, ont montré que les hystériques peuvent avoir des troubles de ce langage comme des autres, qu'ils peuvent perdre la capacité d'expression musicale ou même la capacité de reconnaître des airs de musique ou de les comprendre. Dans tous ces troubles, il y a toujours des pertes complètes ou partielles de la fonction du langage, de même que, dans les troubles précédents, nous avions vu des agitations de la même fonction.

3. Les agitations verbales psychasténiques.

Les agitations de la parole sont aussi fréquentes dans le second groupe des névropathes que dans le premier; mais elles ne se présentent pas tout à fait de la même manière. Nous avons déjà observé le bavardage qui accompagne les obsessions : le sujet raconte aux autres ou se raconte à lui-même les crimes et les sacrilèges auxquels il se croit poussé. Mais ce langage n'est pas aussi inconscient que celui de l'hystérique; le sujet s'entend lui-même pendant qu'il parle et il garde le souvenir de ce qu'il vient de dire.

Il en résulte, je crois, un certain nombre de conséquence : d'abord le sujet a conscience qu'il va parler, qu'il a besoin de parler, et il y a *un sentiment de désir, d'impulser* qui le tourmente, tandis que l'hystérique s'abandonne à l'agitation verbale sans avoir eu à lui résister. Ce nouveau malade éprouve, à chaque instant, des besoins de proférer des paroles déterminées. Par exemple, une femme F..., tourmentée par ses besoins de précision et de vérification que fait naître le doute et que nous étudierons mieux, à propos des perceptions, en est arrivée au besoin singulier de répéter le nom de tous les objets devant lesquels elle passe; elle a besoin de dire tout haut : « C'est un pavé, c'est un arbre, c'est un tas d'ordures ». D'autres ont des besoins irrésistibles de compter les objets qu'ils voient ou de répéter certains mots un nombre de fois déterminé.

Un malade prétend arrêter ses troubles et ses angoisses en murmurant la phrase suivante : « Assez de phénomènes »; il abrège le mot assez par la syllabe *té*, et il répète cette syllabe quatre fois, huit fois, douze ou vingt-quatre fois, toujours par multiple de quatre, suivant la gravité des troubles contre lesquels il s'agit de lutter. Les manies désignées sous le nom d'*onomatomanie* ne consistent pas toujours, comme nous l'avons vu, à rechercher certains mots, elles consistent quelquefois dans le besoin de prononcer une phrase avec une perfection particulière. Pn…, homme de cinquante ans, atteint surtout d'obsessions hypocondriaques, s'est mis en tête de chasser les pré-occupations sur sa santé par une phrase cabalistique qu'il doit répéter pour se tranquilliser. Il doit dire : « C'est assez, allons dîner, nous verrons après. » Malheureusement, cette phrase n'a tout son effet que si elle est bien dite et il ne la trouve pas assez bien dite. Il la répète, cela ne lui suffit pas, il la crie à tue-tête ou la dit à voix basse, et il cherche toujours comment il pourrait la dire mieux; il prie sa femme de l'écouter, de l'aider, de la répéter avec lui. Il imagine alors de descendre avec sa femme au fond de la cave, d'éteindre la lumière et de crier la phrase en chœur dans l'obscurité, et il remonte désespéré, parce qu'il n'a pas encore trouvé « le moyen de la bien dire ».

Une observation intéressante de M. Séglas, sur un malade qui a sans cesse un mot sur le bout de la langue et qui ne parvient pas à le bien répéter, me paraît se rapporter à des phénomènes analogues. D'autres malades bien connus ont des impulsions irrésistibles à prononcer des mots obscènes, des mots orduriers. On a raconté vingt fois ces tics de parole chez de grandes dames qui, en offrant aimablement un siège à leurs invités, ne peuvent s'empêcher de laisser échapper ces mots malsonnants : « Vache, cochon, trou du cul du pape ». Plus simplement, d'autres ont le besoin d'accompagner chacune de leurs phrases par une expression stéréotypée, toujours la même, comme : « Maman, ratan, bibi, bitaquo, je vais mourir », que répétait à chaque instant un brave homme. Nous retrouvons, d'ailleurs, *ces formules de conjuration* à propos des troubles de l'action dans lesquels elles jouent un grand rôle.

Nous venons de voir que la conscience plus grande de l'agitation verbale amenait comme conséquence ce sentiment du désir et de l'impulsion. Il me semble aussi qu'elle transforme l'expression verbale elle-même : le sujet qui, comme l'hystérique, n'a pas conscience de ce qu'il dit, ne se surveille pas, ne s'arrête pas et parle à haute voix; le psychasténique, qui sent l'absurdité de ses paroles, essaye de les retenir, lutte contre elles et les arrête en partie. Il en résulte que ce langage est souvent chez lui incomplet, qu'il se fait à mi-voix, qu'il est souvent réduit à *une pure parole intérieure*. Beaucoup de ces malades murmurent d'une manière imperceptible des phrases comme celle-ci : « Le contraire de Dieu…, quatre, trois, deux, cent soixante-quinze mille ». Cela veut dire que cette personne a pensé au culte du démon et qu'elle a lancé la formule de résistance; mais cela est à peine entendu. La plupart parlent au dedans d'eux-mêmes : ils disent souvent que quelque chose parle dans leur tête ou dans leur estomac, que c'est une inspiration étrangère qu'ils sentent en dedans. C'est le phénomène qu'on a autrefois si mal compris sous le nom d'*hallucination psychique*.

En réalité, il est facile de montrer, comme l'a remarqué M. Séglas en 1892, que c'est bien leur propre parole que sentent ces malades et qu'ils localisent à tel ou tel endroit de leur corps parce qu'ils aperçoivent plus ou moins bien quelques petits mouvements de la poitrine ou de la langue. Si on demande à ces malades de parler eux-mêmes tout haut, de compter à haute voix pendant que l'esprit parle au dedans d'eux-mêmes, ils ne peuvent y parvenir et sont tout surpris de constater que la parole intérieure s'arrête quand ils parlent tout haut : c'est qu'ils ne peuvent avoir à la fois deux langages différent.

Ce bavardage intérieur joue un grand rôle dans ce qu'on a appelé la fuite des idées, la volée des idées, « Ideen flucht », dans ce que Legrand du Saulle désignait par un mot que j'ai conservé, « *la rumination mentale* ». Dans cette suite interminable de raisonnements, de suppositions, de rêveries, et quelquefois de mots sans signification, il y a de l'agitation des idées, mais il y a aussi du bavardage. On s'en aperçoit bien quand on essaye, comme je l'ai fait, d'écrire sous la dictée des malades quelques-unes de ces longues ruminations : il faut renoncer bien souvent à comprendre le sens de ce qu'on a écrit. On retrouve encore ce bavardage intérieur dans *les crises de rêverie* qui surviennent si souvent quand ces sujets veulent travailler ou quand ils essaient de dormir.

Dans certains cas, l'agitation verbale est plus forte, plus manifeste et plus séparée de la rêverie proprement dite.

Certains de ces malades se sentent agités, il faut qu'ils aillent, qu'ils viennent et surtout qu'ils parlent, qu'ils parlent indéfiniment et à n'importe qui, qu'ils racontent leurs peines, tout ce qu'il ne faudrait pas dire. Jean cède à un besoin de ce genre, quand il vient chez moi et me supplie « simplement » de l'écouter pour le soulager : « Il ne peut rien dire de tout cela chez lui, cela rendrait ses parents trop malheureux, et il faut qu'il le dise ». Et pendant une heure et demie ou deux heures, il parle sans s'arrêter un instant, sur le fou rire de la femme de chambre borgne, sur une pièce de deux sous qu'il a en poche et qui été touchée par une femme, ce qui met des fluides dans son pantalon, sur les timbres-poste qui font penser à la politique et au personnage qui est mort après être resté trois quart d'heure avec une dame, etc... » Il se sent soulagé, « détendu », quand il a fini : peu lui importe ce qu'il a dit, il a simplement épuisé en paroles une agitation qui ne parvenait pas à se dépenser autrement.

4. - Les phobies du langage.

Existe-t-il chez le psychasténique un phénomène qui puisse être comparé au mutisme des hystériques? Pas précisément, car ce malade ne perd jamais complètement le pouvoir de parler. Il sent toujours qu'il pourrait parler, s'il le voulait, et, d'ailleurs, il arrive à parler dans tous les cas. Mais il n'en est pas moins vrai qu'il ne parle pas quand il le faudrait, qu'il est quelquefois dans l'impossibilité de se servir de sa parole, ce qui, pratiquement, revient au même résultat que s'il était muet. C'est ce qui a lieu quand il est atteint de certains troubles que nous pouvons appeler les *phobies de la parole*. Ce problème est très important, et la comparaison des phobies avec les phénomènes hystériques correspondants est extrêmement instructive. Aussi retrouverons-nous cette étude dans un chapitre suivant, à propos des troubles plus généraux du mouvement et de l'action. Ce n'est ici qu'une introduction à l'étude des phobies à l'occasion d'un cas tout particulier.

Un homme de trente-huit ans, Bq.., est soigné depuis cinq ans pour de prétendues lésions du larynx; il a été dans plusieurs villes d'eaux; il a subi toutes sortes de traitements. C'est que, depuis plusieurs années, la parole est devenue pour lui de plus en plus difficile : quand il essaye de parler, il ressent une faiblesse générale, ses jambes flageolent, sa respiration s'arrête et son corps se couvre de sueurs. Aussi n'essaye-t-il jamais de parler, car il sent qu'il tomberait par terre s'il commençait à parler, et il préfère éviter ce danger qu'il juge très grave. Il rattache tous ces troubles à des lésions tuberculeuses qu'il croit avoir dans la gorge : l'examen le plus attentif, répété par des spécialistes, démontre que le larynx est absolument sain. Un peu de pharyngite, survenue il y a des années, et l'inquiétude causée par son métier de mécanicien, « qui l'expose aux poussières de charbon », ont déterminé la localisation de cette phobie. Ce n'est qu'une peur à propos du langage; mais puisqu'il ne la surmonte pas et qu'il ne veut nous répondre qu'en écrivant sur un papier, il se conduit en réalité, comme un muet.

Les phobies du langage n'ont pas toujours la forme précédente : elles se rattachent le plus souvent à d'autres sentiments, à des *sentiments de mécontentement, de timidité, de honte,* à des sentiments d'infériorité par rapport à tout le monde. Ces sentiments troublent beaucoup d'actions, en particulier celles qui doivent être effectuées devant les autres hommes et principalement le langage qui est le type des phénomènes sociaux. Cette impuissance à agir devant les hommes, cette *aboulie sociale* constitue l'essentiel de la timidité. Ce trouble joue un rôle considérable chez presque tous les malades psychasténiques; il en est bien peu qui, à un moment de leur existence et quelquefois pendant toute leur vie, n'aient pas été rendus impuissants et surtout muets par la timidité. Ne pas pouvoir jouer du piano devant les témoins, ne pas pouvoir écrire si on vous regarde et surtout ne plus pouvoir parler devant quelqu'un, avoir la voix rauque, aiguë, ou rester aphone, ne plus trouver une seule pensée à exprimer quand on savait si bien auparavant ce qu'il fallait dire, c'est le sort commun de toutes ces personnes, c'est l'histoire banale qu'ils racontent tous. « Quand je veux jouer un morceau de piano devant quelqu'un ou quand je veux dire quelque chose à quelqu'un, il me semble que l'action est difficile, qu'il y a des gênes énormes, et, si je veux les surmonter, c'est un effort extraordinaire; j'ai chaud à la tête, je me sens perdue et je voudrais que la terre s'ouvre pour m'engloutir ». Cat…, un homme de trente ans, se sauve dès qu'il entend quelqu'un entrer; il doit renoncer à son métier de professeur, car il ne peut plus faire sa classe devant les élèves : « Je ferais si bien ma classe si j'étais tout seul, s'il n'y avait pas d'élèves, si je parlais à des chaises… » Tous répètent comme Si… : « Je serais parfaite, je ferais tout et surtout je parlerais très bien si je pouvais être tout à fait seule, comme une sauvage, dans une île déserte : la société est faite pour empêcher les gens d'agir et de parler; j'ai de la volonté et du pouvoir pour tout cela, mais je n'ai cette volonté que si je suis seule. »

On admet d'ordinaire que ces troubles de la timidité sont des phénomènes émotionnels. Qu'il y ait des troubles émotionnels, des angoisses chez les timides, j'en suis convaincu. Il y a aussi chez eux de l'agitation motrice, des tics et même de la rumination mentale dont on ne parle pas assez; mais il ne faut pas oublier qu'il y a surtout chez eux de l'impuissance volontaire. Amiel, dans son *Journal intime,* le remarque très bien : « J'ai peur de la vie objective et je recule devant toute surprise, demande ou promesse qui me réalise; j'ai la terreur de l'action et ne me sens à l'aise que dans la vie impersonnelle, désintéressés, subjective de la pensée. Pourquoi cela? par timidité. ». Pourquoi hésite-t-on à expliquer par cette impuissance d'action l'essentiel de la timidité. On est frappé de ce fait que les timides, incapables de faire une action en public, la font très bien quand ils sont seuls. Nadia joue du piano et parle tout haut quand elle se croit seule. Cat… ferait très bien sa classe s'il n'avait pas d'élèves; on en conclut qu'ils ne sont pas impuissants à faire l'acte et qu'il faut faire appel à un trouble extérieur à l'acte pour expliquer sa disparition dans la société.

Il y a là un malentendu, l'acte de parler quand on est tout seul et l'acte de causer réellement avec quelqu'un, l'acte de faire une classe imaginaire à des chaises et l'acte de faire une classe réelle devant des élèves en chair et en os ne sont pas du tout les mêmes actes. Le second est bien plus complexe que le premier; il renferme, outre d'énoncé des mêmes idées, des perceptions, des attentions complexes à des objets mouvants et variables, des adaptations innombrables à des situations nouvelles et inattendues qui transforment complètement l'action. Pourquoi un individu sans volonté peut-il faire le premier acte et ne peut-il pas faire le second? Tout simplement, à mon avis, parce que le second acte est plus difficile que le premier. Que des émotions, des agitations motrices, des bégaiements, des crampes des écrivains, des tics de toute espèce viennent s'ajouter ou mieux se substituer à cet acte qui ne s'accomplit pas, c'est un grand phénomène secondaire dont il faudra tenir compte; mais le fait essentiel, c'est l'incapacité d'accomplir l'acte social et, en particulier, l'acte de parler devant quelqu'un.

C'est ce que l'on vérifie par l'examen des différentes formes de cette timidité. La timidité fait le grand malheur de ces personnes : elles ont un sentiment qui les pousse à désirer l'affection, à se faire diriger, à confier leurs tourments, et elles n'arrivent pas à pouvoir se montrer aimables, à pouvoir même parler. Ce sont tous des « renfermés » qui sentent beaucoup, mais qui n'arrivent pas à exprimer. Il en résulte encore une contradiction : ces personnes sont poursuivies par le besoin d'être aimées et d'aimer, elles ne songent qu'à se faire des amis; d'autre part, elles méritent l'affection, extrêmement honnêtes, ayant une peur horrible de froisser quelqu'un, n'ayant aucune résistance et disposées à céder sur tous les points, ne devraient-elles pas obtenir très facilement les amitiés qu'elles recherchent? Eh bien? en réalité, ces individus sont sans amis : ce sont des isolés qui ne rencontrent de sympathie nulle part et qui souffrent cruellement de leur isolement. Comment comprendre cette contradiction? C'est que pour se faire des amis, il faut agir, parler surtout et le faire à propos. Pour attirer l'attention des gens et se faire comprendre d'eux, il faut saisir le moment où ils doivent vous écouter, dire et faire à ce moment ce qui peut le mieux nous faire valoir. Or, nos scrupuleux sont incapables de saisir une telle occasion; comme J.J Rousseau, ils trouvent dans l'escalier le mot qu'il aurait fallu dire au salon. Ont-ils l'idée, ils ne se décident pas à l'exprimer ou ne l'expriment que s'il sont seuls, quand tout le monde est parti. Pour que quelqu'un s'intéresse à eux, il faut qu'il les devine, qu'il fasse tous les efforts pour les mettre à l'aise, pour leur faciliter l'expression. Alors, ils s'accrocheront à lui avec passion et prendront des affections folles et dangereuses. Beaucoup de troubles de leurs sentiments, de leur caractère dépendent au fond de cette incapacité de l'action sociale et surtout de cette incapacité de la parole, qui est bien chez eux un trouble aussi important que le mutisme chez l'hystérique.

5. Les caractères psychologiques des troubles névropathiques du langage.

Quel que soit l'intérêt des remarques précédentes, on éprouve quelque peine à rapprocher ces phobies, ces gênes du langage du véritable mutisme qui semble être quelque chose de plus, puisqu'il est la suppression du langage lui-même. Il faut répéter ici ce que nous avons déjà montré à propos de plusieurs phénomènes hystériques.

Peut-on dire que dans le mutisme précédent la fonction de la parole soit détruite? Cela est bien invraisemblable, si on considère les circonstances dans lesquelles ces accidents se produisent. Le sujet perd la parole subitement après une émotion, quelquefois très légère, quand il a entendu le bruit d'un objet qui tombe sur une véranda, quand il a eu peur d'un ivrogne qui passe à côté de lui. Comment ces petites émotions ont-elles pu tout d'un coup produire un si gros dommage dans l'organisme? Cela est d'autant plus surprenant que nous ne voyons aucune trace laissée par ce grand désordre. Il n'y a aucune paralysie, au moins dans les cas typiques; mais ce qui est plus étrange encore, il n'y a à peu près aucun trouble intellectuel. On sait que l'aphasie proprement dite s'accompagne d'une sorte d'état démentiel et cela se comprend très bien, si on songe au rôle considérable du langage dans la pensée. Aussi il est bien étrange qu'un individu ait subitement perdu toute espèce de parole et qu'il continue à penser aussi clairement qu'auparavant! Enfin cet accident disparaît comme il est venu; depuis le fils de Crésus qui guérit de son mutisme en criant : « Soldat, ne tue pas Crésus! » on voit une foule de ces malades qui guérissent tout d'un coup par une colère, par un éclat de rire, par une surprise. Il faut que la fonction du langage ne soit guère compromise pour qu'elle réapparaisse aussi facilement.

D'autres faits sont plus curieux encore : pendant la période même du mutisme *la parole réapparaît de temps en temps dans certaines conditions anormales*. Depuis longtemps, on a observé que ces sujets muets toute la journée parlent tout haut dans leurs rêves. S'ils ont des crises délirantes, des idées fixes à forme somnambulique, ils se mettent à parler très librement pendant ces somnambulismes, et même, ce qui est remarquable, dans quelques-unes de ces crises ils parlent énormément. En effet, et c'est une observation clinique très instructive, les deux phénomènes hystériques que nous venons de décrire, l'agitation verbale et le mutisme, sont loin d'être opposés l'un à l'autre; ils sont au contraire étroitement associés. Dans un grand nombre d'observations j'ai pu montrer que ces sujets qui ont des crises d'agitation verbale, qui bavardent pendant des heures entières, sont souvent muets au réveil de leurs crises. On ne peut expliquer ce mutisme par la fatigue, car après une interruption momentanée, ils retombent en crise et recommencent leurs bavardages. Les deux troubles évoluent parallèlement l'un dans la veille, l'autre dans l'état anormal.

Enfin, on peut chez quelques malades reproduire des expériences intéressantes; on peut faire naître des états anormaux qui ne laissent pas de souvenirs conscients et dans lesquels on retrouvera la parole intacte; on peut distraire le sujet, diriger son attention sur autre chose et à ce moment exciter sa parole, sans qu'il la surveille, sans qu'il la sente. Cet individu est muet s'il cherche à parler consciemment, en sachant ce qu'il dit; il n'est pas muet, quand il parle par distraction sans savoir qu'il le fait.

Ces observations soulèvent bien des problèmes, mais comme ce sont toujours les mêmes questions à propos de tous les symptômes hystériques, il faudra réunir leur discussion. Pour le moment nous nous bornons à les résumer en disant que la fonction du langage se comporte exactement de la même manière que les idées fixes à forme somnambulique ou médianimique. Le système d'image, qui composait l'idée fixe se développait avec exagération en dehors de la conscience, mais n'existait plus dans la conscience personnelle du sujet qui présentait une lacune, une amnésie à ce propos. Il en est exactement de même pour la fonction du langage. D'ailleurs, y a-t-il une grande différence entre une fonction et une idée? La fonction est comme l'idée un système d'images associées étroitement les unes avec les autres, de manière à pouvoir s'évoquer l'une l'autre. La seule différence, c'est qu'une fonction comme celle du langage est un système beaucoup plus considérable que celui d'une idée, elle contient des milliers de termes au lieu du petit nombre des images que nous avions réunies dans le polygone constitutif d'une idée. La seconde différence capitale c'est qu'une idée est un système récent que nous avons formé dans le cours de notre vie, tandis que la fonction est un vaste système établi autrefois par nos ancêtres. Une idée est une fonction qui commence, une fonction est une idée de nos ancêtres qui a vieilli. Il en résulte sans doute qu'il est plus difficile de perdre une fonction que de perdre une idée et c'est pourquoi les accidents hystériques les plus fréquents et les plus élémentaires sont des troubles des idées. Mais cette difficulté n'a rien d'absolu et les mêmes troubles qui s'appliquaient aux idées peuvent s'appliquer aux fonctions. Aussi l'agitation verbale et le mutisme nous semblent présenter les mêmes caractères que l'idée fixe et l'amnésie : les chose se passent comme si *la fonction du langage cessait d'être à la disposition de la conscience personnelle* qui ne sait plus ni l'arrêter ni la provoquer. La fonction du langage subsiste, mais elle est simplement diminuée en ce sens qu'elle n'est plus consciente ni personnelle.

Dans ce cas, ces troubles hystériques du langage ne sont plus aussi différents qu'ils semblaient l'être des troubles psychasténiques. Ceux-ci ne consistaient pas non plus en une suppression complète de la fonction du langage; mais chez ces malades la fonction du langage était réduite, diminuée, elle ne pouvait plus s'exercer dans les conditions difficiles, elle cessait d'être possible quand elle devait être sociale, elle ne pouvait plus être utilisée à propos, elle n'était plus à la disposition de la volonté et de la liberté su sujet. C'est une diminution d'une autre nature, mais analogue dans ses grands traits à l'altération hystérique.

Chapitre IV

Les chorées et les tics.

Il est bien rare que les idées fixes se développent d'une manière simple, sans se compliquer de phénomènes étrangers. On a déjà vu que bien souvent une agitation de la parole pouvait s'y surajouter et qu'elle était quelquefois assez considérable pour constituer un accident par elle-même. Il en est de même pour des phénomènes de mouvement des membres. Dans les cas les plus simples, le sujet ne fait ces mouvements qu'en rapport avec son idée, de manière à l'exprimer complètement, à la jouer. Mais le plus souvent il présente en même temps une agitation en apparence désordonnée et il exécute une foule de mouvements que l'on baptise d'ordinaire du nom de *convulsions* et qui peuvent se rattacher à bien des formes différentes. Ces mouvements exagérés inutiles, sans aucun rapport avec les circonstances extérieures, peuvent se rencontrer dans d'autres circonstances : ils apparaissent souvent en dehors des crises, quand le sujet conserve toute sa conscience, ils peuvent alors se prolonger pendant un temps très long et gêner considérablement l'exécution des actions normales. On les désigne alors le plus souvent sous le nom de *chorée*. Nous aurons à voir si, chez les malades hystériques, il y a une différence sérieuse entre les agitations de la crise, les prétendues convulsions et les chorées proprement dites. Les psychasténiques n'ont pas des convulsions tout à fait identiques; ils ne paraissent pas se remuer irrégulièrement sans en avoir conscience, mais ils ont pendant de très longues périodes des mouvements involontaire qui semblent s'imposer à eux et qui dérangent également toute leur activité : ce sont des *tics*, qui peuvent se grouper en grand nombre pendant certaines périodes de grande agitation. On peut réunir tous ces phénomènes sous le nom d'*agitation motrice des névropathes*. Nous avons déjà vu des pensées inutiles, pénibles ou dangereuses se développer à la place des pensées naturelles et constituer une agitation mentale; nous avons constaté également qu'il y a une agitation du langage qui s'accompagne souvent d'une impuissance de la parole normale; il y a de même une agitation du mouvement qui substitue à l'activité utile et qui joue un rôle considérable dans les désordres de l'action que nous considérerons dans le prochain chapitre.

1. Les chorées hystériques.

Pour bien comprendre ces agitations motrices, il est important de mettre au premier rang un phénomène tout à fait typique beaucoup étudié autrefois, un peu trop laissé de côté aujourd'hui : *la chorée rythmée,* ou *la chorée systématique des hystériques.* Dès le XIVe siècle on avait remarqué et décrit des épidémies singulières qui sévissaient souvent sur les communautés ou sur les couvents; on les appelait le fléau de la danse (Tanzplage) ou bien l'*epilepsia saltatoria.* Plus tard on désigna ce phénomène sous le nom de *choréomanie épidémique.* Un grand nombre de personnes se laissaient aller à des danses, à des sauts, à des contorsions bizarres qui se répétaient indéfiniment. Ces épidémies ont diminué aujourd'hui dans nos contrées et, chose singulière, elles ne sévissent plus guère que sur des enfants ou des adolescents, dans des pensionnats ou des ateliers. C'est qu'avec les progrès de la pensée humaine, le temps n'est plus favorable aux démonopathies des adultes.

Cependant des épidémies de ce genre existent encore dans des régions moins civilisées. Je voudrais rappeler à ce propos une description curieuse d'un médecin de Madagascar, G. Ramisirez Ramenengena, qui raconte avoir observé chez les Malgaches des crises singulières déterminées par certaines émotions religieuse. Les individus se mettent à danser avec un balancement monotone qui devient de plus en plus rapide, jusqu'à ce qu'ils tombent par terre absolument épuisés. Les grandes épidémies du moyen âge pourraient donc se retrouver aujourd'hui chez d'autres populations qui ont conservé un état mental analogue à celui qui existait partout autrefois.

Aujourd'hui, dans les régions civilisées de l'Europe, on ne constate plus guère les attaques de spasme rythmique que chez des individus isolés. Il n'est pas difficile de démontrer l'identité de ces accidents hystériques isolés et des phénomènes qui se développaient dans les anciennes épidémies de danses et de sauts. Cette démonstration était déjà faite autrefois par Germain Sée, en 1850, et par Briquet, en 1859. Ces auteurs ont vulgarisé le mot de chorée rythmée ou rythmique, par lequel on désigne aujourd'hui ces phénomènes : « On désigne sous le nom de spasme rythmique des mouvements généralement brusques qui se répètent à des intervalles sensiblement égaux, qui se reproduisent régulièrement pendant un temps souvent fort long, avec une cadence uniforme ».

Des mouvements de ce genre sont extrêmement nombreux et il me paraît impossible d'en fixer le nombre. M. Bechterew, en 1901, décrivait dix-sept formes de ces mouvements : flexion du tronc de divers côtés, moulinet des bras et des jambes, mouvement pendulaire du bras, mouvement alternatif d'élévation de l'une ou de l'autre épaule, mouvement de balancier des omoplates, etc. Mais cette liste est forcément incomplète, car la chorée rythmée peut imiter toutes les actions, tous les mouvements professionnels, ou même tous les mouvements des clowns. Certains sujets, montrent une telle habileté dans ces culbutes et ces grimpades qu'on pourrait les montrer dans les cirques. Il n'y a donc pas de raison pour limiter cette liste à tel ou tel mouvement; elle pourrait être interminable, et il suffit d'indiquer quelques exemples de ces chorées rythmées.

Dans un groupe de cas, *les mouvements sont expressifs*; ils rappellent nettement une action que le sujet semble vouloir faire ou bien ils manifestent un état émotif. Ma..., qui, dans ses crises délirantes, raconte un attentat de son beau-père, présente, soit au même moment, soit pendant la veille en apparence la plus normale, un trouble du mouvement bien caractéristique; elle se soulève à demi, tourne la tête du côté droit, ouvre les yeux avec un air de fureur et lance deux coups de poing de ce côté, puis elle retombe sur son lit. Un instant après elle recommence, et j'ai compté ces gestes quatre-vingt fois de suite. X..., jeune homme de vingt-deux ans, a été accusé pendant son service militaire et a dû passer devant le conseil de guerre. Il a essayé de se défendre de son mieux en niant l'accusation, mais il a été fortement bouleversé par cette émotion. Depuis il conserve un mouvement de balancement ou de secousse de la tête, qui se porte brusquement du côté droit au côté gauche; il semble faire le geste de dire « non » en secouant la tête, mais il répète ce geste d'une manière incessante jusqu'à étourdir véritablement ceux qui le regardent. Dans bien des cas des malades ont été effrayés par un événement qui s'est passé près d'eux : une femme a entendu un coup de tonnerre à sa gauche; une autre a vu un ivrogne à sa droite : elles conservent un mouvement singulier en rapport avec cette émotion. Tantôt elles tournent la tête du côté où l'événement s'est passé; tantôt, au contraire, elles ont une secousse pour fuir du côté opposé. De tels mouvements sont très nombreux et très variés.

Dans un deuxième groupe, on pourrait placer *les chorées professionnelles*. Le sujet conserve un mouvement malléatoire de son bras comme s'il frappait à coups de marteau, ou remue régulièrement son bras comme s'il essuyait, comme s'il frottait indéfiniment quelque chose, comme s'il battait du tambour. M... a ainsi le mouvement de va-et-vient, tantôt du bras gauche, tantôt du bras droit, comme si elle repassait du linge, comme si elle le pliait; d'autres conservent le mouvement de jouer du violon. Je répète souvent une observation singulière qui m'a beaucoup frappé autrefois. Une jeune fille de seize ans avait un singulier métier, qui consistait à faire des yeux de poupées, et, à la suite d'une émotion sur laquelle nous reviendrons, elle eut une chorée bizarre du côté droit : son poignet tournait indéfiniment, comme s'il actionnait une manivelle et son pied faisait sans cesse un mouvement de pédale.

D'autres mouvements sont *des mouvements d'imitation* qui reproduisent une scène ou une attitude plus ou moins émotionnante. P..., un enfant de douze ans, a été si impressionné par un clown qu'il a vu à la foire que pendant quatre ans il a eu des accès pendant lesquels il s'efforçait de reproduire les mouvements et grimaces de ce personnage. Le..., femme de vingt-sept ans, a été à la salle des morts d'un hôpital pour reconnaître le cadavre d'un de ses parents, mort du tétanos. On lui a décrit la maladie, et en particulier les spasmes de la nuque en arrière. Elle présenta, à la suite de cette visite, des secousses rythmées de la nuque en arrière, qui n'ont cédé qu'à un traitement suggestif. C'est d'ailleurs ainsi que se forment les épidémies de chorée rythmée dans les écoles. On peut rechercher l'origine du mouvement chez le premier malade; mais il n'y a plus chez les autres qu'une imitation avec plus ou moins de déformation, ce qui rend souvent difficile l'interprétation du mouvement. Enfin bien souvent il y a des cas complexes où se mélangent les secousses émotives, les mouvements professionnels, les mouvements imités, ou même des mouvements bizarres que le sujet se sent obligé de faire, simplement parce qu'ils sont grotesques.

C'est là ce qui produit ces agitations confuses qui existent quelquefois pendant la veille, plus souvent pendant la crise. Ce qu'on appelle communément *la crise d'hystérie* est un ensemble de contorsions, de mouvements désordonnés qui rappellent toutes sortes d'émotions et toutes sorte d'actions, qui se produisent quelquefois avec un certain rythme pendant une période déterminée, et quelquefois d'une manière constamment irrégulière. Certaines attitudes sont considérées comme caractéristiques : les malades se raidissent dans une extension forcée qu'elles cherchent à exagérer encore en renversant la tête en arrière, en creusant le dos, en soulevant le ventre; elles ne portent plus sur le lit que la tête et les pieds; elles font le pont, suivant l'expression consacrée. Autrefois on attachait une grande importance à ce geste de l'hystérique qui fait le pont; on y voyait un symptôme caractéristique au point de vue du diagnostic et on le considérait souvent comme une manifestation érotique. Tout cela me paraît un peu exagéré :

d'abord ce geste est moins fréquent qu'on ne le croit dans l'hystérie, quand il n'y a pas de circonstances qui favorisent l'imitation mutuelle; il peut exister dans d'autres névroses et on le retrouve quelquefois dans les contorsions des psychasténique. Il n'est pas nécessairement une manifestation érotique : dans bien des cas il résulte tout simplement une expression de cette agitation motrice dont nous aurons à rechercher l'origine. D'ailleurs, mêlées avec ce mouvement, se présentent bien d'autres contorsions : la tête s'agite de côté et d'autre, les yeux s'ouvrent et se ferment, la bouche grimace; tantôt les malades serrent les dents, mais le plus souvent sans se mordre la langue, comme l'épileptique; tantôt elles ouvrent la bouche et poussent des cris aigus de toute tonalité. Les bras s'agitent en tous sens, répètent quelques-unes des chorées précédentes ou bien frappent au hasard sur les objets environnants ou sur la poitrine de la malade. Les poings se ferment et s'ouvrent alternativement. Les jambes s'étendent et se fléchissent, en un mot toutes sortes de mouvements se font sans grande signification.

On voit par la description de la crise précédente que les agitations hystériques ne sont pas toujours rythmées, comme dans les cas tout à fait simples signalés au début. Cette *agitation arythmique* peut se prolonger en dehors des crises, même pendant que le sujet semble avoir toute sa conscience. Il y eut autrefois de grandes discussions sur cette chorée arythmique que l'on ne voulait pas rattacher à l'hystérie, mais qui semblait être un accident de la chorée banale, de la chorée de Sydenham. On a dû constater que dans bien des cas la chorée arythmique se développait après la puberté, ce qui est bien rare pour la chorée de Sydenham, et qu'elle avait tous les caractères et toute l'évolution d'un phénomène hystérique. Une jeune fille de dix-huit ans se mit en colère pendant qu'elle jouait au croquet avec ses camarades : il en résulta d'abord une crise hystérique de la forme précédente, puis, quand elle revint à elle, elle conserva pendant la veille une partie des mouvements de la crise, des grimaces et des secousses irrégulières qui se sont prolongées pendant plus de deux ans, en même temps que bien d'autres phénomènes plus caractéristiques de la névrose. Ces agitations irrégulières ne doivent être ajoutées à la chorée rythmée proprement dite.

2. Les tics des psychasténiques.

Les obsessions, les manies du langage s'accompagnaient déjà de quelques mouvements, mais ceux-ci étaient en réalité peu de chose et la principale dépense de force se faisait dans les phénomènes de la pensée. Au contraire, chez les mêmes malades, on observe des troubles surtout moteurs où une sorte d'agitation semble se dépenser en mouvements accompagnés d'une somme de pensée assez minime. Les plus nombreux de ces mouvements sont systématiques et ce sont ceux que l'on désigne sous le nom de *tics*.

L'étude de ce phénomène est relativement récente; il était autrefois confondu vaguement avec les convulsions et les spasmes; mais en raison de l'intérêt qui s'attache aujourd'hui aux études de psychologie pathologique, le tic a été l'objet de beaucoup de recherches récentes qui ont au moins précisé le problème. Autrefois Trousseau caractérisait le tic « par des contactions rapides généralement limitées à un petit nombre de muscles, habituellement aux muscles de la face, mais pouvant affecter d'autres muscles du cou, du tronc ou des membres ». En somme il ne parlait que la petitesse et de la rapidité du mouvement : quelques secousses d'épilepsie partielle pouvaient être ainsi confondues avec des tics. L'auteur qui a le plus contribué à distinguer cliniquement le tic des phénomènes convulsifs voisins est M. Brissaud. À la brusquerie, à la petitesse il a ajouté ce caractère déjà indiqué par Charcot, mais qu'il mit beaucoup plus en évidence, la *systématisation*. Le spasme, qui résulte de l'irritation d'un point de l'arc réflexe, siège soit dans un seul muscle, soit dans le groupe de muscles innervé par un même nerf. Ainsi on voit des spasmes du facial déterminés par un petit foyer hémorragique sur le pied de la deuxième frontale, centre du facial, par un anévrisme de l'artère cérébrale au-devant du tronc du facial, ou par des fibrolipomes intéressant ce nerf. Au contraire, dans les tics on observe des mouvements complexes dans plusieurs muscles dépendant de plusieurs nerfs : il y a non seulement le spasme palpébral, les mouvements de la langue, les grimaces de la bouche, mais encore, en même temps, des troubles respiratoires, des bruits laryngés, etc. Ce mouvement complexe dépend du facial, de l'hypoglosse, du phrénique; il y a là une coordination qui ne peut se comprendre que par l'intervention de l'écorce cérébrale. « Les tics, disait Charcot, reproduisent en les exagérant certains mouvements complexes d'ordre physiologique appliqués à un but. Ce sont, en quelque sorte, des caricatures d'actes, de gestes naturels ».

Ce caractère du tic se retrouve dans tous les cas : les tics des paupières, par exemple, les battements, les clignotements sont analogues aux actes déterminés par un corps étranger dans l'œil, par une trop vive lumière. Les tics du nez, reniflements, battements, froncements des narines, souffles divers correspondent aux actes suivants : aspiration ou souffles justifié par un encombrement passager des voies nasales, dilatation des narines pour éviter la gêne ou la cuisson d'une petite plaie. Les tics de la bouche, des lèvres, de la langue, les moues, les succions, les mordillages, les pincements, les rictus, les mâchonnements, les déglutitions, etc., correspondent aux mouvements pour enlever une pellicule dans la gerçure des lèvres, pour remuer une dent qui branle, pour tâter un endroit de la bouche, etc. Dans les tics de la tête, secousses, hochements, on retrouve comme actes correspondants les déplacements, les redressements du chapeau, les mouvements pour se débarrasser de la gêne produite par les faux cols, par un vêtement, etc. Dans les tics du cou, dans le torticolis mental, les mouvement correspondant est un effort pour éviter la douleur d'une fluxion dentaire, pour diminuer une douleur musculaire, pour éviter un courant d'air et protéger le cou en relevant les vêtements, pour dissimuler une tristesse, pour regarder dans la rue, etc. Dans les tic de l'épaule, on retrouvera le geste du colporteur, décrit par M. Grasset, geste de charger un ballot sur son épaule et beaucoup de gestes professionnels du même genre. Dans les tics du pied, tels que ceux que j'ai décrit, on retrouvera des marches ou des sauts bizarres, des claudications déterminées par la douleur d'un corps, les rétractions des orteils dans une chaussure trop courte etc.

Le second caractère du tic, c'est que *le tic est un acte inopportun, intempestif* : « Le tic, disait Charcot, n'est que la caricature d'un acte…, le mouvement n'est pas absurde en soi, il est absurde, illogique, parce qu'il s'opère hors de propos, sans motif apparent ». J'ajouterai dans le même sens que, si le tic est un acte, il ne faut cependant pas oublier que c'est *un acte stérile*, qui ne produit rien. Il est évident qu'il ne produit rien d'utile, mais je crois que l'on peut aussi dire, dans le plus grand nombre des cas, qu'il n'est même pas capable de faire du mal. Ce qui nuit au sujet, c'est le fait d'être un tiqueur, c'est l'ensemble des phénomènes, des troubles qui accompagnent le tic. Mais l'acte lui-même qui est le tic, les mouvement de la tête, le clignement des yeux ne font pas grand mal. Cette inefficacité du tic est intéressante, elle est à rapprocher de l'inutilité complète des manies mentales et se rattache au trouble général de la volonté chez ces malades.

Ce qui est, en effet, essentiel dans le tic, *c'est l'état mental qui détermine la production intempestive de cette caricature d'action*. Le malade que nous considérons est parfaitement conscient de ce qu'il fait, il sait qu'il ferme les yeux, qu'il tourne la tête, et, quoiqu'il prétende souvent le contraire, ce sont des réflexions, des opérations psychologiques plus ou moins rapides qui déterminent cette conduite absurde. En réalité, ce sont ces opérations mentales qui ont amené l'habitude du tic et qui en constituent la partie essentielle. Dans bien des cas, elles se rapprochent étroitement des manies mentales que nous avons déjà eu l'occasion de signifier à propos des doutes. Un premier groupe de tics se rattache à *des manies de perfectionnement*, comparables aux manies de l'au delà, que nous avons vues à propos du doute. Le sujet à le sentiment que son action est insuffisante, incomplète, qu'il faut y ajouter quelque chose et ce sont *des manies de précision, de vérification* qui déterminent bien des tics : l'un secoue sa tête pour vérifier si son chapeau est bien en place ou tout simplement pour savoir si sa tête même n'est pas trop vide ou trop légère, ou trop lourde, ou n'importe quoi. Bien des femmes ont commencé à détourner les yeux de côté pour se voir rapidement dans les glaces, d'autres se tâtent rapidement la poitrine, le corps, pour vérifier si elles n'ont pas engraissé; une jeune fille de seize ans se touche à chaque instant l'oreille et frappe trois petits coups sur sa tête « pour être sûre que la boucle d'oreilles est bien attachée et qu'elle ne tombe pas ». Peu à peu elle a réduit son mouvement, et, quoique maintenant elle lève rapidement l'index, ce geste a la même signification. *La manie de la symétrie* amène des tics de la marche, comme chez la malade d'Azam qui saute d'une pierre sur l'autre pour procurer à se deux pieds des sensations analogues. Bien des tics sont déterminés par *la manie du symbole*, par le manie qu'ont ces malades de donner une signification à une foule de petites choses, en particulier à des petits mouvements. Pour l'une, fermer le poing, c'est comme si elle disait : « Je ne crois pas en Dieu »; pour l'autre, se retourner à demi dans la rue représente l'idée de la religion : « C'est comme si, en traversant une église, on se retournait devant le tabernacle. Aussi, à chaque instant, celle-là ferme et ouvre le poing ou bien celle-ci pivote sur les talons.

Ceux qui ont le sentiment de se croire poussés à des crimes ont en grand nombre des *manies de la tentation* ou de l'impulsion. Leur bras commence à chaque instant des petits mouvements pour frapper, pour piquer, pour toucher une partie du corps; on prend souvent ces actes pour des commencements d'exécution involontaire et le sujet lui-même les montre comme des preuves de la gravité de son impulsion. Rien de tout cela n'est exact : ce ne sont pas des actes involontaires, mais des petites actions que le sujet fait volontairement, pour obéir à sa manie de rechercher son impulsion et de la vérifier. Il en est à peu près de même dans ce qu'on peut appeler *les tics de contraste* : beaucoup de ces malades, au moment de faire un acte avec attention, pensent aux opérations tout à fait opposées qu'ils redoutent et cette pensée leur donne l'idée de faire ou de commencer ces actes absolument opposés. Do..., toutes les fois qu'il s'agit de faire un mouvement délicat, se sent gêné par l'idée de faire une maladresse; il croit qu'il va jeter le verre par terre, commettre une incongruité. Son pouce, au lieu de saisir l'objet, se plie fortement dans la paume de la main : il en résulte qu'il ne peut plus accomplir aucune action délicate. Des faits de ce genre jouent un grand rôle, presque toujours méconnu, dans la crampe des écrivains, dans la crampe des violonistes, dans tous ces mouvements spasmodiques qui viennent gêner les actions que l'on veut faire avec attention. C'est ce que l'on retrouve également dans une foule d'action absurdes que l'on observe fréquemment chez les malades : quand ils veulent avoir un aspect grave et sérieux, ils commencent des éclats de rire ou ébauchent des mouvements de danse; quand ils veulent se montrer très aimables envers quelqu'un, ils lui font une grimace et l'appellent à mi-voix « vieux cochon »; quand ils ont très peur d'une maladie, ils en prennent l'attitude et en jouent les symptômes. Ce besoin maladif de précision et de contraste se retrouve, comme on le voit, dans un très grand nombre de tics.

Un autre groupe de tics se rattache à un état d'esprit analogue et dépend de *la manie des précautions*. On sait que la manie de la propreté est l'origine d'une foule d'actions absurdes et de tics plus ou moins complets. Combien de sujets se lavent les mains toutes les cinq minutes ou bien les frottent indéfiniment l'une contre l'autre, pour enlever des taches, ou les tiennent droites en l'air, pour qu'elles ne soient pas souillées. Combien d'autres serrent les dents, toussent, crachent continuellement, pour éviter d'avaler des épingles, des petites mouches ou des microbes.

Le sentiment du mécontentement, qui existe au fond de toutes les manies mentales, détermine la célèbre *manie de la répétition*. Cette malade se lève de sa chaise, puis se rasseoit, puis se relève, se rasseoit encore et ainsi indéfiniment. Cette autre rouvre et ferme la porte dix fois de suite pour s'assurer qu'elle est bien fermée, ou va cent fois de suite fermer et ouvrir le bec de gaz. Ce besoin du recommencement, du retour en arrière peut s'appliquer aux choses les plus invraisemblables et j'ai eu à soigner une femme qui, avant de s'endormir, se relevait de son lit soixante fois de suite pour aller aux cabinets et vérifier si elle avait bien complètement uriné. Elle était épuisée de froid et de fatigue avant de pouvoir arrêter ce manège.

Souvent les malades ne se bornent pas à répéter l'acte, ils cherchent à le *perfectionner,* à le rendre plus complet. Ils inventent des trucs, des procédés pour mieux faire l'action. On en connaît qui inventent ainsi des systèmes pour tenir la plume d'une façon bizarre, pour bien parler, pour bien fumer, pour bien respirer : « En tout j'aspire à l'idéal, je creuse le sujet et je le dissèque à fond ». Aussi ce pauvre homme en vient-il à vouloir avaler une goutte d'eau entre chaque respiration : perpétuellement, il crache, il rote, il fait des grimaces de la façon la plus dégoûtante. Beaucoup de bégaiement, de contorsions de la face, de démarches bizarres chez les enfants sont des perfectionnements de ce genre.

Dans un autre groupe, le phénomène mental qui accompagne le tic est un peu différent, le malade se sent poussé à accomplir le mouvement, non pour faire mieux quelque chose, mais pour *compenser quelque chose de fâcheux*, pour se défendre contre une influence nuisible. Quand les nécessités de la politesse ont contraint Jean, bien malgré lui, à toucher la main d'une femme, il lui faut pour compenser toucher bien vite la main d'un homme. Quand il est entré à l'église de la Madeleine (qui porte un nom de femme), il faut qu'il entre au moins un instant dans une autre église pour effacer cette impression. Dans *les manies de l'expiation*, la deuxième action qui doit compenser la première a un caractère désagréable, pénible, elle prend l'apparence d'une punition. « Il faut esquisser le geste de s'agenouiller au milieu du salon, donner un coup de coude dans les meubles en passant pour se punir de mauvaises pensées ». Une jeune fille, qui trouve obscène d'aller aux cabinets, s'oblige à faire des révérences avant d'y entrer. À un degré plus compliqué, ce trouble mental donne naissance *à la manie des pactes et des conjurations* qui est extrêmement importante et qui trouble la vie de beaucoup de personnes. Elles songent à l'action future et s'engagent d'avance à la réparer; elles se promettent de subir un châtiment où elles s'imposent même le châtiment tout de suite. « Je jure de recommencer ma prière du matin dix fois, vingt fois, mille fois sinon, je penserai du mal de Dieu devant les églises ». Une autre croit indispensable de répéter dix fois cette formule : « Non, je ne le ferai pas, arrière Satan », sinon elle croit que dans la journée elle vouera ses enfants au diable. Un autre doit faire huit et seize fois une secousse du ventre, sinon il aura une tête de femme dans l'estomac. Ces malades en arrivent à faire toute la journée des grimaces, des secousses, des mouvements bizarres, à murmurer constamment des mots absurdes pour s'encourager à une action ou pour s'empêcher d'en faire une autre et pratiquement ils ne parviennent plus à rien faire.

Il est important de savoir que chez les psychasténique, comme chez l'hystérique, ces mouvements forcés, ces *agitations* peuvent grandir et déterminer des phénomènes analogues à la crise d'hystérie d'un diagnostic souvent difficile. Au premier degré, ce seront des mouvements de marche : le malade ne peut tenir en place, il va et vient dans la chambre indéfiniment ou bien il sort et marche devant lui sans pouvoir s'arrêter. Puis ce seront des manies des efforts : le malade éprouve le besoin de se contorsionner, de contracter ses membres, de faire de grandes inspirations, comme s'il faisait d'énormes efforts pour s'exciter à faire mieux. Au dernier degré, il ne pourra plus résister au besoin de se rouler par terre, de se contorsionner de mille manières, exactement comme l'hystérique en crise; mais il y a toujours, à mon avis, une grande différence; c'est qu'il conserve la conscience de sa personnalité beaucoup plus que l'hystérique. Ces malades éprouvent le besoin de tout renverser, de briser des objets, mais en réalité ils ne brisent rien qui ait quelque valeur, ils ne se font aucun mal, ils s'arrêtent toujours au point qu'il leur semble nécessaire, ils cessent brusquement quand ils voient entrer une personne à qui ils ne veulent pas se montrer dans cet état. Quand la crise est finie, ils en conservent un souvenir complet. En un mot, il n'y a pas chez eux un automatisme véritable se développant à leur insu. L'agitation motrice laisse toujours subsister la conscience personnelle et elle est toujours rattachée à leur conscience, sinon à leur volonté.

3. Les caractères des agitations motrices névropathiques.

Il est facile de tirer des brèves observations précédentes les caractères essentiels de toutes ces agitations motrices chez les névropathes. Les plus importants, et qu'il faut mette en évidence tout d'abord, sont des caractères communs qui appartiennent aux deux groupes de malades que nous avons distingués. Nous indiquerons ensuite plus brièvement les caractères propre à chacun de ces groupes et qui doivent au moins pour le moment les distinguer l'un de l'autre.

Un fait domine tous ces troubles névropathiques, et nous l'avons déjà fait remarquer plusieurs fois chemin faisant. C'est qu'il s'agit *de troubles systématiques portant toujours sur l'ensemble d'une fonction* et qu'il ne s'agit jamais de troubles élémentaire portant uniquement sur des éléments anatomiques de la fonction. Cette distinction est facile à faire quand il s'agit de muscles et de mouvements : une fonction qui se manifeste par des mouvements est toujours un système d'opérations qui met en jeu harmoniquement un ensemble d'organes; la fonction, même la plus simple, demande toujours la coordination de plusieurs muscles, de plusieurs nerfs. Jamais elle ne se borne à déterminer la contraction totale et isolée d'un seul muscle. Elle exige toujours que des muscles différents et quelquefois éloignés se contractent ensemble, l'un fortement, l'autre faiblement : c'est ce qu'on appelle l'harmonie, la systématisation de la fonction. Il en est de même pour les nerfs : il est bien rare, sinon impossible, qu'une fonction physiologiquement utile à l'individu s'exerce au moyen d'un seul nerf, faisant contracter au maximum tous les muscles qu'il innerve. Il y a toujours collaboration inégale de plusieurs nerfs, quelquefois d'origine très différente.

Les mouvements pathologiques se rangeront donc dans deux classes, suivant qu'ils consistent en une excitation élémentaire portant sur tel ou tel organe de la fonction, ou bien qu'ils sont constitués par une agitation systématique de la fonction elle-même dans son ensemble. Un courant électrique appliqué au point d'élection sur le biceps brachial fera contracter tout ou partie de ce muscle, mais rien de plus. Une irritation portant sur le nerf facial, comme celle que décrivait M. Brissaud, fera contracter au maximum, sans harmonie, tous les muscles innervés par le facial, et rien de plus. Ce sont là des troubles du mouvement d'ordre élémentaire que l'on peut au moins, par convention, appeler des troubles anatomiques, parce qu'ils ne sont déterminés que par la forme anatomique du muscle et du nerf et par la place de la lésion. À côté il y aura de tout autre trouble du mouvement qui portent sur la fonction dans son ensemble, telle qu'elle est donnée, avec sa complexité d'organe. Ce seront des troubles fonctionnels physiologiques et très souvent psychologiques.

Or, les agitations motrices des névropathes rentrent toujours sans exception dans la seconde catégorie et jamais dans la première. Une secousse isolée d'un muscle ou d'un fragment de muscle ne sera jamais une agitation motrice névropathique; il faudra lui chercher une autre interprétation. Un spasme limité au domaine d'un seul nerf ne sera presque jamais un phénomène névropathique. Je laisse ici de côté les difficultés cliniques qui peuvent surgir à la suite de la réduction, de la simplification de tics autrefois complexes. C'est là un point auquel il faut toujours songer quand on étudie les spasmes de la faces, en particulier le tic douloureux si souvent en rapport avec des lésions de l'oreille ou des lésions encéphaliques. Pour qu'il y ait névropathie, il faut qu'il y ait mouvement systématisé ayant une signification, rappelant une fonction. C'est là un caractère sur lequel j'ai insisté de mille manières depuis vingt ans.

Récemment, M. Babinski a repris la même pensée, mais il l'a exprimée un peu différemment, d'une manière qui n'est pas sans intérêt. Pour qu'un mouvement pathologique soit névropathique, il faut, disait-il, qu'il ne soit ni paradoxal, ni déformant. C'est là une expression ingénieuse : les mouvements auxquels nous sommes habitués, qui dépendent des fonctions systématiques, déterminent sans doute des changements de la forme extérieure du visage ou des membres;

mais ces changements sont à nos yeux harmonieux, car ils se composent de modifications diverses toujours associées entre elles. Par exemple, l'élévation des yeux et des paupières est accompagnée régulièrement par un plissement du front; c'est là un ensemble harmonieux. Un mouvement sera paradoxal et déformant quand il détruira cette harmonie à laquelle nous sommes habitués. Par exemple, une élévation du front et du sourcil, avec fermeture de l'œil, est un paradoxe et une déformation. *Les agitations motrices des névropathes ne réalisent jamais une déformation* de ce genre. C'est une autre manière de dire ce que nous répétions si souvent, que ces agitations sont systématiques et fonctionnelles.

M. Babinski ajoute une autre remarque qui est intéressante, mais à laquelle nous adhérons moins complètement. Les secousses isolées et paradoxales de tel ou tel muscle dépendent d'une irritation anormale d'un point de l'arc réflexe et ne se produisent pas chez l'homme qui se porte bien et qui n'a aucune lésion sur cet arc. La volonté ne peut agir que sur les fonctions systématiques et ne peut pas descendre jusque dans leurs éléments. La volonté d'un homme normal ne pourra pas déterminer ces déformations paradoxales. Par exemple, nous pouvons plier le bras en faisant agir un système de muscles, comme le biceps et le long supinateur; mais jamais nous ne pourrons faire contracter le biceps tout seul. *Il en résulte que des contractions névropathiques pourront être copiées par la volonté, et que de vrais spasmes organiques ne le pourront pas.*

Il y aurait là un caractère distinctif des agitations névropathiques. Cette remarque est en partie exacte : il n'est pas facile de reproduire sur soi-même par la volonté un spasme déterminé pour une lésion localisée et il semble plus facile de simuler une agitation névropathique au moins pendant un moment. Cela peut, dans certains cas, diriger l'interprétation d'un symptôme douteux. Mais je ne crois pas que l'on puisse aller plus loin. D'abord les limites du pouvoir de la volonté sont difficiles à déterminer; on peut, par l'exercice, arriver à des résultats surprenants, dissocier des fonctions existantes et en créer d'autres et il n'est pas certain qu'un individu sain pris à l'improviste puisse immédiatement reproduire un tic que le sujet travaille depuis dix ans. J'ai décrit une femme qui dans ses tics « avalait son ventre », le faisait rentrer complètement sous les côtes puis ressortir, ce que nous ne pouvons pas faire. D'autre part, ce qui constitue le caractère pathologique de ces phénomènes, c'est leur durée et c'est l'état mental qui les accompagne, or ni l'un ni l'autre ne se retrouvent dans les reproductions volontaires. Il ne faudrait pas conclure de cette remarque superficielle que tous ces phénomènes sont caractérisés par la possibilité de la simulation. Cela nous amènerait à une interprétation absolument fausse des troubles névropathiques et des maladies mentales.

En second lieu, ce trouble systématique *n'a pas la permanence et l'invariabilité des accidents organiques*, il apparaît et disparaît capricieusement, il augmente ou il diminue quand l'état de l'individu est modifié par le sommeil, les attaques nerveuses, les somnambulismes ou simplement par les émotions, les distractions, les efforts d'attention. Le plus souvent, par exemple, les chorées et les tics disparaissent pendant le sommeil. Mais ce n'est pas une loi absolue : beaucoup de névropathes dorment mal et n'ont pas de sommeil normal. Leur sommeil peut se rapprocher de certains états somnambuliques et des chorées ou des tics peuvent être augmentées ou même se développer uniquement pendant ces états. Il suffit de constater que ces divers états modifient les agitations névropathiques dans l'un ou l'autre sens.

Enfin, un caractère essentiel consiste dans *l'association très étroite de ces accidents avec des phénomènes psychologiques* : tandis que dans les spasmes organiques on ne peut constater aucune modification mentale, ni au début, ni dans l'évolution de l'accident, on en constate toujours de très importantes dans ces accidents névropathiques. D'abord il est facile de remarquer qu'il y a toujours au début des phénomènes moraux; un simple choc ne suffit pas, il faut qu'il y ait des émotions et des perturbations morales variées. Tous les malades que nous avons cités ont eu des modifications psychologiques de ce genre au début de toutes leurs agitations. L'un a eu un accident à la face ou à l'œil; l'autre a longtemps éprouvé une souffrance dans les dents qui l'effrayait; l'homme qui soufflait toujours par une narine a eu pendant longtemps une croûte dans le nez, à la suite d'un saignement de nez, et s'en est beaucoup préoccupé. Tous les malades qui ont eu des torticolis mentaux ont eu quelque impression morale relative à un mouvement de la tête. Une de jeunes filles que j'ai citées s'ennuyait fort au logis; elle travaillait tout le jour à côté d'une fenêtre donnant sur la rue. Son désir le plus vif était de quitter son travail monotone et d'aller dans la rue qu'elle regardait constamment. Sans cesse elle levait les yeux de son travail et tournait la tête à gauche pour voir ce qui ce passait dans la rue. Peu à peu elle sentit que sa tête tournait constamment à gauche, et prétendit même avoir un chapeau trop lourd de ce côté. Un diagnostic absurde, l'application d'un appareil plâtré sur le cou, ont singulièrement aggravé les choses, et elle a eu longtemps le tic de tourner fortement le cou du côté gauche.

Ces idées, ces phénomènes mentaux plus ou moins nets qui ont existé au début persistent encore pendant tout le développement du tic ou de la chorée. Revenons sur une histoire singulière que j'ai souvent racontée. Voici comment avait commencé la chorée rythmée de cette jeune fille de seize ans qui tournait sans cesse son poignet droit, soulevait et abaissait régulièrement son pied droit. Un soir, la veille du terme, elle avait entendu ses parents, pauvres ouvriers, gémir sur leur misère et sur la difficulté de payer le propriétaire. Elle fut très émotionnée et eut depuis des sortes de somnambulismes la nuit, pendant lesquels elle s'agitait dans son lit et répétait tout haut : « Il faut travailler! Il faut travailler! » Or, quel était le travail de cette jeune fille? Elle avait un métier qui consistait à fabriquer des yeux de poupées, et pour cela elle actionnait un tour en faisant manœuvrer une pédale avec son pied et en tournant un volant avec la main droite. Pendant son somnambulisme nocturne elle faisait ce mouvement de la main et du pied, mais ce mouvement s'accompagnait évidemment d'un état de conscience correspondant, puisqu'elle répétait tout haut : « Il faut travailler! » C'était là une action somnambulique simple, comme toutes celles que nous avons étudiées. Réveillée, elle n'a plus ni souvenir ni conscience de son rêve, mais le mouvement continue du côté droit exactement de même. N'est-il pas vraisemblable qu'il est encore accompagné par un état de conscience du même genre. D'ailleurs l'existence de cet état de conscience peut être mis en évidence par plusieurs expériences.

Tous ces caractères permettent de distinguer assez nettement ces agitations névropathiques des troubles organiques avec lesquels on pourrait les confondre. Il serait peut-être bon de réserver pour ces derniers le mot « convulsions » et de se rappeler qu'il n'y a pas de véritables convulsions chez les névropathes, mais uniquement des agitations.

En résulte-t-il que toutes ces agitations névropathiques soient exactement les mêmes et qu'il faille les soumettre toute à la même interprétation et au même traitement? C'est là, à mon avis, une analyse clinique trop grossière. Sans doute, au point de vue extérieur, il n'y a pas grande différence; tout au plus, dans certains cas, peut-on remarquer que le rythme est beaucoup plus régulier dans l'hystérie, mais cela n'est pas facile à vérifier sans inscription du mouvement, et cela ne s'applique qu'à un petit nombre d'accidents. Extérieurement, il n'est pas facile de distinguer une véritable crise d'hystérie de l'agitation d'un psychasténique qui se roule par terre.

Mais nous venons de voir que ces phénomènes fonctionnels sont en même temps des phénomènes mentaux. C'est dans ce trouble mental que se trouvent les traits essentiels, et il ne semble pas du tout certain qu'ils soient les mêmes dans tous les cas. Sans doute ces traits varient d'une manière continue et on trouvera tous les intermédiaires possibles entre les deux types que je décris, mais il n'en est pas moins vrai que ces malades semblent se dirige vers deux types différents qu'ils réalisent plus ou moins complètement. Si nous considérons les sujets que nous avons décrits comme *des hystériques*, nous pouvons remarquer tout d'abord que dans bien des cas ils *ont peu de connaissance, peu de souvenirs de ces agitations motrices,* qui ont été très violentes. Ils se sont contorsionnés de mille manière; ils ont fait des mouvements, des salutations, des secousses des membres pendant des heures, et quand ils se calment, ils ne se doutent guère de tout cela; ils n'en ont qu'une idée fort vague. Quelques-uns dans les cas typique, croient avoir dormi tranquillement. Il n'en est pas du tout de même chez les malades second type, chez *les psychasténiques, qui se souviennent de toutes leurs contorsions* et peuvent les décrire minutieusement. Cette amnésie, qui existe très souvent dans l'hystérie, correspond à un trouble de la conscience et de l'attention qui existe pendant les accidents eux-mêmes. Quelques-uns de ces malades semblent avoir perdu conscience; ils ont l'air de ne rien entendre et de ne rien comprendre. Nous savons que c'est exagéré et qu'ils ont toujours conservé une certaine conscience, mais il semble bien que ce ne soit pas la même que pendant l'état de veille. Pendant qu'ils font leurs contorsions, ils n'ont plus les mêmes pudeurs, les mêmes précautions, la même conduite que pendant leur état normal. Une grande crise de contorsions hystériques ne s'arrête pas quand un témoins entre, n'est pas modifiée très facilement par les paroles de l'entourage, sauf dans des cas exceptionnels qui se rattachent à d'autre lois. Au contraire, le psychasténique qui a ses tics, ou même ses agitations, reste le même homme; il continue à parler, à se souvenir, à vous reconnaître. Il s'arrête quand il le faut, il prend des précautions pour ne pas être trop ridicule, il n'a pas du tout cet état d'obnubilation qui caractérise l'agitation hystérique.

La chorée hystérique peut survenir, dira-t-on, même pendant la veille. D'abord il y aurait à remarquer que ce n'est pas pendant une veille très normal : pendant que ces malades ont de la chorée rythmée, ils sont obnubilés, à moitié endormis, en proie à une tristesse vague, et on note facilement un changement d'état mental quand leur chorée s'arrête. Mais, même dans ces cas, leur conscience conservée se porte peu vers le mouvement pathologique : beaucoup de ses sujets sentent à peine le mouvement choréique qu'ils exécutent, au moment même où il se fait. Si on leur cache le bras avec un écran, ils peuvent parler d'autre chose et oublier ce qu'ils font. *Cette inconscience du mouvement pathologique* s'objective par un fait très remarquable que nous aurons à discuter longuement plus tard et qu'il faut seulement signaler ici : c'est l'insensibilité des membres particulièrement atteint. J'ai noté une dizaine de cas de grande chorée hystérique dans lesquels les sujets, sans s'en douter, sans avoir été aucunement éduqués, présentaient une anesthésie remarquable. Dans une vingtaine d'autres cas, la sensation du mouvement, la sensation du contact et de la douleur étaient nettement moindres sur les membres atteints que sur les membres immobiles.

Ce caractère me semble aussi déterminer *une modification dans l'influence que l'attention du sujet peut avoir sur le mouvement automatique.* Dans les cas typiques d'hystérie, le sujet n'a pas besoin de faire attention à son bras pour que le mouvement de rotation se produise régulièrement. Bien mieux, j'ai cru observer que les mouvements étaient plus complets, plus réguliers, quand le sujet ne s'en préoccupait pas et quand il pensait à autre chose. Tous ces caractères me paraissent être absolument inverse chez le psychasténique. Celui-ci sent très bien son tic, et il exagère quand il prétend qu'il ne s'en rend pas compte. Il ne présente aucune anesthésie sur les parties atteintes; il y sent le contact et la douleur aussi bien que le mouvement. En un mot, *il a pleine conscience de son agitation.* Il en résulte que *l'attention ne joue pas du tout le même rôle*; il a besoin de prêter une certaine attention à son tic pour que celui-ci se produise, et quand on le distrait très fortement, quand il oublie de penser à son mouvement, il cesse de le faire. C'est ce que tous les parents ont observé chez les enfants tiqueurs.

Cette différence dans le degré de la conscience est encore plus remarquable si l'on considère, non pas le tic lui-même, mais les idées, les souvenirs des scènes émotionnantes, les manies mentales qui l'accompagnent et le déterminent. C'est dans le groupe des hystériques que l'on trouvera ces sujets naïfs qu ne comprennent rien du tout à leur propre maladie, qui ne se doutent même pas, comme la petite Mel…, qu'elle continue à faire avec son bras et sa jambe droite les mouvements de son métier. C'est là qu'on verra ces malades qui viennent se plaindre de toute autre chose et qui interprètent très mal leur propre chorée. On se souvient de cette malade qui venait se plaindre d'un vertige quand elle sautait elle-même dans la rue au moment où elle rêvait qu'elle se jetait à la Seine. On retrouve la souvenir de ces idées dans ces délires, des somnambulismes, tandis qu'elles ne paraissaient pas exister pendant la veille. Le psychasténique, au contraire, connaît mieux que personne ses manies mentales de précision, son besoin de vérifier si sa tête est sur ses épaules, son besoin de perfectionner ou sa manie des pactes, et c'est lui qui redressera sur ce point le diagnostic du médecin. En un mot, il y a chez lui une conscience complète du trouble qui n'existe pas chez l'hystérique.

Peut-on dire cependant que la fonction qui est ainsi agitée soit chez lui tout à fait complète et normale au point de vue psychologique? En aucune façon, mais les troubles qu'elle présente ne sont pas les mêmes que dans l'hystérie. Le sujet a à son propos des sentiments pathologiques que nous connaissons déjà; il a un sentiment d'incapacité, de gêne, dans la direction de cette fonction : « Je ne suis plus maître de mon bras, de ma figure; il me semble que je ne puis en faire ce que je veux ». Il a surtout perdu ce sentiment de possession, de pouvoir libre que nous avons à propos de nos mouvements : « Dans cet état atroce, il faut que j'agisse en sentant que j'agis, mais sans le vouloir. Quelque chose qui ne paraît pas résider en moi me pousse à continuer et je ne puis pas me rendre compte que j'agis réellement; … il me semble que ce n'est pas moi qui veux les actions faites par mes mains et mes pieds ». Un degré de plus dans ce sentiment d'absence d'action personnelle d'automatisme et les malades vont dire qu'il y a quelque chose d'extérieur qui pèse sur eux, qui détermine leurs actes; en un mot ils vont attribuer à des volontés étrangères l'action qui ne semble plus dépendre de leur volonté. « Quelqu'un me fait parler; on me suggère des mots grossiers; ce n'est pas ma faute si ma bouche marche malgré moi, il y a longtemps que ce n'est pas moi qui agis ». on comprend le rôle que de pareils sentiments vont jouer dans les délires de possession, et même de persécution. Remarquons seulement pour le moment qu'ils constituent une partie essentielle de la psychologie du tic : *le malade n'a pas perdu la conscience personnelle de ce qu'il fait et de ce qu'il pense, mais il semble avoir perdu le sentiment de la liberté et de l'activité volontaire.* Il y a là une différence psychologique qui a des conséquences importantes.

Chapitre V

Les paralysies et les phobies.

À côté des agitations motrices se place un phénomène négatif constitué par des insuffisances et même des suppressions en apparence complètes du mouvement volontaire, ce sont les célèbres *paralysies fonctionnelles* ou *paralysies hystériques.* Il n'est pas facile de voir quel est le phénomène psychasténique qui correspond nettement à celui-ci : je propose de lui comparer le symptôme important des *phobies* dont le mécanisme sinon l'apparence me semble être identique.

Ces impuissances motrices des névropathes ont joué un rôle capital dans les études cliniques et dans les études psychologiques. C'est pour les distinguer des paralysies organiques qu'on a été amené depuis Charcot à faire les plus belles analyses des mouvements, des réflexes, des fonctions motrices. C'est pour les comprendre que la psychologie pathologique a en grande partie constitué la plupart de ses théories. Enfin si l'on songe que nous sommes de plus en plus disposés à rattacher les troubles névropathiques à des insuffisances de la volonté et de l'action personnelle, on voit que ces paralysies représentent peut-être le type le plus net des accidents névropathiques, celui qui bien compris permettrait d'interpréter tous les autres.

1. Les paralysies hystériques.

Ces paralysies surviennent à peu près dans les mêmes circonstances que les autres symptômes de la névrose : il s'agit toujours d'*un accident en lui-même minime qui est accompagné d'une violente émotion* et de troubles de l'imagination. Un cas déjà ancien et fort intéressant au point de vue historique est tout à fait typique : je fait allusion à l'observation d'Estelle qui donna lieu au beau livre d'un ancien magnétiseur, Despine (d'Aix), en 1840. Il s'agit d'une jeune fille de douze ans, qui, malgré la défense de sa mère, s'est mise en colère, s'est disputée et battue avec une de ses petites amies; dans l'ardeur du combat, elle a été renversée et s'est assise brusquement par terre. Cette chute sur le derrière a été compliquée par une circonstance aggravante, c'est que la robe a été fortement salie à un endroit significatif. Petite douleur insignifiante qui n'empêche pas la fillette de se relever et de rentrer, mais, émotion pénible, sentiment de honte et de crainte, effort de dissimulation : voilà le résumé de l'accident. Le lendemain, cette jeune fille a commencé une paralysie complète de deux jambes, une paraplégie grave qui a duré huit ans. Le fait mérite d'être relevé : huit ans de paralysie des membres inférieurs pour être légèrement tombée sur le derrière. Ces phénomènes n'étaient guère connus à cette époque que de ces singuliers magnétiseurs.

Plus tard différents auteurs comme Brodie, Todd, Duchenne (de Boulogne), Russell, Reynolds, Charcot, Oppenheim et beaucoup d'écrivains contemporains se sont mis à étudier ce qu'on appelait d'abord *la névrose traumatique*. En effet, les accident traumatiques sont parmi les causes les plus fréquentes de ces paralysie; ainsi on les observe souvent à la suite des catastrophes de chemins de fer et certains médecins anglais avaient même adopté pour les désigner l'expression « railway's spine ». Les chutes de voitures, les chutes de cheval, les chocs dans les bagarres en sont aussi l'origine la plus commune : un charretier ivrogne tombe de son siège sur le bras droit et présente ensuite une paralysie de ce bras; un jeune homme de dix-huit ans tombe dans un escalier sur le dos, il a une paralysie des jambes et des contractures des muscles lombaires, etc. Souvent le choc n'est qu'imaginaire : le célèbre malade des premières leçons de Charcot croit avoir été écrasé par une voiture qui n'a pas du tout passé sur lui et il a cependant les deux jambes paralysées. Une des dernières observations que j'ai recueillies est très singulière à ce point de vue : un individu a commis une imprudence en chemin de fer; pendant que le train est en marche, il est descendu sur le marche-pied pour passer d'une portière à l'autre. Il s'est aperçu à ce moment que le train allait entrer sous un tunnel et il s'est imaginé que le côté gauche de son corps qui dépassait allait être pris en écharpe et écrasé contre la paroi du tunnel. En pensant à ce danger terrible, il s'est évanoui; mais heureusement pour lui il n'est pas tombé sur la voie, il a été tiré par des amis dans l'intérieur du wagon et son côté gauche n'a pas même été frôlé. Cela n'empêche pas que cet individu a réalisé les jours suivants une hémiplégie gauche tout à fait complète.

D'autres circonstances peuvent agir de la même manière, *les fatigues* par exemple, lorsqu'elles sont localisées à un membre, peuvent amener de telles paralysies. Un peintre a senti sa main droite très fatiguée pendant qu'il peignait un plafond, il a présenté à la suite d'une grave monoplégie de la main droite, et il ne s'agissait pas de paralysie saturnine, comme on pourrait le croire. J'ai constaté le même fait chez une jeune fille qui apprenait le violon, chez plusieurs autres personnes qui fatiguaient leurs mains sur le piano. Mais ici encore il faut qu'à la fatigue se joigne l'état émotionnel, comme dans la célèbre observation de Féré. Une jeune fille qui travaillait à apprendre un morceau de piano a présenté subitement une paralysie de la main droite au moment où elle devait jouer son morceau dans une cérémonie. La part de l'émotion est si grande qu'elle peut agir seule et s'ajouter à une fatigue purement imaginaire, comme dans cette autre observation de Féré. Une jeune fille rêve la nuit qu'elle est poursuivie par un individu et qu'elle court très fort dans les rues de Paris pour lui échapper, elle rêve qu'elle est épuisée de fatigue quoiqu'elle n'ait point bougé : le lendemain elle n'en est pas moins paraplégique. Enfin, il y a des paralysies qui s'installent à la suite de somnambulismes et de crises d'agitation motrice; mais, comme nous le verrons plus tard, elles portent sur des membres qui ont été autrefois paralysés, qui présentaient déjà d'autres troubles hystériques du mouvement, ou qui avaient en eux des causes d'affaiblissement, déformations rachitiques, anciennes cicatrices, varices, etc., ce qui produit la localisation de la névrose.

Ces paralysies ainsi déterminées peuvent être très diverses : une des formes les plus curieuses et les plus intéressantes au point de vue psychologique est celle que l'on connaît sous le nom de *paralysie systématique,* parce qu'elle porte sur une fonction, sur un acte, plutôt que sur un membre tout entier. Plusieurs auteurs dont les premiers furent Jaccoud, Charcot, Blecq, Séglas, avaient signalé une forme de paralysie hystérique très singulière et au premier abord peu intelligible. Il s'agissait de sujets, le plus souvent de jeunes gens, qui semblaient ne pas avoir la moindre paralysie des jambes, quand on les examinait dans leur lit : non seulement les réflexes étaient intacts, mais les mouvements eux-mêmes paraissaient parfaitement conservés. Si on leur demandait de lever la jambe, de la plier, de la tourner à droite ou à gauche, ils accomplissaient exactement tout ce qu'on leur disait de faire; bien plus ils semblaient avoir conservé une très grande force, tout à fait suffisante et comparable à la force normale. Alors, dira-t-on, ils n'avaient aucun trouble du mouvement des jambes : ils étaient cependant tout à fait incapables de marcher. Dès qu'on essayait de les mettre debout sur le sol, ils fléchissaient, ils contorsionnaient leurs jambes, ils les lançaient de tous les côtés à tort et à travers et ils finissaient par tomber sans avoir fait un pas; cette impuissance singulière se prolongeait pendant des semaines et des mois. Ces malades semblaient réaliser ce paradoxe de n'avoir aucune paralysie des jambes et de ne pas pouvoir marcher. Chez quelques-uns de ceux qu'a décrits Charcot, la comédie était plus complète encore; ils étaient capable d'accomplir avec leurs jambes certains actes particuliers qui semblaient très compliqués, ils pouvaient sauter, danser, marcher à cloche-pied, courir, mais ils tombaient par terre dès qu'ils essayaient de marcher; la marche simple et correcte était la seule chose qu'ils ne pouvaient plus faire. Pendant quelque temps ce symptôme bizarre qu'on appelait *l'astasie-abasie hystérique* resta à peu près isolé; mais bientôt il fallut reconnaître qu'il y avait beaucoup de paralysies analogues à celles-là et que les paralysies systématiques étaient même assez fréquentes. Certains sujets peuvent encore marcher et ne peuvent pas se tenir debout, d'autres perdent certaines fonctions des mains. Par exemple ils oublient souvent leur métier; une couturière ne sait plus coudre, quoiqu'elle n'ait aucune paralysie de la main, une blanchisseuse ne sait plus tenir le fer à repasser, ou, ce qui est très fréquent, les jeunes filles ne savent plus du tout écrire ou jouer du piano. On a montré autrefois des faits du même genre à propos des fonctions de la bouche : le malade ne sait plus siffler ou souffler tandis qu'il peut faire tous les autres mouvements des lèvres. Ces exemples suffisent pour montrer qu'il y a très souvent chez les hystériques des paralysies systématiques dans lesquelles le sujet ne perd pas tous les mouvements d'un membre, mais seulement un certain système de mouvements groupés par l'éducation en vue d'un même but, pour exécuter un certain acte.

Dans un second groupe se rangent *les paralysies localisées* dont les limites semblent déterminées par la forme anatomique d'un membre plutôt que par une fonction systématique; elles semblent enlever toutes les fonctions d'un bras, d'une jambe, d'une main. Elles peuvent porter aussi sur la face et sur le tronc, quoique ces faits soient moins fréquents et moins bien connus. J'ai publié à ce propos l'observation d'une jeune fille de quinze ans qui, après une chute dans un puit, a présentée pendant plusieurs mois une paralysie totale des muscles du tronc. Si on la mettait assise, le corps tombait indéfiniment d'un côté ou de l'autre, sans qu'elle pût aucunement se soutenir. On voit par cet exemple que ces paralysies localisées ont la même origine que les précédentes, qu'elle se développent après des chocs, des émotions, ou des fatigues. Nous retrouvons ici ces jeunes filles dont la main droite se paralyse complètement parce qu'elles se fatiguent à préparer un morceau de piano et qu'elles doivent le jouer dans une cérémonie impressionnante. Il faut seulement ajouter que des paralysies localisées peuvent se développer à la suite des paralysies systématiques précédentes dont elles semblent ainsi n'être qu'un degré plus élevé; pendant un certain temps il n'y a qu'une forme d'astasie-abasie, puis peu à peu une jambe ou les deux jambes se paralysent complètement. On vient de voir l'observation de cette ouvrière qui, à la suite d'émotions dans son travail, a eu une paralysie systématique de la couture. Avant de parvenir à la guérison, elle a traversé des périodes variées pendant lesquelles, tantôt la paralysie était nettement limitée à la couture, tantôt elle s'étendait plus loin sur un plus grand nombre de fonctions de la main et l'empêchait par exemple aussi de bien tenir un crayon, tantôt elle était tout à fait complète et supprimait tous les mouvements de la main que la malade ne pouvait plus bouger volontairement.

La paralysie peut s'étendre encore davantage et atteindre plusieurs membres à la fois : par exemple, elle peut prendre la forme paraplégique dans laquelle les deux jambes sont paralysées complètement. Cet accident survient souvent quand une émotion surprend l'individu pendant la marche et qu'elle produit l'affaiblissement, le dérobement des jambes. Une jeune infirmière de vingt-cinq ans, qui avait sans doute peu de préparation pour son métier, vit la nuit une malade en crise de somnambulisme qui se levait et qui circulait enveloppée dans un drap. Elle la prit pour un fantôme et eut une peur terrible; elle sentit ses jambes flageoler et tomba sans pouvoir se relever. À la suite de cette émotion elle resta paraplégique pendant plusieurs mois. Cet accident survient aussi après les accouchements et après les maladies un peu longues dans lesquelles les malades sont restés au lit. Enfin c'est là un accident qui se rattache très souvent à toutes les émotions génitales; la paraplégie s'observe fréquemment non seulement après les accouchements, mais après les viols, après les excès de masturbation ou simplement dans le cour d'une émotion amoureuse; c'est une remarque dont il faut se méfier dans le traitement de ces affections. Bien entendu la paraplégie peut se développer après toutes les paralysies systématiques des jambes, en particulier après l'abasie, et souvent elle peut alterner avec elle.

Une autre forme de ces paralysies étendues à plusieurs membres qui a été plus étudiée aujourd'hui c'est l'*hémiplégie*. Une moitié du corps est entièrement paralysée, d'ordinaire il est vrai, la paralysie hystérique touche les membres plutôt que la face, mais ce n'est pas une règle absolue. Quand la paralysie siège du côté droit, il arrive souvent que la parole soit troublée comme dans les hémiplégies organiques et qu'un certain degré de mutisme accompagne la paralysie du bras et de la jambe. Voici l'observation d'une jeune fille de dix-neuf ans, fille d'une mère épileptique et ayant déjà présenté des accidents névropathiques, qui est tombée gravement malade à la suite de la mort de son père. La pauvre enfant le soutenait de son bras droit pendant toute l'agonie; le soir même après la mort, elle se sentit épuisée de fatigue surtout du côté droit, et sa jambe droite tremblait quand elle essayait de s'appuyer sur elle; elle n'a pas pu dormir, croyant à chaque instant voir et entendre son père. le lendemain matin, elle eut des souffrances dans le ventre et constata la réapparition des règles en dehors de leur époque; elle se plaignait en outre d'une faiblesse plus grande du côté droit. Le surlendemain, le bras et la jambe droite remuaient encore un peu, mais tremblaient continuellement; le troisième jour, l'hémiplégie droite était complète et la parole était entièrement perdue. Grâce à un traitement purement suggestif, les mouvements sont revenus graduellement au bout de quinze jours et se sont rétablis d'une façon complète ainsi que la parole.

C'est ici le moment de faire observer que cette hémiplégie peut survenir d'une façon plus dramatique à la suite d'une attaque convulsive ou d'un sommeil profond qui simule alors complètement l'attaque d'apoplexie. Le diagnostic est dans certains cas très délicat et, quoique l'hypothèse d'une hémiplégie fonctionnelle et d'un sommeil hystérique associé avec elle semble singulière, il faut cependant y penser. Il n'y a pas longtemps, j'ai constaté un accident de ce genre chez un homme de cinquante ans qui au premier abord semblait tout à fait avoir eu une apoplexie véritable suivie d'hémiplégie. Mais il ne présentait absolument trouble des réflexes, il avait des mouvements subconscients dont on verra tout à l'heure l'importance, il avait eu autrefois toutes sortes d'accidents névropathiques et il me parut plus sage de considérer son accident comme hystérique; une guérison complète après un traitement purement moral vint d'ailleurs confirmer cette interprétation.

À ces diverse paralysies bien connues je voudrais ajouter une dernière forme qui est rarement signalée à cette place. M. Paul Richer a signalé des *quadriplégies*, c'est-à-dire des paralysie qui portent à la fois sur les quatre membres et il remarque qu'elles sont rares. Je crois que l'on peut observer plus fréquemment des *paralysies absolument totales* portant sur tous les mouvements volontaires aussi bien sur ceux de la face que sur ceux des membres. Les sujets sont absolument immobilisés, incapables de réagir par aucun mouvement volontaire aux excitations qu'ils sentent cependant fort bien. Aussi les prend-on d'ordinaire pour des sujets endormis et méconnaît-on la véritable nature du phénomène en l'appelant une crise de sommeil. Le fait caractéristique consiste en ce que les sujets sentent tout et se souviennent de tout quand ils sortent de cet état, après plusieurs heures ou même plusieurs jours. Ils racontent tout ce qui s'est passé autour d'eux, ils disent qu'ils ont essayé de bouger, de se défendre, mais qu'ils n'ont pas pu faire le moindre mouvement. Des faits de ce genre ont souvent joué un rôle dans les histoires de léthargie ou de mort apparente.

Ces paralysies que nous venons de distinguer par leurs formes peuvent aussi se distinguer par leurs degrés. Dans les cas typiques, elles sont complètes et portent sur toutes les forme et tous les degrés du mouvement supprimé. Dans beaucoup de cas elles sont incomplètes et semblent ne porter que sur une partie du mouvement. Ainsi, dans l'*amyosthénie*, le mouvement atteint s'exécute encore en partie, mais avec lenteur et avec faiblesse. Ce qui est supprimé, c'est la forme vive, énergique du même mouvement ou, si l'on préfère, ce qui est supprimé, c'est le phénomène de l'effort appliqué à ce même mouvement.

Une forme très curieuse de ces paralysies incomplètes est celle à laquelle j'ai proposé autrefois de donner le nom de *syndrome de Lasègue*. Quoique Lasègue en ait donné l'analyse la plus précise, le fait était déjà signalé autrefois comme une curiosité. L'une des premières descriptions est celle de Charles

Bell en 1850 : « Une mère nourrissant son enfant, disait-il est atteinte de paralysie; elle perd la puissance musculaire d'un côté du corps et en même temps la sensibilité de l'autre côté. Circonstance étrange et vraiment alarmante, cette femme ne pouvait tenir son enfant au sein avec le bras qui avait conservé la puissance musculaire qu'à la condition de le regarder sans cesse. Si les objets environnants venaient à distraire son attention de la position de son bras, ses muscles se relâchaient peu à peu et l'enfant était en danger de tomber ». Beaucoup d'auteurs comme Trousseau, Jaccoud, Landry, Briquet et surtout Laségue en 1864, ont examiné des cas de cette singulière affection qui semblait être une énigme médico-psychologique. Ces sujets avaient très bien conservé le mouvement tant qu'ils regardaient leurs membres, mais ils devenaient paralysés dès qu'ils ne pouvaient plus les voir. Il en résulte qu'ils étaient paralysés quand on leur fermait les yeux et qu'ils étaient également paralysés dans l'obscurité. Certains auteurs avaient même cru à ce propos qu'il s'agissait de paralysie périodiques et nocturnes; en réalité, ce trouble bizarre n'est qu'un degré, qu'une forme des paralysies fonctionnelles précédentes.

2. - Les tremblements et les contractures hystériques.

Les hystériques présentent souvent d'autres troubles moteurs fort intéressants, quoique souvent difficiles à interpréter, qui semblent être intermédiaires entre les agitations motrices dont nous parlions dans le précédent chapitre et les paralysies proprement dites. Ce sont, en particulier, les *tremblements* et les *contractures*.

Le *tremblement* détermine une série ininterrompue de secousses musculaires très régulièrement rythmées, mais très petites et très rapides. On constate, dans les graphiques, que ces petites secousses sont au nombre de cinq à douze par seconde et que leur régularité est d'ordinaire très grande. Il n'est pas facile de comprendre par quel mécanisme se produit cette altération du mouvement et le tremblement n'est pas mieux compris dans les névroses que dans les maladies dites organiques du système nerveux. On rendra, je croix, son étude plus simple, si on observe qu'au point de vue psychologique les cas de tremblement hystérique peuvent, le plus souvent, se ranger dans l'un des trois groupes suivants.

Certains tremblements, les plus lents peut-être, me paraissent *ressembler à certaines chorées* et se présente dans les mêmes conditions. Une femme de trente-huit ans qui présentait un tremblement intense à la main droite a fini par avouer que ce tremblement était survenu à la suite de longues pratiques de l'écriture automatique pour interroger les esprits. Il suffisait de mettre un crayon dans la main droite pour que le tremblement cessât et fût remplacé par de l'écriture médianimique. On peut dire qu'il s'agissait, ici, d'une sorte de chorée, d'une action subconsciente très incomplète qui prenait, dans certaines conditions, l'apparence d'un tremblement, d'ordinaire plus rapide (7 à 12 oscillations par secondes), ne se transforme jamais en véritables mouvements choréiques ayant une signification; il semble une simple *manifestation émotionnelle* en rapport avec des émotions conscientes ou subconscientes qui persistent indéfiniment. Le tremblement est, ici, un phénomène surajouté à ces idées fixes que nous avons étudiées tout au début. Je l'ai observé d'une manière remarquable chez un ouvrier qui, à la suite de la chute d'un échafaudage, était resté suspendu pendant vingt minutes à la gouttière d'une maison; le tremblement était associé chez lui d'une manière très nette à des terreurs, des hallucinations, des idées fixes, se présentant sous toutes les formes. Enfin, il y a une troisième forme du tremblement qui accompagne les parésies, qui précède ou qui suit les paralysies dans les périodes où elles sont incomplètes. Il est alors évidemment en rapport avec l'*affaiblissement de l'action volontaire* : son mécanisme physiologique ou psychologique est loin d'être encore entièrement élucidé.

Un autre phénomène bien plus important vient compliquer les paralysies hystériques, ce sont les *contractures*. Il s'agit toujours d'une impuissance motrice, mais elle s'accompagne d'un état de rigidité persistante et involontaire des muscles. Les membres, au lieu de retomber flasques, comme dans les paralysies, présentent, quand on essaye de les mouvoir, une certaine rigidité et restent indéfiniment dans les attitudes particulières que ni le sujet ni l'observateur ne peuvent modifier.

L'histoire de ce phénomène, qui commence surtout avec les leçons de Brodie en 1837 « Lectures illustratives on certains local nervous affections ». Qui continue avec les travaux de Coulson, 1851, de Paget, 1877, de Charcot, de Laségue, de Paul Richer, correspond à l'évolution des plus grands problèmes de la médecine. On a été amené à séparer peu à peu la contracture hystérique de toutes les affections osseuses, articulaires, nerveuses et médullaires avec lesquelles elle se confondait jadis : c'est dire que ce problème touche à toute la médecine. On peut, en effet, observer ces contractures sur la plupart des muscles du corps et dans chaque région. Elles soulèvent des problèmes curieux de diagnostic. Quand la contracture siège à la face, sur les paupières, sur les muscles des yeux, sur ceux de la bouche, elle donne naissance à des symptômes qu'il faut soigneusement distinguer de certains phénomènes paralytiques en apparence analogues, du ptosis des paupières, de la paralysie d'un côté de la face qui, elle aussi, détermine une déviation de la face. La contracture peut siéger au cou, dans le dos, à l'abdomen, au thorax et, à chaque endroit, voici de nouveaux problèmes qui surgissent. Ici, elle simule une maladie des vertèbres, des déviations de la colonne vertébrale; là, elle transforme la respiration et fait croire à des maladies pulmonaires; ailleurs, elle donne l'apparence de toutes les tumeurs possibles de l'abdomen : ce sont ces contractures qui ont été l'origine des plus grandes erreurs médicales. Quand il s'agit des membres, nous rencontrons les contractures des jambes, les contractures des muscles de la hanche avec le gros problème de la tumeur blanche du genou et de la coxalgie tuberculeuse. Je crois que le médecin le plus exercé ne doit jamais se vanter de ne pas commettre une erreur quand il a à décider entre la coxalgie hystérique et la coxalgie tuberculeuse. Quand il s'agit des bras, la difficulté est, en général, moins grave; mais il faut encore se méfier des fausses luxations de l'épaule, des arthrites et des kystes du coude et du poignet. En un mot, il n'y a pas de plus gros problème clinique que celui des contractures hystériques. Ce qui est bien singulier, c'est qu'il y a là également un gros problème psychologique et que c'est là certainement une des questions les plus obscures et les plus intéressantes de la psychologie pathologique. Son étude permettra, plus tard, de mieux comprendre la nature du mouvement volontaire et les dégradations qu'il présente dans diverses circonstances.

Pour le moment, il faut se borner à mettre en évidence les phénomènes les plus simple qui caractérisent l'évolution et la forme des contractures. Nous savons d'abord que les contractures débutent comme tous les symptômes hystériques, à propos de faits psychologiques, qui sont le plus souvent des *symptôme émotionnels*. Un choc n'agit dans ce sens que s'il détermine de grand phénomènes d'émotion et d'imagination et souvent, comme pour les paralysies, un choc réel fait moins qu'un choc imaginaire.

Il en est de même pour la guérison de ces contractures. Dans certains cas, elles persistent indéfiniment : j'ai recueilli deux observations dans lesquelles des contractures nettement hystériques se sont prolongées pendant trente ans. Dans d'autres cas plus fréquents, elles guérissent subitement ou se transforment sous des influences qui seraient incompréhensibles, si l'on ne tenait pas compte des imaginations et des émotions. Ce sont ces maladies qui font la fortune des reliques religieuses et des sources miraculeuses. Quand on lit l'histoire d'un individu cul-de-jatte qui a été poussé à la source dans une petite voiture, avec les jambes tordues sous le corps, dures et desséchées, et qui s'est élevé subitement en emportant sa petite voiture sur ses épaules, on peut affirmer, sans la moindre hésitation, qu'il s'agit là de contractures hystériques. On trouvera, en particulier, plusieurs récits très curieux de ce genre dans le livre célèbre de Carré de Montgeron sur les miracles effectués au cimetière de Saint-Médard, sur la tombe du diacre Paris. Ce sont aussi des phénomènes de ce genre que les médecins ont guéri bien souvent par toutes sortes de précédés, par le courant électrique, par les aimants, par les applications de plaques métalliques, par la simple parole. Il y a donc un ensemble de phénomènes psychologiques dans les terminaisons comme dans les débuts des contractures.

Si nous jetons un coup d'œil sur les diverses formes que peuvent prendre ces contractures, nous constatons qu'elles peuvent être *systématiques* comme les paralysies : c'est là un point sur lequel j'ai beaucoup insisté autrefois. Il est souvent méconnu, parce que l'on ne considère pas les contractures à leur début et que le plus souvent, au bout d'un certains temps, la contracture s'étend et perd la forme systématique qu'elle avait au moment de sa formation. De telles contractures conservent aux membres, d'une manière permanente, une attitude expressive, rappelant une action ou une émotion : après une colère, le bras reste levé, le poing fermé et menaçant; une femme donne une gifle à son enfant et, comme par une punition céleste, son bras et sa main restent fixés dans la position qu'ils ont prise à ce moment. Une jeune fille, qui apprenait à jouer du violon, a eu le bras gauche contracturé dans la position du joueur de violon; une femme, que j'ai souvent décrite, marche, depuis des années, sur la pointe des pieds, elle ne peut plier les pieds qui sont raidis dans la position de la crucifixion; il s'agit d'une malade qui a des crise d'extase et qui se croit sur la croix comme le Christ.

Le plus souvent les contractures sont *localisées,* elles siègent sur un membre dont elles raidissent tous les muscles à peu près également, de manière à déterminer une attitude, toujours la même, qui dépend de la force inégale des différents muscles de la région. Les *contractures du tronc* sont fort fréquentes, quoiqu'elles ne soient bien connues que depuis peu de temps. Quand elles siègent d'un seul côté du corps, elles déterminent de grandes déviations de la taille et les attitudes les plus surprenantes. On voit de ces malades qui restent tordues sur elles-mêmes ou accroupies sans pouvoir se relever. Quand ces contractures sont bilatérales, elles déterminent seulement une raideur bizarre de la démarche mais amènent, plus qu'on ne le croit, des troubles de la respiration et de la digestion. Il faut toujours songer à ces contractures quand on cherche la cause des étouffements, des constipations, des troubles digestifs. Les *contractures du cou* en arrière ou sur les côtés sont très fréquentes et ont les mêmes causes que les chorées siégeant au même point que nous avons examinées. Les contractures de la face et de la langue donnent naissance au spasmes glosso-labié, important surtout au point de vue du diagnostic.

Les *contractures du bras* déterminent le plus souvent l'extension du bras accolé le long du corps avec la fermeture du poing, mais elles peuvent amener d'autres attitudes en rapport avec les causes qui les ont déterminées. Ainsi, une jeune fille avait été frôlée par un omnibus, dans la région de l'épaule : elle conserva, pendant des mois, une contracture permanente de l'épaule gauche, qui restait élevée et accolée contre le cou.

Les *contractures des jambes* sont fréquentes et importantes : les deux jambes sont souvent prises en même temps et alors elles restent étroitement accolées l'une contre l'autre, dans l'extension complète. Le pied contracturé des hystériques prend le plus souvent, quand il ne s'agit pas de contractures systématiques, l'attitude connue sous le nom de varus équin, en extension avec torsion en dedans.

De même que la paralysie, la contracture peut être *hémilatérale*, et il n'est pas rare de voir, chez un même sujet. La paralysie du bras et de la jambe céder la place à une contracture de ces deux membres, ou inversement, car l'évolution de ces deux phénomènes n'a aucunement, dans l'hystérie, la régularité que l'on observe dans les hémiplégies dues à des lésions organiques. Enfin, la contracture peut être générale et occuper, à peu près, tous les muscles du mouvement volontaire. Ces raideurs de tout le corps ne sont pas d'ordinaire aussi prolongées que les contractures localisées, elles font plutôt partie de cet ensemble de phénomènes assez passagers qu'on appelle l'attaque d'hystérie; cependant, j'ai vu de ces contractures générales se prolonger, sans interruption, pendant plusieurs jours.

Ces diverse contractures se mêlent avec les phénomènes précédents et déterminent, chez les hystériques, un grand nombre de troubles de toutes espèces.

3. - Les phobies des actions chez les psychasténiques.

Les malades dont nous avons étudié les obsessions et les doutes ne présentent pas comme les malades précédents des paralysies ou des contractures. C'est là un caractère important qui sépare les psychasténiques des hystériques. Je crois cependant qu'ils présentent un phénomène correspondant, ce sont les phobies et en particulier *les phobies des fonctions et les phobies des actions*.

En apparence, la fonction du mouvement n'est pas supprimée, le sujet croit qu'il peut parfaitement remuer ses membres et même il commence à exécuter l'action d'une manière tout à fait correcte. Mais à ce moment même il éprouve toutes espèces de troubles; il sent que son esprit est envahi par les rêves les plus bizarres et par toutes sortes d'agitations de la pensée. Il sent que ses membres s'agitent et éprouvent le besoin de se remuer à tort et à travers; mais surtout il éprouve des troubles viscéraux, des palpitations de cœur, des étouffements, des angoisses. Cet ensemble de troubles se traduit dans sa pensée par un sentiment vague et très douloureux, analogue à la peur, et cette terreur augmente à mesure qu'il continue cette action qu'il se croyait au début bien capable de faire , si bien qu'il ne peut plus continuer, qu'il s'arrête découragé. Comme cette angoisse recommence chaque fois qu'il essaie de faire l'action, il ne peut plus jamais la faire et en définitive l'action finit par être pratiquement supprimée exactement comme dans les paralysies hystériques.

On observe d'abord de tels phénomènes à propos du mouvement des membres. Le syndrome qu'on a appelé « akinesia algera » n'est le plus souvent qu'*une phobie du mouvement* : le sujet n'a ni paralysie, ni contracture, mais à la suite d'un accident quelconque, il conserve une douleur plus ou moins réelle dans une articulation et il n'ose plus remuer à cause des angoisses terribles qu'il ressent dès qu'il commence le moindre mouvement. La *basophobie* correspond exactement aux abasies des hystériques : le sujet, pour une raison quelconque, est envahi par la peur de marcher. Il a de telles terreurs, de telles angoisses dès qu'il essaye de faire un pas qu'il renonce absolument à quitter son lit ou sa chaise; le résultat ne serait pas différent s'il avait réellement perdu la fonction de la marche. Inversement dans l'*akathisie* le sujet ne peut plus s'asseoir pour travailler; bientôt il ne peut plus, sans terribles angoisses, rester assis sur aucune chaise. On retrouverait de telles phobies à propos de toutes les fonctions.

Dans d'autres cas bien plus fréquents, le même état qui ressemble à une émotion de peur très douloureuse se produit simplement à propos de la perception d'un objet, et on a désigné ce symptôme sous le nom de *phobie des objets*; je crois cependant que c'est un phénomène tout fait voisin du précédent. La perception de l'objet peut être faite par n'importe quel sens, dès que le sujet est averti de la présence de l'objet qu'il redoute, il a ses terreurs et ses angoisses. Il y a ainsi des phobies à propos des couteaux, des fourchettes, des objets pointus, à propos des billets de banque, des bijoux, de tous les objets de valeur, à propos de la poussière, des ordures, des plumes, du linge, des objets de toilette, des boutons de porte, des métaux, des vêtements, de tous les objets qui peuvent être sales, ou dangereux, ou respectables, etc... Tous ces symptômes ont été autrefois désignés par des noms particuliers, comme autant de maladies distinctes : on avait ainsi l'astraphobie, la lyssophobie, la misophobie, la rupophobie, l'aicmophobie, etc... Sauf la bizarrerie du nom, ces désignations n'ont plus aujourd'hui aucun intérêt.

Le plus souvent ces phobies du contact se compliquent d'une foule de pensées obsédantes et impulsives. Celle-ci a peur de commettre un homicide ou un suicide si elle touche à un objet pointu et prend en horreur également les fleurs rouges et les cravates rouges qui lui rappellent l'homicide ou même tous les sièges sur lesquels ont pu s'asseoir des individus porteurs de cravates rouges. Celle-là ne peut plus toucher un verre, parce que les verres peuvent contenir des purgatifs et que cela pourrait lui donner la pensée de se faire avorter si elle était enceinte et si elle s'était laissée séduire.

À côté de ces phobies des objets se placent des phobies un peu plus compliquées que j'ai appelées des *phobies des situations*. Elles portent non plus sur un objet, mais sur un ensemble de faits et d'impressions du sujet. Le type de ces symptômes est l'*agoraphobie*, décrite par Westphal en 1872, puis par Legrand du Saulle en 1877. « La peur des espaces, dit ce dernier auteur, est un état névropathique très particulier, caractérisé par une angoisse, une impression vive et même une véritable terreur, se produisant subitement en présence d'un espace donné. C'est une émotion comme en présence d'un danger, d'un vide, d'un précipice, etc... Un malade commence par avoir des coliques dans la rue... La pensée d'être abandonné dans ce vide le glace d'effroi et la conviction d'une assistance, quelle qu'elle soit, l'apaise sans effort. Point de peur sans le vide, point de calme sans l'apparence d'un semblant de protection. » Cette phobie est fréquente et se présente sous bien des formes, tantôt le malade redoute les espaces vides à la campagne, tantôt il craint les places et les rues de la ville, tantôt il a peur de la rue elle-même, tantôt il redoute la foule qui remplit ou qui peut remplir la rue, ou les sergents de ville qui peuvent l'arrêter par erreur, ou les voitures, ou les chiens, ou n'importe quoi.

À l'agoraphobie doit se rattacher une autre phobie très voisine, celle des endroits clos, la *claustrophobie*, signalée par Beard de New-York, puis par Ball en 1879. Le malade a peur d'étouffer dans un endroit fermé, il ne peut entrer dans une salle de théâtre ou de conférence, dans une voiture, dans un appartement, dont les portes sont fermées, etc...

Il est plus intéressant d'insister sur un groupe de phobies voisines qui jouent dans ces désordres un très grand rôle. *Les phobies des situations sociales* sont déterminées par la perception d'une situation morale au milieu des hommes. À mon avis le type de ces phobies est la fameuse *éreutophobie*, si souvent étudiée depuis les travaux de Casper, 1846, de

Duboux, 1874, de Westphal, 1877. J'emprunte à M. Clarapède, 1902, un résumé rapide de l'aspect caractéristique d'un malade éreutophobe : « Il n'ose plus se montrer en public, ni même sortir dans la rue. S'il s'agit d'une femme, elle n'ose plus rester en présence d'un homme, de peur que sa rougeur intempestive ne soit l'occasion de propos malveillants sur son compte, s'il s'agit d'un homme, il fuira les femmes. Comme cependant les nécessités de la vie obligent l'éreutophobe à ne pas vivre absolument isolé, il va inventer certains stratagènes pour masquer son infirmité. Au restaurant, il se plongera dans la lecture d'un journal pour qu'on n'aperçoive pas son visage; dans la rue, il se dissimulera sous son parapluie, ou sous les larges ailes de son chapeau. Il sortira de préférence le soir, à la nuit tombante, ou , au contraire, par une journée de grand soleil, afin que son teint écarlate n'ait rien d'extraordinaire. S'il est pris à l'improviste, il s'essuiera la figure avec son mouchoir, se mouchera, fera semblant de ramasser un objet sous un meuble ou ira regarder par la fenêtre afin de dissimuler la rougeur qui vient. Parfois il recourt à la poudre de riz, plus souvent à l'alcool; il espère par ce dernier moyen noyer sa coloration morbide dans celle de l'éthylisme. Pour un motif analogue il supplie le médecin ou le pharmacien de lui donner une drogue qui lui teigne le visage en rouge. Il cherche et combine dans sa tête tous les moyens de remédier à son mal. Cette crainte perpétuelle, cette incertitude, à chaque instant, du moment qui va suivre, retentit sur tout son caractère, l'aigrit, l'irrite. La vie pour l'éreutophobe est un véritable calvaire : à chaque pas, il voudrait en avoir fini avec cette insupportable existence et va jusqu'à maudire l'être qui lui a donné le jour ».

Des troubles du même genre peuvent être déterminés par une cicatrice au visage, par une malformation quelconque, plus ou moins réelle. Mais le caractère essentiel qui se retrouve toujours dans ces phénomènes terrifiants, c'est le fait d'être devant des hommes , d'être en public, d'avoir à agir en public. Aussi on pourrait ranger dans le même groupe les phobies du mariage qui sont si fréquentes, les phobies de certaines situations sociales comme celles de professeur, de conférencier, la peur des domestiques, la terreur du concierge, etc... Toutes ces phobies sont déterminées par la perception d'une situation sociale et par les sentiments auxquels cette situation donne naissance.

4. - Les caractères psycho-physiologiques des paralysies hystériques.

Les mouvements volontaires de l'homme sont des phénomènes très complexes qui dépendent de l'action harmonique d'un très grand nombre de parties associées et superposées hiérarchiquement. Dans tout mouvement, par exemple, doivent intervenir, sans compter les os et les articulations, les muscles, les nerfs, la moelle épinière, les centres inférieurs de l'encéphale, l'écorce cérébrale, dont le fonctionnement, semble-t-il, se manifeste par les phénomènes proprement psychologiques. Une paralysie qui supprime un mouvement volontaire peut dépendre d'une altération portant sur tel ou tel de ces éléments; elle peut dépendre d'une destruction ou d'une atrophie du muscle, d'une névrite, d'une lésion de la moelle ou de l'encéphale, d'une modification des fonctions psychologiques de l'écorce. Quel que soit le siège de ce trouble, le résultat est toujours une suppression du mouvement volontaire, une paralysie. Mais les grand progrès de la clinique des maladies du système nerveux ont permis de constater que cette paralysie n'a pas les mêmes caractères, suivant qu'elle dépend d'un trouble situé sur telle ou telle partie plus ou moins élevée dans la hiérarchie. Pour analyser les paralysie hystériques, on doit rechercher si leurs caractères sont identique à ceux que déterminent les lésions musculaires ou nerveuses, ou bien à ceux qui dépendent des troubles de la moelle ou de l'encéphale, ou enfin s'il s'agit de modification psychologiques, et alors quelle est la nature de ces modifications.

Il n'y a pas lieu d'insister beaucoup sur la première question : les caractères des paralysies hystériques permettent-ils de les rattacher à des lésions élémentaires des muscles ou des nerf? Les altérations de ces organes, en effets, peuvent être isolées; elles peuvent porter sur un seul muscle ou sur un seul nerf, ou irrégulièrement sur plusieurs muscles ou sur plusieurs nerfs disséminés au hasard. Les paralysies qu'elles déterminent alors sont limitées au mouvement d'un seul muscle ou au mouvement de quelques muscles disséminés dans une région, en laissant subsister le mouvement des autres muscles, ce qui déforme le mouvement de la région, en prenant le mot « déformer » dans le sens que nous venons de discuter à propos des convulsions. Ces lésions peuvent aussi déterminer des paralysies portant sur tous les muscles innervés par un même nerf, et sur ceux-là seulement. Jamais les paralysies hystériques ne présentent aucun caractère de ce genre : *jamais elles ne portent exclusivement sur un seul muscle ni sur le groupe de muscles innervés par un seul nerf; j'aimais elles ne déterminent la déformation du mouvement d'une région.* Elles portent toujours sur un ensemble complexe de muscles et de nerfs, troublant complètement l'un, faiblement l'autre, plus fortement un troisième, d'une manière toujours harmonieuse et systématique. En un mot, nous retrouvons dans les paralysies un caractère analogue à celui que nous avons noté dans les agitations motrices qui sont toujours systématiques et non déformantes.

Cette *systématisation* fondamentale nous oblige à remonter plus haut et à nous demander si le trouble n'existe pas dans les grands systèmes de la moelle épinière ou de la base de l'encéphale, et s'il n'y a pas une lésion quelconque dans les conducteurs ou dans les centres qui gouvernent l'association des nerfs et des muscles. L'étude de cette supposition et du diagnostic qui en découle a déterminé un très grand nombre de recherches sur un nouveau caractère des paralysies hystériques, caractère surtout négatif, mais d'une très grande importance. Ce nouveau caractère peut se résumer ainsi : on ne trouve pas dans ces paralysies les symptômes qui ont toujours été constatés à la suite des lésions de la moelle ou de l'encéphale.

Ainsi *on ne constate pas les altérations musculaires, les atrophies* qui accompagnent si souvent ces lésions. Un membre atteint de paralysie hystérique conserve le plus souvent son volume normal ou ne présente que des diminutions peu importantes en rapport avec l'immobilisation. *On ne constate pas ces troubles de réactions électriques qui* caractérisent l'atrophie : la réaction dite de dégénérescence, si rapide dans certaines formes de lésions médullaires, n'existe pas dans la paralysie hystérique. *On ne constate pas non plus ces contractures secondaires*, avec des caractères spéciaux qui suivent ordinairement les hémiplégies organiques. Même après un temps prolongé, le membre paralysé reste intact et peur rapidement reprendre ses fonctions d'une manière complète.

Enfin les études de neurologie attachent une importance considérable *à l'état des divers réflexes*, de ces réactions musculaires qui se produisent à la suite de l'excitation de certaines régions, des tendons, par exemple, ou de certains points de la peau. Ces réflexes, en effet, dépendent des centres inférieurs de la moelle et de l'encéphale, et leur état indique les conditions dans lesquelles se trouvent ces centres. Charcot avait déjà démontré que dans les paralysies hystériques *les réflexes tendineux ne sont ni supprimés, comme dans le tabes, ni exagérés, comme dans les lésions le faisceau pyramidal*. On savait déjà fort bien à cette époque que le clonus déterminé par le relèvement brusque du pied n'appartient pas à la symptomatologie de l'hystérie; on savait aussi que, d'une manière générale, les réflexes pupillaires sont normaux dans cette névrose et qu'on n'y observe jamais, par exemple, le signe d'Argyll Robertson, si important dans le tabes. De nos jours, les mêmes études ont porté sur les réflexes cutanés, et on a montré que certains de ces réflexes, celui du peaussier du cou, le réflexe abdominal, le réflexe crémastérien, altérés dans plusieurs maladies organiques du système nerveux, subsistent intacts dans les paralysies hystériques. M. Babinski a insisté sur un réflexe très important qui consiste en un mouvement des orteils lorsque l'on frotte légèrement avec une pointe mousse la plante du pied. Chez les adultes normaux, car il y a des irrégularités chez les enfants, les orteils se fléchissent en masse vers la plante du pied. Dans les lésions de la moelle, les orteils, surtout le gros orteil, se relèvent en extension. Cette excitation de la plante du pied chez des individus atteints de paraplégie hystérique ne donne jamais cette réaction si particulière du gros orteil en extension.

Il est évident qu'il ne faudrait pas exagérer trop l'importance et la précision de ces signes qui sont pratiquement des plus utiles, mais qu'il est nécessaire, dans certains cas particuliers, de discuter et d'interpréter. Certains amaigrissements peuvent simuler des atrophies; des réactions de dégénérescence ont été signalées, quoiqu'elles me paraissent douteuses. Il ne faut pas, à mon avis, attribuer trop d'importance à la simple exagération des réflexes rotuliens. Cette exagération est extrêmement difficile à apprécier et elle est très irrégulière. Beaucoup de sujets, quand ils sont un peu émotionnés ou nerveux, lancent leurs jambes trop fortement quand on frappe le genou. On peut bien dire qu'il faut distinguer le réflexe véritable, rapide, simple, du mouvement semi-volontaire, semi-émotionnel qui s'ajoute, qui est trop tardif, trop long, trop généralisé. Tout cela est assez vrai, mais en pratique il n'est pas toujours facile de faire la distinction, et d'ailleurs je suis disposé à croire que chez les hystériques et chez les neurasthéniques il y a souvent une exagération réelle des réflexes qui est peut-être due à une diminution de l'inhibition cérébrale. Le signe du clonus du pied a déjà beaucoup plus d'importance et il est beaucoup plus rare de rencontrer quelque chose d'analogue dans l'hystérie; cela est arrivé cependant. Dans ces cas quelques auteurs croient trancher la question en prenant le graphique de la secousse avec l'appareil enregistreur. Ils espèrent distinguer la régularité du clonus organique de la courbe beaucoup plus irrégulière fournie par le clonus hystérique : cette démonstration n'est pas encore bien complète. Le signe des orteils est extrêmement intéressant : je ne crois pas qu'il ait été encore observé nettement dans une paralysie hystérique. Mais c'est un signe irrégulier qui manque souvent d'une manière totale; beaucoup de sujets ne réagissent pas du tout ou réagissent par une rétraction en masse de la jambe. L'examen des réflexes pupillaires peut être rendu difficile par la dilatation pupillaire qui existe chez beaucoup de névropathes. Il n'est pas bien démontré qu'il n'y ait jamais chez les hystériques des contracture de l'iris en dilatation ou en myosis qui empêchent les réflexes de se produire aisément et qui amènent des erreurs. Ces signes si importants ne sont donc pas d'une certitude absolue. D'ailleurs il en est de même dans tout examen clinique : c'est toujours un ensemble de signes qui détermine un diagnostic, et celui-ci ne peut jamais être fait mécaniquement par l'examen inintelligent d'un seul symptôme. Quoi qu'il en soit, cette recherche nous a permis de déterminer un second caractère des paralysies hystériques, *l'absence des modifications organiques* qui s'ajoute à leur systématisation.

Nous sommes obligés de remonter plus haut et de considérer la paralysie hystérique comme un trouble portant sur les parties les plus élevées de la fonction motrice, sur les phénomènes psychologiques qui en sont le couronnement. Depuis longtemps plusieurs auteurs avaient été amenés à cette conception que *la paralysie hystérique est une paralysie psychique,* et ils avaient constaté à ce propos qu'elle présente un certain nombre de caractères psychologiques. Déjà, autrefois, Lasègue et Charcot avaient insisté sur un *sentiment d'indifférence* qui paraît accompagner ces paralysies. Si nous étions paralysés d'un bras, cela nous gênerait énormément; nous serions très préoccupés de cette maladie, nous aurions des regrets perpétuels et nous ferions sans cesse des efforts désespérés pour retrouver le mouvement perdu. Aussi ne pouvons-nous pas nous défendre d'une certaine surprise et d'une certaine mauvaise humeur quand nous soignons un hystérique paralysé. Ce genre de malades nous agace par sa tranquillité, son indifférence et son inertie. Ils n'ont pas l'air d'être attristés par la privation de leur membre; ils trouvent tout naturel de ne marcher qu'avec une jambe et ne font pas le moindre effort pour se servir de leur jambe paralysée. Cette indifférence joue un rôle dans la démarche du malade, et c'est à ce propos que Charcot a essayé d'établir sa distinction entre *la démarche hélicopode* de l'hémiplégique organique et *la démarche helcopode* de l'hémiplégique hystérique. Tandis que le premier fait des efforts désespérés pour faire avancer le membre et le projette en hélice par une secousse du bassin, l'hystérique ne semble plus s'en préoccuper et le traîne après lui comme un boulet.

À cette indifférence se rattachent *des troubles de la sensibilité* qui accompagnent très souvent les paralysies et qui étaient déjà connus à l'époque de Briquet. Beaucoup de ses sujets sentent peu ou même point les attouchements, les piqûres que l'on fait sur leurs membres inertes et ne se rendent pas compte de la position qu'on leur donne quand on les déplace. Ces troubles de la sensibilité méritent une étude spéciale qui sera faite dans le chapitre suivant, mais il faut constater ici qu'il s'agit là d'un nouveau phénomène psychologique qui s'ajoute souvent à la paralysie hystérique.

L'indifférence du malade dépend ici, semble-t-il, de certains *troubles curieux de la mémoire et de l'imagination.* Quand on interroge ces personnes, on voit qu'elles n'ont pas conservé la mémoire de leurs membres. Elles semblent ne plus bien savoir ce que faisait ce membre paralysé et elles ne peuvent plus réaliser les efforts d'imagination pour le concevoir. C'est M. Féré qui a, l'un des premiers, insisté sur ce point. « Après avoir fermé les yeux de la malade, dit-il, je la prie de chercher à se représenter sa main gauche exécutant des mouvements d'extension et de flexion. Elle en est incapable. Elle se représente bien la droite exécutant des mouvements très compliqués sur le piano, mais à gauche il lui semble que son bras se perd dans le vide; elle ne peut même pas s'en représenter la forme. » J'ai vérifié une dizaine de fois cette remarque; cette absence de représentation et de mémoire du membre paralysé est souvent une des choses les plus typique. Beaucoup d'auteurs l'ont également remarquée; voici, par exemple, ce que disait un auteur anglais, M. Bastian, qui a d'ailleurs de l'hystérie une toute autre conception que nous : « Quand on lui demande si elle peut imaginer qu'elle touche le bout de son nez avec le doigt gauche, elle répond tout de suite oui; si on lui demande d'imaginer les mêmes mouvements avec l'autre main paralysée, elle hésite et finit par répondre : non. Elle peut s'imaginer jouer du piano de la main gauche, mais elle ne peut l'imaginer du côté droit. » En un mot, la représentation du mouvement volontaire semble perdue aussi bien que la volonté de l'exécuter et il semble que nous sommes en présence de troubles psychologiques.

C'est aussi la conclusion à laquelle était déjà parvenu l'auteur anglais Brodie quand il disait : « Dans les paralysies hystériques ce ne sont pas les muscles qui n'obéissent pas à la volonté, mais c'est la volonté elle-même qui n'entre pas en action... Quand le malade dit : Je ne peux pas, cela signifie je ne peux pas vouloir », et M. Huchard ajoutait : « Elles ne savent pas, elles ne peuvent pas, elles ne veulent pas vouloir ». Le trouble n'est donc pas dans les organes qui servent à la transmission des ordres, à l'exécution de la fonction motrice, *il serait dans la partie psychologique de cette fonction.*

Nous nous trouvons alors en présence d'une nouvelle question : quelle est la nature et la profondeur de ce trouble psychologique?   Est-ce une véritable destruction des phénomènes psychologiques relatifs à certains mouvements volontaires, telle qu'elle pourrait être réalisée par la destruction de certains centres corticaux, ou s'agit-il d'une altération moins radicale de ces fonctions psychologiques?   Pour répondre à ces questions, il suffit de répéter les remarques qui ont déjà été faite à propos des diverses amnésies.

Le souvenir, disions-nous, n'est pas complètement perdu; il peut réapparaître dans certaines conditions, il existe aujourd'hui même, quoique le sujet ne puisse pas l'utiliser. Il en est exactement de même pour ces actes en apparence supprimés; d'abord *ces paralysies peuvent guérir et guériront même d'une manière absolument complète.* Des paralysies qui dépendent d'une lésion du cerveau ne guérissent jamais complètement, elles laissent toujours à leur suite des affaiblissements et des maladresses trop faciles à constater. Si elles guérissent, on peut dire que ce n'est pas la fonction ancienne telle qu'elle était qui réapparaît, le sujet a besoin de toute une éducation qui se prolonge pendant des années, il reforme une nouvelle fonction beaucoup plus qu'il ne retrouve l'ancienne. Les guérisons des paralysies hystériques sont très différentes, elles sont absolument complètes et rétablissent la fonction telle qu'elle était avant l'accident, elles peuvent être extrêmement rapides, se faire en quelques jours ou en quelques heures, dans un délai si court qu'il est tout à fait insuffisant pour rétablir la fonction si elle n'était pas conservée. *Pendant le cours même de la maladie, nous voyons que sous toutes sortes d'influences cette fonction, en apparence supprimée, peut manifester son existence et réapparaître au moins momentanément.* Il faut insister fortement sur ce phénomène tout à fait typique de la disparition momentanée des paralysies pendant les somnambulismes, pendant les attaques délirantes, dans les états hypnotiques artificiels, simplement pendant les ivresses. Pour rappeler rapidement des faits que nous avons déjà étudiés, rien ne me paraît plus instructif que l'observation de Sm… Cet homme est paraplégique, depuis trois mois, il n'a jamais pu bouger ses jambes; une nuit il entre dans un état délirant, pendant lequel, comme on l'a vu, il veut sauver son enfant. Et le voici, prenant son oreiller sous le bras, et qui descend habilement de son lit, se sauve de la salle et, s'aidant d'une gouttière, grimpe sur les toits. Quand on le rattrape et le réveille, il retombe paraplégique. C'est là l'idéal de la paralysie hystérique. On observe des faits semblables dans toutes sortes de circonstances.

Bien mieux, exactement comme pour les amnésies qui sont après tout des phénomènes du même genre, on peut souvent constater la conservation de l'action pendant la veille même du malade, au moment où il se croit et où il se montre tout à fait paralysé. Je fais ici allusion à *l'expérience des actions subconscientes dans les paralysies hystériques* dont j'ai montré la grande importance en 1886 et 1889. J'ai présenté, à ce moment, une femme paraplégique que l'on pouvait, par suggestion, faire marcher pendant la veille, quand elle était distraite et quand elle ne se rendait pas compte de son mouvement. J'ai présenté des sujets amusants complètement paralysés du bras droit chez lesquels on pouvait provoquer l'écriture automatique des médiums avec cette même main paralysée. D'ailleurs, à la même époque, d'autres auteurs ont présenté des faits semblables.

Ces expériences mettent bien en évidence le caractère essentiel d'une paralysie hystérique qui est de *laisser subsister intacts les mouvements subconscients*. Elles ont cependant des inconvénients, c'est qu'elles sont excessivement difficiles à réussir, qu'elles demandent du temps, un milieu approprié et certaines conditions morales dans lesquelles il faut placer le sujet; ce sont des expériences de laboratoire qui ne peuvent guère servir pour établir le diagnostic extemporané d'une paralysie hystérique. On a proposé depuis ce moment des expériences exactement du même genre, mais plus simples, plus facile à réussir rapidement. Dans certains cas on peut se servir des mouvements associés; par exemple, nous sommes habitués à lever ensemble les deux épaules pour exprimer certains sentiments. Dans les hémiplégies, organiques vraies, le sujet, même distrait, ne peut lever que l'épaule saine, l'hystérique hémiplégique s'oublie à lever les deux épaules. M. Babinski a ajouté deux expériences curieuses du même genre, l'une consiste dans l'examen des mouvements des muscles peaussiers, par exemple du peaussier du cou. La paralysie organique porte sur ce muscle comme sur les autres, tandis que la paralysie hystérique laisse ordinairement intacts les mouvements des muscles peaussiers qui agissent sans que le sujet s'en doute. Une seconde expérience est ingénieuse mais un peu compliquée et peut être sujette à discussion. Quand nous sommes étendus sur le dos et que nous cherchons à nous asseoir, nous devons non seulement contracter les muscles antérieurs pour relever le tronc, mais encore contracter les muscles postérieurs de la fesse et de la cuisse pour fixer les jambes au sol et les empêcher de se lever quand nous contractons l'abdomen. Le sujet atteint de paralysie organique a perdu ces derniers mouvements du côté malade; aussi, quand on le prie de s'asseoir, ne peut-il pas s'empêcher de lever en l'air sa jambe malade qui n'est pas suffisamment retenue par la contraction des muscles fessiers. L'hémiplégique hystérique se conduit autrement; sans s'en douter, elle associe la contraction des muscles fessiers avec celle de l'abdomen et maintient sa jambe sur le sol comme si elle n'était pas paralysée. Ces expériences ont le grand avantage d'être plus faciles à reproduire en clinique, au moins dans un certain nombre de cas, car je n'ai pas pu les reproduire toujours; mais elles ne font que fournir une nouvelle application des méthodes précédentes appliquées déjà autrefois à tous les accidents de l'hystérique.

Ne cherchons pas à comprendre ici comment les choses ont pu prendre cet aspect, il nous suffit de les décrire. *L'hystérie se comporte comme si elle n'était paralysée que dans les mouvements attentifs conscients et volontaires, comme si la paralysie n'existait pas dans les mouvements habituels, exécutés par* distraction ou exécutés en rêve, en un mot, dans les mouvements automatiques.

Les choses semblent tout à fait analogue à ce que nous avons observé à propos des somnambulismes et des amnésies, quand certaines idées nous paraissaient se séparer de la conscience personnelle et subsister séparément à l'état d'idées dissociées. Il faut ajouter seulement ce que nous avons déjà eu l'occasion de remarquer à propos du langage. *Ici, ce n'est plus une idée proprement dite qui se sépare de la conscience personnelle, c'est un système d'images et de mouvements, une fonction.* L'analogie de ces paralysies avec les amnésies hystériques se comprend aisément quand on considère surtout les paralysies systématiques : l'oublie de l'écriture, l'oubli de la couture ressemblent assez à la perte d'un souvenir, à l'oubli d'une idée, mais on a quelque peine à comprendre qu'il en soit de même pour les paralysies localisées, pour les paraplégies, pour les hémiplégies.

Je crois que ces nouvelles paralysies sont cependant construites sur le même modèle et qu'elles sont également des paralysies systématiques. À mon avis, l'astasie-abasie n'est pas une paralysie hystérique exceptionnelle, c'est le type de toutes les paralysies que l'on observe dans cette névrose. Dans une paralysie hystérique de la main, tous les mouvements de la main et rien que les mouvements de la main sont supprimés : les sensations mêmes déterminées par l'attouchement de la main cessent d'être perçues, comme on le verra plus trad. On peut encore se représenter ce trouble comme la dissociation de tout un système d'images et de mouvements, système ayant son unité et relatif à la mise en œuvre d'un même organe. Il en est de même pour la paralysie des deux jambes; car les deux jambes forment une unité non seulement anatomique, mais encore psychologique. Les animaux nos ancêtres, ont construit dans leur pensée l'association des membres d'un même niveau, d'un même segment, car ces membres ont un rôle commun et par conséquent une unité. Ce système d'images relatif aux deux jambes est très vaste, il renferme des subdivisions comme le système de la marche, de la danse, du saut; mais il n'en est pas moins un dans son ensemble. C'est pourquoi si certaines parties de ce système peuvent se dissocier isolément, il peut aussi se dissocier dans son ensemble. Enfin, j'oserai presque dire que l'hémiplégie hystérique est un phénomène du même genre et qu'elle ressemble plus qu'on ne le croit à la perte systématique de la marche ou de la couture. Nous avons une idée très nette de l'ensemble des actions du côté droit opposé à l'ensemble des actions du côté gauche et il s'est formé dans la suite des temps, chez des animaux très anciens peut-être, un système d'images pour le côté droit et un système d'images pour le côté gauche. L'un de ces systèmes peut se dissocier dans son ensemble et exister à part de la conscience personnelle.

Beaucoup de personnes, habituées à considérer les choses au point de vue anatomique plutôt qu'au point de vue psychologique, pourront s'étonner des remarques précédentes : elles pourront rappeler que l'unité des mouvements d'un côté du corps est une unité anatomique et que l'hémiplégie dépend de la lésion de ce centre qui donne son unité au groupe de mouvement.

Je ne le nie en aucune façon : de ce qu'un système est psychologique il ne faut pas en conclure qu'il ne soit pas en même temps anatomique, au contraire, l'un entraîne l'autre. Quand je commence à monter sur une bicyclette, je groupe volontairement des images dépendant de plusieurs centres et qui n'ont jamais été réunies, aussi suis-je très maladroit. Au bout d'un certain temps, je sais me tenir sur une bicyclette, cela veut dire que diverses images se sont associées et s'évoquent régulièrement l'une l'autre. Il est probable que cette association fonctionnelle correspond à une association anatomique qui s'est faite entre les divers centres et qu'il s'est formé dans mon cerveau un petit centre spécial, celui de la bicyclette. C'est même parce que ce centre persiste et se développe, que l'année prochaine je saurai monter sans avoir à apprendre de nouveau. Quand il s'agit ainsi de fonctions nouvelles, nous comprenons bien que le système soit à la fois mental et physique, mais il ne faut pas oublier que les singes, nos ancêtres, ont appris à marcher sur deux pattes comme nous avons appris à monter sur une bicyclette et qu'avant les singes il y a eu des être qui ont appris à systématiser les mouvements d'un même côté du corps et qui ont inventé le côté droit et le côté gauche. Cette fonction, très ancienne, a ses centres bien organisés, mais cela ne l'empêche pas d'être une fonction, c'est-à-dire un système complet de sensations et d'images.

Eh bien, de même que l'hystérique peut perdre dans le somnambulisme un petit système de pensées qui s'émancipe, ce qui amène deux symptômes, l'agitation somnambulique et l'amnésie, de même cette malade peut perdre de la même manière, par dissociation, un grand et vieux système de sensations et d'images, celui du côté droit ou celui des deux jambes. Cette dissociation se manifestera encore par deux grands symptômes : 1° les agitations motrices involontaires que nous avons étudiées dans notre précédente leçon sous forme de chorées et de tics plus ou moins étendus et, 2° les paralysies hystériques. Je n'insiste pas sur les détails de ces phénomènes, sur les divers degrés de ces paralysies. Je ne cherche pas non plus par quel mécanisme cette dissociation, au moins apparente, se produit, il suffit de constater ici les caractères essentiels de ces accidents.

5. Les caractères psycho-physiologiques des contractures hystériques.

Les contractures hystériques se rapprochent beaucoup des paralysies précédentes, et il suffit de résumer brièvement un certain nombre de symptômes qui sont communs à ces deux phénomènes.

Ces contractures ne peuvent être rattachées à une lésion périphérique des muscles ou nerf, d'abord parce que beaucoup de phénomènes psychologiques président, comme on l'a vu, à leur évolution, et surtout parce qu'elles présentent toujours une remarquable *systématisation.* D'une manière générale, on n'observe jamais de contracture hystérique siégeant exactement sur un seul muscle, ni sur tous les muscles innervés par un seul nerf. Dans quelques cas particuliers, on rencontrera peut-être quelques difficultés, car, au moment de la guérison, quelques contractures semblent persister isolément sur certains muscles, mais je crois le fait exceptionnel, et, en général, la contracture, comme la paralysie, porte sur des systèmes de muscles en rapport avec des idées et des fonctions.

En second lieu, *ces membres contracturés ne présentent pas les modifications organiques* qui dépendent des lésions de la moelle ou de l'encéphale. Les muscles atteints par la contracture ne se modifient pas, ils ne s'atrophient pas, et ce n'est qu'après de longues années que l'on peut observer des rétractions tendineuses en rapport avec l'immobilité. Les réflexes ne sont pas modifiés et l'on ne constate point de trépidation épileptoïde comme dans les contractures dites organiques.

Un certain nombre de phénomènes analogues à ceux que nous avons étudiés à propos des paralysies nous montrent également qu'il s'agit ici de *phénomènes essentiellement psychologiques.* Il suffit de rappeler les émotions qui jouent un rôle au début et à la fin de la maladie, *les idées fixes* qui accompagnent souvent ces contractures et qui, dans bien des cas, ont un rapport très étroit avec l'attitude même du membre. Je n'ajoute qu'un exemple à tous ceux qui ont déjà été cités : un jeune homme de dix-huit ans est tourmenté très souvent par l'idée fixe de s'enfuir et de voyager dans des pays merveilleux; à plusieurs reprises, cette idée fixe a déterminé des fugues très remarquables de plusieurs semaines de durée, suivies d'amnésie et analogues à de véritables somnambulismes. Dans l'intervalle de ces fugues, le malade rêve pendant son sommeil à ces beaux voyages, et, à un moment, ses jambes remuent régulièrement l'une après l'autre, comme s'il marchait dans son lit; ce sont des phénomènes de chorée rythmée dont nous avons déjà étudié les caractères. On n'hésitera pas à admettre que l'idée fixe du voyage joue un rôle dans ces chorées rythmées comme dans les fugues. Eh bien, de temps en temps, les jambes s'immobilisent dans la position de la marche, et quand le jeune homme se réveille, il ne peut plus les faire bouger, car elles sont contracturées dans cette position : il est bien probable que l'idée fixe intervenue dans les deux phénomènes précédents joue également un rôle dans celui-ci. De même que l'on voit ici *la relation de la contracture avec la chorée rythmée*, d'autres exemples nous montrent *la relation des contractures avec les attitudes cataleptiques,* que nous avons étudiées à propos des idées fixes de forme somnambulique et qui, elles aussi, dépendent de certaines idées fixes. Une femme dans un état somnambulique de ce genre, déterminé par une émotion, se figure être poursuivie par un individu qui vient derrière elle du côté gauche. Dans son rêve, elle tourne la tête de ce côté et regarde constamment en arrière avec terreur. Au réveil, elle a la tête et les yeux tournés à gauche et en arrière et ne peut plus modifier cette position, quoiqu'elle ne comprenne plus maintenant quelle est l'idée qui lui fait ainsi tourner la tête.

D'ailleurs, on peut constater ce rôle de la pensée et de l'idée fixe par l'examen de l'état du muscle lui-même. Si on étudie un sujet qui présente des contractures organiques développées à la suite d'hémorragie cérébrale et si on essaye d'étendre la main ou le bras, on rencontre une résistance élastique parfaitement régulière et continue. Si on fait la même expérience sur la contracture hystérique, *on rencontre une résistance très irrégulière et variable* : la main est au début peu serrée quand on n'essaye pas de la déplier, mais on sent brusquement une augmentation de la contraction au moment où on essaye de l'étendre; si on cesse la tentative et si on laisse le membre au repos, on observe qu'il se détend visiblement. Ce qui est curieux, c'est que le même phénomène se produit quand les efforts pour produire le mouvement sont faits par le sujet lui-même : quand celui-ci essaye sincèrement d'étendre son bras, la contracture augmente, et elle diminue si le sujet renonce à mouvoir son membre et ne s'en occupe plus. On dirait qu'il y a dans le membre contracturé une sorte d'entêtement à maintenir une certaine position et à résister à toutes les tentatives de déplacement.

Cet entêtement, d'ailleurs, n'est pas perpétuel et définitif : depuis longtemps, on a observé que *la contracture disparaissait dans certains états psychologiques*. Le sommeil chloroformique, quand il est poussé assez loin pour supprimer les phénomènes de conscience, amène toujours la résolution complète. Celle-ci survient aussi quelquefois même pendant le sommeil naturel, de même que les chorées et les tics cessent pendant le sommeil quand il est complet. Mais il faut répéter ici la remarque déjà faite à propos des agitations motrices. Le sommeil des hystériques est souvent anormal, il est souvent remplacé par diverses formes d'insomnies ou par des variétés du somnambulisme et quand il en est ainsi les contractures peuvent persister. On serait donc mal fondé à nier le caractère hystérique d'une contracture qui persiste pendant la nuit dans un état de sommeil apparent. Pendant certains états de somnambulisme, les contractures peuvent persister, mais elles peuvent aussi disparaître ou bien être remplacées par de la chorée, des attitudes cataleptiques, des mouvements en rapport avec le délire. Même pendant la veille, on peut, par divers procédés psychologiques, obtenir des mouvements très nets de ce membre, en apparence immobilisé et la cessation passagère de la contracture.

Si ces contractures ressemblent à une sorte d'entêtement, il n'en est pas moins vrai que cet entêtement n'est pas identique à celui que l'on peut observer chez des individus bien portants ou même chez des obsédés : il n'est certainement *ni volontaire, ni conscient*. Des malades très sincères, et il y en a évidemment, ont souvent gémi sur cette impuissance et sont parfaitement convaincus que ce n'est pas leur propre volonté qui détermine cet accident. À moins de méconnaître entièrement l'état mental de ces malades et de la accuser bien superficiellement de simulation, comme font quelquefois les ignorants, il n'est pas possible de dire que la paralysie soit chez eux une immobilité volontaire, ni que la contracture soit un entêtement volontaire.

Ce qui pousse un observateur superficiel à une affirmation de ce genre, c'est la remarque suivante : on se figure qu'un individu bien portant peut reproduire assez facilement une contracture hystérique. Même si cela était vrai, cela prouverait simplement que la contracture hystérique ne réclame pas des altérations des organes périphériques, qu'elle peut être reproduite par des organes sains, cela n'indiquerait rien sur le mécanisme intime de ces contractures et sur l'état mental qui les accompagne. Il est fort probable que l'état mental du simulateur est fort différent de celui de la malade et qu'il n'y a d'analogie que dans l'attitude extérieure. On peut de même simuler l'attitude d'un dément ou le langage d'un persécuté, et cela ne prouve pas du tout que la démence ou le délire de persécution soient des phénomènes volontaires chez le malade. Mais il est absolument inutile d'insister sur cette discussion, car, à mon avis, cette simulation de la contracture est extrêmement grossière et même n'a jamais été faite sérieusement. D'abord, il est fort probable, ainsi que je l'ai toujours constaté, que le graphique de la contraction volontaire du simulateur ne serait pas du tout identique à celui de la contracture hystérique. Ensuite, il n'y aurait même pas lieu de pousser l'analyse aussi loin, car la simulation n'a jamais reproduit le caractère essentiel des contractures hystériques, je veux dire la durée de ce phénomène. Un individu qui a simulé pendant quelques minutes une contracture, laisse entendre que, s'il le voulait bien, il pourrait continuer ainsi indéfiniment, mais en fait il ne continue pas. C'est que sa volonté de maintenir le bras dans la même position est rapidement transformée par le changement des circonstances, par la sensation de fatigue, par l'ennui, par le sentiment du ridicule, par le simple besoin de se servir de son bras pour écrire ou pour déjeuner. Ce qui caractérise le phénomène hystérique, c'est justement que, ni la fatigue, ni l'ennui, ni le ridicule, ni le besoin de se servir de son bras pour gagner sa vie et pour échapper à la misère, ne peuvent changer l'état mental qui détermine la contracture. En réalité, il n'y a pas lieu de parler de la simulation des contractures hystériques, tant que cette simulation ne s'est pas prolongée régulièrement pendant des semaines et des mois.

Si la volonté du malade semble avoir si peu d'influence sur la contracture pour la produire ou la supprimer, c'est que l'état mental qui détermine le phénomène, sensation ou image particulière, rêve, idée fixe, sont en dehors de la conscience du sujet. Ils réapparaissent dans des états spéciaux et dans des conditions spéciales comme les idées fixes de forme somnambulique, mais ils sont oubliés et cessent d'être conscients en dehors de ces états. En réalité, le sujet qui a une contracture véritable ne sait pas pourquoi il l'a, ni pourquoi il l'a sous telle ou telle forme. Si nous rattachons ces contracture à des phénomènes psychologiques, nous sommes forcés de les rattacher le plus souvent à des phénomènes subconscients. On pourrait donc soutenir, qu'au moins en apparence, une contracture est un phénomène analogue aux agitations motrices, qu'elle rentre dans le groupe des mouvements, des attitudes en rapport avec des idées fixes, mais qu'à cette agitation se joignent une paralysie, une impuissance du sujet incapable de mouvoir volontairement son membre dans l'intervalle des mouvements choréiques, comme cela avait lieu dans les agitations précédentes. C'est la conception que j'ai déjà indiquée à plusieurs reprises.

Je crois aujourd'hui qu'elle reste vraie, mais qu'elle est incomplète et que la contracture nous présente un problème plus compliqué. *Elle n'est complètement identique ni à un mouvement volontaire, ni même à un mouvement subconscient.* Le graphique de ces diverses contractions n'est pas pareil : il y a toujours plus de tremblements dans les mouvements ordinaires prolongés que dans les contractures. La fatigue n'est pas sentie de la même manière quand il s'agit d'une contracture et quand il s'agit d'un mouvement normal; elle ne détermine pas les mêmes conséquences. Je crois également que M. Paul Richer avait fait autrefois des observations fort justes, quand il soutenait que la courbe de la contraction et de la décontraction n'est pas la même, quand on l'observe chez des individus normaux et sur des sujets disposés à la contracture. En un mot, les contractures ne sont pas seulement des actions subconscientes, ce sont des actions altérées suivant des lois que nous connaissons bien mal.

Voici l'hypothèse que l'on peut présenter à ce propos d'une manière toute provisoire : les actions qui se manifestent par des mouvements musculaires présentent différents degrés de perfection en rapport avec le développement et la systématisation de la conscience qui les accompagne. Ces degrés de perfection se manifestent d'abord par des caractères psychologiques de l'action, délicatesse, harmonie, utilité de l'acte, mais ils se manifestent aussi par des propriétés mêmes du mouvement. Le mouvement musculaire de la main d'un dessinateur n'est pas le même que le mouvement musculaire de la patte d'un chien ou de la patte d'un crocodile. Il y a des propriétés physiologiques particulières accompagnant la perfection de l'acte. On en connaît quelques-unes : la rapidité de la contraction et surtout la rapidité de la décontraction sont certainement bien plus considérables. Dans les muscles des animaux inférieurs, comme on l'a souvent montré, la contraction se fait lentement et se défait lentement. Je crois même, et je prie d'excuser la témérité de ces suppositions, qu'il doit y avoir des différences anatomiques dans l'état des muscles en rapport avec ces degrés de perfection du mouvement. On a beaucoup insisté dernièrement sur les deux organes qui existent dans la fibre musculaire : les fibrilles donnant des contractions brèves et le sarcoplasme donnant des contractions longues et permanentes; le second élément prédomine dans les muscles lisses des viscères, le premier dans les muscles striés qui servent aux mouvements volontaires. Eh bien, l'action qui devient subconsciente, qui se sépare de la conscience personnelle, c'est-à-dire de l'ensemble des autres fonctions, subsiste-t-elle sans aucune altération? Est-ce que les fonctions psychologiques, en même temps qu'elles s'unissent les unes aux autres, n'acquièrent pas par cette union une perfection plus considérable? Peuvent-elles se séparer sans dommage et *n'y a-t-il pas une dégradation en même temps qu'une dissociation des fonction?* La réponse à ces questions n'est pas difficile, quand il s'agit des idées ou du langage : les fonctions intellectuelles dissociées subissent évidemment une dégradation. En est-il de même pour les fonctions motrices? Sans doute on ne constate pas à la suite de ces dissociations de grosses altérations des réflexes, mais il se peut qu'il y ait d'autre altérations plus délicates et que les fonctions retournent en arrière et prennent des formes plus élémentaires et plus anciennes. La contracture, avec les modifications du mouvements qu'elle présente, est peut-être un exemple de ce retour en arrière. Le mouvement des membres devient non seulement automatique, mais encore plus grossier, plus lent, plus indépendant de la fatigue. Il se rapproche de certains mouvements élémentaires observés chez des animaux plus simples ou dans les muscles lisses de fonction moins noble. Ce ne sont là que de rapides réflexions à propos d'un problème qui ne peut être discuté de la sorte et qui doit être simplement indiqué à propos de l'étude des contractures hystériques.

6. Les caractères psychologiques des phobies de l'action.

Le rapprochement que j'ai proposé des phobies psychasténiques et des paralysies hystériques demande à être justifié. Pour le comprendre, il faut d'abord établir un premier fait : c'est que toutes les phobies, malgré leurs noms différents, qu'elles soient des phobies des fonctions, des phobies du contact ou des phobies des situations des agoraphobies, des éreutophobies ou des phobies du mariage, etc., sont au fond toutes du même genre et que *ce sont toutes des phobies d'actes.*

Pour le premier groupe, les phobies des fonctions, les phobies de la marche, par exemple, cela est évident; pour les autres, il faut ajouter quelque analyse. Nous avons déjà vu que certaines phobies, comme les éreutophobies, sont d'ordinaire très mal comprises : ce n'est pas la rougeur proprement dite qui tourmente le sujet, il tolère cette rougeur avec le plus grand calme quand il est tout seul; ce qui le rend malheureux, c'est la rougeur en public, et nous avons déjà vu que ce sont là des phobies des situations. Mais ici encore l'analyse est incomplète : la situation en elle-même n'est rien et notre sujet serait parfaitement calme s'il ne la remarquait pas, s'il ne s'en rendait pas compte. Ce qui l'effraye, c'est d'avoir à se placer lui-même dans cette situation, d'avoir à jouer un rôle dans le salon, à y entrer, à y parler. Il s'agit, en réalité, ici d'une action dans certaines conditions, et c'est cette action qui est redoutée.

La discussion semble plus difficile pour les phobies des objets, car, en réalité, le trouble semble naître après une simple perception d'un objet rouge ou d'un objet sale. Quelques observations peuvent cependant déjà mettre sur la voie de l'interprétation : les objets qui déterminent ces phobies ne sont pas pris au hasard. On constate des phobies des rasoirs, des ciseaux, des appareils télégraphiques, de la plume; mais chez qui les constate-t-on? La phobie du rasoir appartient au coiffeur, celle des ciseaux à la couturière, celle de la plume au notaire, celle de l'appareil télégraphique à l'employé des postes. Ce n'est pas par hasard que l'objet terrifiant est justement l'instrument professionnel. Il n'est pas difficile de voir que l'objet n'est ici qu'un symbole, un instrument de quelque chose qui est l'acte professionnel.

Dans les autres cas, il en est toujours de même; cette maladie était appelée primitivement le délire du contact, parce que le trouble vient le plus souvent à la suite d'un toucher de l'objet; mais, comme je l'ai montré dans beaucoup d'expériences, il ne s'agit pas d'un contact quelconque. La plupart de ces sujets tolèrent facilement le contact passif dans lequel l'objet est simplement approché du sujet par une autre personne. Iu... « pour rien au monde ne touchera elle-même les vêtements où elle s'imagine avoir fait tomber des fragments d'hostie »; mais si je prends moi-même la robe et l'approche de ses mains, elle se résigne à subir le contact en disant : « C'est vous qui faites l'action et qui prenez la responsabilité ». L'objet qui détermine l'angoisse est surtout un objet qui intervient dans une action qu'il faudrait exécuter; l'objet n'est ici, à mon avis, qu'une occasion, ainsi que le contact, parce qu'on n'agit pas sans toucher à des objets; mais l'essentiel, c'est l'acte. L'analyse sera, suivant les cas, plus ou moins difficile, à cause de la complication des délires, de l'association des idées, des symboles qui transportent la phobies plus ou moins loin; mais je crois que *toujours on trouvera à son point de départ un acte qu'il s'agit d'accomplir et que le sujet ne parvient pas à faire.*

Mais, dira-t-on, il ne le fait pas parce qu'il a peur, c'est la phobie qui empêche l'acte. Ce n'est pas du tout mon avis, et ma thèse sur ce sujet a consisté à renverser ces termes. La prétendue peur est, en réalité, un ensemble de phénomènes pénibles, constitués par des agitations viscérales, surtout respiratoires, et par toutes sortes d'agitations mentales. Ces phénomènes sont douloureux, ils s'accompagnent de grandes manifestations émotionnelles, aussi les considère-t-on comme très importantes; mais, en réalité, *ils sont secondaires* et dissimulent d'autres troubles plus profonds.

Ce qui semble le démontrer, c'est leur extrême variabilité. Chez le même sujet, ces angoisse peuvent prendre bien des formes : tantôt il s'agit d'étouffements, tantôt de palpitations de cœur, tantôt de sueurs profuses, tantôt de vertiges; souvent même ces troubles viscéraux peuvent disparaître et être remplacés par des phénomènes tout différents, par de l'agitation mentale. Le sujet, au lieu d'avoir une respiration haletante, reste tranquille et très calme; mais il se met à rêver indéfiniment, à combiner dans sa tête toutes sortes de raisonnements compliqués. Ou bien encore le même sujet peut avoir, à la place de l'angoisse respiratoire, des crisses d'agitation motrice, des besoins de marcher indéfiniment ou de parler à tort ou à travers. On obtient très facilement ces changements; mais il est facile de voir que le sujet n'est pas guéri quand on a remplacé les angoisses respiratoires par de l'agitation motrice ou par de la rumination mentale. La maladie restent exactement la même; pourquoi cela? Parce qu'au fond un phénomène essentiel est resté immuable, c'est qu'il y a toujours une action qui aurait dû être faite et que le sujet n'arrive pas à faire. Quand le notaire de Billod se trouve en présence d'un acte à signer, il peut avoir des angoisses respiratoires ou cardiaques, d'interminables obsessions de scrupules, ou des tics et des secousses de tous les muscles; tout cela est indifférent, l'essentiel c'est que l'acte ne peut pas être signé. *C'est toujours le trouble de l'action qui reste invariable et fondamental, et les angoisses s'y ajoutent comme un phénomène secondaire résultant d'une dérivation* plus ou moins facile à expliquer.

Dans les cas typiques, cette interprétation se comprend bien, parce que l'acte est visiblement supprimé; mais, dans un grand nombre de cas, la discussion est beaucoup plus délicate, parce qu'il y a des phobies et des angoisses à propos d'actions qui nous semblent exécutées d'une manière à peu près correcte. Nous répétons au malade qu'il a tort d'avoir peur, car il marche très bien, il fait très bien son métier. Eh bien! je crois qu'ici nous ne savons pas assez analyser l'exécution d'une action; nous la voyons du dehors, et il nous suffit d'en voir sommairement les résultats pour la croire bien exécutée. Le sujet, qui voit son action du dedans, qui en a conscience, n'est pas du tout de notre avis.

Depuis fort longtemps, avant même l'apparition des angoisses, il avait, à ce propos de son action, des sentiments très curieux : toujours il sentait que l'action n'était pas bien faite, qu'il lui manquait quelque chose, qu'elle était incomplète. *Ces sentiments d'incomplétude* se présentent de bien des manières. Chez beaucoup de malades, on constate un sentiment exagéré de la difficulté de la tâche. L'action, qui demande de tels efforts, leur semble d'ailleurs inutile et bête : « À quoi bon » est un refrain qui joue un grand rôle dans leurs gémissements. Ils sentent qu'à eux seuls ils n'arriveront jamais au bout de l'acte, ils font toujours appel à une puissance mystérieuse qui les débarrasserait de l'action et surtout de la complexité d'une action donnée : « J'attends pour agir qu'une bonne fée ait tout mis en ordre d'un coup de baguette ».

Si cependant ils essayent d'avancer, ils n'arrivent jamais à une décision ferme et ils ne peuvent jamais savoir s'ils veulent telle action plutôt qu'une autre. J'ai raconté ailleurs l'histoire de cette jeune fille qui travaillait à fabriquer des fleurs de porcelaine. Le premier signe de sa maladie fut qu'elle gagnait moins d'argent dans la journée, parce qu'elle faisait plus lentement ses pétales de roses. Elle hésitait toujours entre deux plis ou deux courbes à adopter. *Ce sentiment d'indécision* s'accompagnait d'une sorte de petite douleur à la place du petit plaisir qu'elle avait autrefois à terminer un pétale et à le trouver joli. Chez d'autres malades, le sentiment de décision est remplacé par un sentiment de gêne, de résistance à l'action : ce sentiment peut plus tard se préciser et les malades vont prétendre que c'est telle ou telle manie, telle ou telle phobie, telle ou telle idée qui les gêne pour agir; mais il est visible, au début, qu'ils ne savent pas eux-mêmes ce qui les gêne et les arrête.

Dans la décision, il y a, comme nous l'avons remarqué, un sentiment de possession, de personnalité, puisque l'action nous semble adoptée par nous-mêmes : on ne sera pas surpris de voir ce sentiment manquer totalement chez certains scrupuleux. C'est ce qui produit *le sentiment d'automatisme* dont l'importance, dans les maladies mentales, est, à mon avis, tout à fait considérable. Le malade de Ball décrit très bien cette impression : « Dans cet état atroce, il faut cependant que j'agisse comme avant, sans savoir pourquoi. Quelque chose qui ne me paraît pas résider en moi me pousse à continuer comme avant et je ne puis pas me rendre compte que j'agis réellement, tout est mécanique en moi et se fait inconsciemment. Tous nos malades tiennent le même langage; les mots machines, automates, mécaniques reviennent constamment dans leur langage : « Je ne suis qu'une machine et je dois faire des efforts bien pénibles pour rester quelqu'un. »

Un degré de plus dans ce sentiment d'absence d'action personnelle, d'automatisme, et les malades vont dire que quelque puissance extérieure pèse sur eux et détermine leurs actes; en un mot, ils vont attribuer à des volontés étrangères l'action qu'ils ne sentent plus en rapport avec leur propre volonté; de là, beaucoup de sentiment bizarres, comme le désir fou d'une liberté illimitée, la peur d'être dominé, le sentiment d'un pouvoir irrésistible et mystérieux et souvent de véritables idées de persécution.

Dans bien des cas, le trouble de l'action se développe encore davantage : non seulement l'acte s'accompagne de tous ces sentiments de mécontentement et d'insuffisance, mais il devient de plus en plus difficile, sinon impossible. *Certaines catégories d'actes disparaissent les premières*, tandis que d'autres, en apparence voisines, sont encore à peu près exécutées. Ainsi, on voit disparaître *toute action un peu nouvelle*, toutes celles qui demandent une adaptation à des circonstances nouvelles : on constate que tous ces individus sont des routiniers recommençant indéfiniment avec ennui et tristesse la même existence monotone et incapables d'aucun effort pour la changer. Ils ont une peine énorme à rompre des habitudes une fois acquises et ils sont incapables d'en acquérir de nouvelles en s'accoutumant à une situation nouvelle.

Après les actes nouveaux, il y a une catégorie d'actes qui sont très fréquemment supprimés, ce sont *les actes sociaux*, ceux qui doivent être accomplis devant quelques personnes ou qui, dans leur conception, impliquent la représentation de quelques-uns de nos semblables. Cette impuissance à agir devant les hommes, cette aboulie sociale me paraît l'essentiel de la timidité. Comme je l'ai déjà remarqué en parlant du langage, il ne faut pas croire que le timide soit, en réalité, capable d'accomplir l'action et qu'il soit simplement arrêté par l'émotion. L'acte que le malade exécute, quand il est seul, n'est pas du tout le même que celui qu'il a à exécuter en public, et sa timidité consiste réellement en une impuissance, une incapacité à faire un acte particulier, qui est justement cette action, dans les conditions spéciales que crée la présence des témoins.

On observe encore chez les psychasténiques des *aboulies professionnelles*, le dégoût énorme du métier qui semble plus fatigant que tout autre, ridicule et honteux. C'est que le métier est encore l'ensemble d'actions le plus considérable pour les hommes qui agissent peu; c'est là que l'aboulie commence a se faire sentir. Il est intéressant de remarquer que l'une des premières aboulies qui aient été décrites, celle du notaire Billod, est une aboulie professionnelle; ce sont les papiers de son étude que le malade ne peut plus signer. Enfin, cet arrêt, cette inhibition de l'acte peut s'appliquer à toutes sortes d'actions qui, après avoir longtemps paru difficiles, automatiques, incomplètes au malade, finissent par ne plus s'exécuter du tout.

C'est à ce moment que se présentent les phénomènes secondaires de l'agitation et de l'angoisse et que les phobies précédentes sont constituées. Il suffit de faire comprendre au malade qu'il est dispensé d'exécuter l'acte, qu'il n'a plus à parler, à écrire, à marcher pour qu'aussitôt il se calme. L'angoisse ne venait qu'à la suite des efforts impuissants pour aboutir à l'action. Inversement, on peut guérir l'angoisse et la phobie par une autre méthode bien plus avantageuse : si on arrive, en aidant le malade, en l'encourageant, en l'excitant à lui faire exécuter l'action devant laquelle il s'arrêtait, l'angoisse disparaît tout de suite, ce qui montre bien son caractère secondaire. Toutes ces remarques nous démontrent que, *dans les phobies précédentes, le phénomène essentiel est un trouble de l'action,* une incapacité d'exécuter certains actes déterminés qui est tout à fait analogue aux paralysies des hystériques.

Pour aller plus loin, il faut se demander de quelle nature est ce nouveau trouble de l'action. Bien entendu, les premiers problèmes, soulevés par l'étude des paralysies hystériques, ne se présentent pas ici : on ne peut songer à un trouble des muscles, des nerfs ou de la moelle, et nous savons d'avance que tous les réflexes sont intacts. C'est que le trouble porte d'une manière plus systématique sur des actions précises, déterminées par la conception de leur but, par la perception de leurs circonstances. L'impuissance est moins vague, moins générale; il s'agit rarement d'un trouble portant sur les mouvements de la jambe ou du bras, c'est un trouble portant sur une marche particulière, sur une signature d'une lettre spéciale : le caractère psychologique est tout de suite évident.

Cependant les derniers problèmes qui ont été envisagés, à propos des paralysies hystériques, se posent encore de la même façon. Peut-on dire que l'action soit complètement supprimée, que le malade soit absolument incapable de marcher, de compter ou d'écrire? Évidemment non; il suffit souvent de changer très peu de chose aux conditions de l'action pour qu'elle puisse s'exécuter aisément. Supprimons les témoins, par exemple, le timide va faire tout ce qu'il ne pouvait pas exécuter. Bien mieux, prions le sujet de renoncer pour un moment à accomplir l'action avec perfection, dispensons-le de se décider par lui-même en prenant sur nous la responsabilité, évitons-lui le trouble de la liberté en lui imposant notre volonté, et on va le voir exécuter tout de suite, sans émotions, ce qu'il ne parvenait pas à faire. C'est ainsi que l'agoraphobe traverse très bien les places si on le conduit, que le douteur accepte les ordonnances du médecin. J'ai souvent insisté sur ces malades amusants qui se roulent en efforts désespérés « pour faire une action avec liberté, par eux-mêmes », et qui agissent tout de suite, dès qu'on les pousse un peu en disant : « Ce n'est pas moi qui agis, ce sont mes mains ».

Les expériences sont beaucoup moins précises que lorsqu'il s'agit des paralysie hystériques; la condition qui facilite l'acte n'est pas toujours la même et n'est pas seulement la distraction ou la perte de la conscience. Ces conditions sont variées; elles me paraissent consister surtout dans la suppression de tous ces caractères qui rendent complète l'action volontaire, dans la suppression de la décision personnelle, de la liberté, de la responsabilité, de la joie du succès. *Ce qui est perdu,* ce que le sujet psychasténique ne peut pas faire, *c'est l'action complète avec attention, effort, liberté et plaisir.*

Quelques-uns renoncent à ce couronnement de l'acte ou ne songent même pas à le chercher : ils agissent avec ennui et routine; mais d'autres veulent dépasser ce point et alors ils sentent leur impuissance et souffrent de toutes les phobies qui surviennent. Ce sont alors des impuissants, des paralytiques d'une genre très spécial qu'on ne songeait pas tout d'abord à comparer aux malades précédents. Il y a cependant dans tous ces troubles beaucoup d'analogies. Les hystérique, comme les psychasténiques, n'ont perdu les uns comme les autres que les plus hauts degrés de l'action : mais les premiers ont perdu l'action consciente et personnelle, tandis que les seconds n'ont perdu que l'action volontaire et libre.

Chapitre VI

Les troubles de la perception.

À côté des fonctions de l'action volontaire se placent les fonctions de la perception qui nous permettent de prendre connaissance du milieu dans lequel nous sommes actuellement plongés, ainsi que de l'état actuel de notre organisme, afin que nous puissions réagir correctement aux diverses excitations. Un très grand nombre de troubles et de souffrance sont en rapport avec des troubles névropathiques de ces fonctions de perception.

1. Les dysesthésies hystériques.

On pourrait ranger, sous ce titre, un très grand nombre d'illusions et d'hallucinations qui peuvent affecter tous les sens; mais nous avons déjà suffisamment étudié ces phénomènes à propos des troubles des idées avec lesquels ils sont le plus souvent associés. Nous insisterons surtout ici sur cette transformation intéressante des perceptions qui leur donne trop souvent un caractère pénible, *qui les rend douloureuses.* La douleur est très fréquente dans toutes les maladies : elle joue un rôle considérable dans les névroses, car les malades faibles de volonté et émotifs savent, moins que tout autre, la supporter et lui donnent vite une importance démesurée.

Il y a d'abord, dans l'hystérie, des douleurs que l'on peut appeler des *douleurs vraies*, car elles ont pour point de départ une altération réelle de l'organisme qui, chez tout homme, provoquerait une sensation pénible. Ces malades semblent concentrer toute leur attention, toute leur conscience sur cette douleur et lui donnent des proportions qui nous paraissent très exagérées. Il est difficile de savoir si réellement la conscience de la douleur elle-même est, chez eux, beaucoup plus grande qu'elle ne serait chez nous, dans les mêmes circonstances. Il y a surtout exagération des manifestations extérieures de la douleur, des cris, des contorsions, et, en même temps, des sentiments de peur, de désespoir qui se développent à propos de cette douleur. Une de ces malades hurlait désespérément à propos d'une légère piqûre à un doigt : je lui demandai de chercher avec calme si réellement elle souffrait beaucoup. Elle parut interloquée : « C'est vrai, dit-elle après réflexion, je ne sens pas grand'chose; mais mon sang coule, donc, je dois souffrir beaucoup », et elle se remit à hurler. L'émotion se développe à propos d'un léger trouble et donne souvent au sujet l'illusion de la douleur plutôt que la douleur même. Or, il y a, dans l'hystérie même, des conditions qui, en outre des accidents ordinaires, peuvent servir de point de départ à ces impressions douloureuses si exagérées, ce sont les contractures, les spasmes dont nous venons de parler. Les contractures sont très souvent douloureuses et nous pouvons le comprendre en songeant à la douleur d'une contraction musculaire prolongée jusqu'à la fatigue excessive.

Ces douleurs sont surtout manifestes quand la contracture commence et quand elle se défait; nous connaissons, par expérience, la douleur d'une crampe du mollet au moment où il faut la faire cesser par la compression. Ces douleurs siègent surtout aux points les plus sensibles du muscle, c'est-à-dire aux extrémités du muscle, à ses tendons d'insertion. C'est là que nous allons trouver une foule de points douloureux dont on n'apprécie pas toujours la cause. Les grandes contractures très permanentes et bien visibles sont souvent peu ou point sensibles, tandis que les petites contractures, constamment en voie de changement, déterminent à leurs points d'insertion de grandes douleurs. On observe des douleurs déterminées par ce mécanisme, au pourtour des articulations, sur le tronc, au ventre ou à la poitrine, à diverses régions de la face, aux tempes, à la nuque, au dessous de l'angle des mâchoires, au-dessous de la langue et on les prend bien souvent pour de tout autres phénomènes.

Dans le groupe précédent, il y avait encore quelque chose de réel qui provoquait une douleur simplement exagérée : il n'en est plus ainsi dans le groupe suivant. Quoique la douleur semble très vive au moment de l'excitation d'une certaine région, *on ne trouve rien dans cette région qui puisse la justifier.* C'est qu'il faut chercher ailleurs, dans d'autres régions, des organes qui se transforment d'une manière pénible, par association avec l'impression provoquée, ou bien simplement dans l'état mental du sujet des idées, des souvenirs, des sentiments pénibles qui surgissent à propos de cette impression originelle. A... a été victime d'un accident dans un ascenseur et il a eu une blessure assez sérieuse à l'épaule gauche. Cette blessure est entièrement guérie. Si on touche un point quelconque du côté gauche, il pousse des hurlements de douleur. Au point touché, il n'y a absolument rien de douloureux, mais à propos de ce contact, il a de nouveau des spasmes de l'épaule gauche, des sensations de suffocation et une terreur horrible. Comme il ne se rend pas bien compte de l'évocation de ces phénomènes par association d'idées, il dit qu'il souffre dans tout le côté gauche. Une jeune fille, X... présente des impressions bizarres sur tout le côté droit : dès qu'elle est touchée de ce côté, elle a des horripilations et des frissons de dégoût, elle prétend ne pas comprendre ce qui se passe et attribue cela à une sensibilité particulière de la peau du côté droit. Nous n'avons qu'à assister à une de ses crises de délire à forme somnambulique pour comprendre ce qui se passe. Dans cet état, elle est convaincue à tort ou à raison que pendant son sommeil un individu s'est couché près d'elle, à droite, et qu'il a abusé d'elle. C'est cette idée fixe, ce rêve si l'on veut, qui se réveille à propos de tous les contacts du côté droit. On peut noter, à ce propos, que cette dysesthésie est surtout notable au bas-ventre et aux seins. En général, toute hystérique qui présente des troubles de sensibilité à ces régions a quelque idée fixe se rattachant à des aventures amoureuses. On observe de ces dysesthésies par association d'idées à propos de toutes les sensations : Gu... a horreur de la couleur rouge « qui, dit-elle, lui fait mal aux yeux » : dans ses crises elle est furieuse contre des individus qui, à propos d'opinions politiques, ont mis des fleurs rouges sur le cercueil de son père. Un individu qui, pendant la guerre, a couché une nuit sur le sol glacé, conserve, pendant des années, des impressions de froid sur tous les points proéminents de son côté gauche.

La notion de ces dysesthésies par association entre une certaine sensation fournie par le contact d'un point du corps et certaines idées fixes plus ou moins conscientes nous amènent à comprendre un fait qui a donné lieu, autrefois à bien des discussions étranges, le fait des *points hystérogènes*. Depuis le XVIe siècle (Mercado 1513, Ménardes 1620, Boerhave, etc.), on avait remarqué que la pression sur certains points du corps modifiait les phénomènes hystériques, provoquait les attaques ou les arrêtait par exemple. Des possédées, comme sœur Jeanne des Anges en 1634, plaçaient leurs démons en divers points de leur corps; Léviathan avait sa demeure au milieu du front, Béhérit sa résidence à l'estomac, Balaam sur la deuxième côte à gauche et Isackaarum sur la deuxième côte du côté droit. Si on touchait ces points, on déterminait le trouble nerveux, spasme, aboiement ou délire qui constituait la spécialité de tel ou tel de ces diables.

À l'époque de Charcot, on insistait beaucoup sur ces faits, on expliquait une foule de choses par les points hystérogènes, hypnogènes, algogènes, érotogènes, etc. Beaucoup d'études psychologiques ont lutté contre cette interprétation et ont montré que dans la plupart des cas il s'agissait simplement d'associations d'idées développées à la suite d'émotions, de suggestions ou d'habitudes.

Enfin, il faut dire un mot d'un troisième groupe de dysesthésies plus curieuses que les précédentes qui dépendent *d'un trouble de la perception elle-même*. Nous venons de voir un homme qui conserve une impression de froid sur une jambe à la suite du souvenir d'un événement où le froid a réellement joué un rôle. Mais nombre d'autres sujets ont, sur diverses régions du corps, des impressions de froid ou sentent des gouttes d'eau froide qui coulent sur la peau sans qu'il y ait, dans leur souvenir, aucun événement semblable. D'autres ont des sensations d'engourdissement, de démangeaison, de fourmillement ou des sentiments bizarres qui les portent à croire que leurs membres sont devenus trop gros ou trop petits. En les examinant, on observe qu'à ce moment la sensibilité de cette région a plus ou moins diminué et que cette diminution est toujours parallèle à ces impressions bizarres. La *dysesthésie semble, ici, en rapport avec l'anesthésie*; elle n'est qu'une expression de l'engourdissement lui-même exagéré, bien entendu, par l'émotion du sujet. C'est pourquoi l'étude des dysesthésies hystériques doit toujours se compléter par celle de leurs anesthésies.

2. Les anesthésies hystériques.

Comme toujours, dans cette maladie, à côté des exagérations du fonctionnement automatique, nous trouvons des insuffisances de la fonction. Ici, *les insuffisances de la perception* constituent ce symptôme si important de l'anesthésie hystérique. Ce n'est peut-être pas là un phénomène très important pour le sujet qui en souffre rarement, mais c'est un phénomène très remarquable au point de vue psychologique, qui a été l'objet d'études très importantes et qui a certainement joué un rôle dans le développement de la psychologie pathologique. Ces insensibilités bizarres que présentent certains malades étaient connues depuis fort longtemps : elles constituaient ces marques qu'on appelait *les griffes du diable* et que l'on recherchait chez les possédés pour pouvoir les envoyer au bûcher en toute sûreté de conscience. Mais leur étude scientifique est assez récente, puisqu'elle ne date guère que des travaux de Piorry, 1843; de Maccario, 1844; de Gendrin, 1856. L'examen psychologique de ce singulier phénomène a été quelque peu commencé par Briquet, 1859, mais il date surtout de l'époque de Charcot et de son école.

Il est impossible d'indiquer ici, même sommairement, toutes les observations qui ont été faites sur l'anesthésie hystérique. Il nous suffit d'indiquer d'abord les faits les plus simples relatifs à la sensibilité générale et ensuite quelques notions sur les anesthésies qui affectent les sens spéciaux.

Le sujet se plaint rarement de ne pas sentir, c'est un symptôme auquel il est d'ordinaire indifférent, à moins qu'il n'y ait en même temps de ces chatouillements, de ces troubles qui accompagnent quelquefois des anesthésies incomplètes. C'est un symptôme que le médecin découvre à propos d'autres phénomènes. En faisant l'examen du sujet, on remarque qu'il y a certaines excitations auxquelles l'individu normal réagit et qui laissent absolument indifférent le malade. Cette *insensibilité* est, en effet, rarement totale, presque toujours elle est *plus ou moins systématique,* c'est-à-dire qu'elle porte exclusivement sur telle ou telle catégorie de phénomènes. Nous observerons le plus communément l'*anesthésie à la douleur, l'analgésie*, tandis que le sujet continue à sentir les impressions de toucher ou les changements de température, il ne réagit pas aux excitations qui, d'ordinaire, provoquent de la douleur. Quelquefois, cette analgésie est considérable et de très forte excitations ne sont pas senties : j'ai décrit une femme à qui on a pu pratiquer l'opération assez grave du curettage de l'utérus sans chloroforme et qui ne manifesta aucune sensibilité. Le plus souvent cette analgésie n'est pas absolue; lorsque l'excitation est très forte et surtout lorsqu'elle est bizarre, anormale, elle réveille la sensation. Certains auteurs se trompent, à mon avis, en déclarant qu'un sujet n'avait pas d'analgésie, parce qu'ils réveillent momentanément sa sensibilité par de fortes excitations électriques. C'est un caractère des anesthésies hystériques, comme nous le verrons, que de pouvoir être dissipées par des excitations anormales. Cela n'empêche pas qu'avant ces excitations et en dehors d'elles, le sujet n'ait eu une indifférence spéciale pour des traumatismes qui éveillent la douleur dans la conscience des autres hommes.

Une autre forme d'insensibilité porte sur les impressions de chaud ou de froid; dans d'autres cas, elle porte sur le toucher proprement dit. Le sujet ne distingue pas les contacts légers comme ceux des poils d'un pinceau et ne sait aucunement si on le touche ou si on ne le touche pas, ni quels objets on met dans sa main. La même insensibilité peut siéger non seulement sur la peau, mais encore sur les muqueuses; l'insensibilité de la bouche, du pharynx, de la conjonctive oculaire, ont été souvent étudiées. Ces troubles de perception sont intéressants, car ils s'accompagnent souvent de la suppression de certains phénomènes, de la suppression plus ou moins complète du réflexe nauséeux ou du réflexe conjonctival des paupières.

L'anesthésie musculaire enlève la connaissance de la position des membres, de leurs mouvements ou du poids que le membre soulève; le sujet est incapable de discerner la différence qu'il y a entre les divers poids que l'on met sur sa main, il ne peut pas, quand il a les yeux fermés, décrire la position donnée à un de ses membres, il est incapable de placer volontairement et consciemment le membre symétrique dans la même position; enfin, il n'apprécie pas normalement la fatigue générale ou locale. Tous ces phénomènes sont souvent très remarquables et amènent à leur suite une foule de conséquences très curieuses qui ont été l'objet des premières études de la psychologie expérimentale.

Une variété d'anesthésie tactile et musculaire très curieuse et peu connue trouble non la perception des impressions mais leur localisation. Dans sa forme la plus intéressante, cette anesthésie empêche le sujet de distinguer son côté droit de son côté gauche ou l'amène à commettre, à ce propos, une singulière erreur qui consiste à apporter toujours au côté droit une impression faite sur le côté gauche et réciproquement. J'ai publié, il y a déjà longtemps, une étude sur l'interprétation de ce phénomène de l'*allochirie* que je considérais comme un trouble exclusivement psychologique.

Mon interprétation est restée longtemps ignorée et ce n'est que tout récemment que M. E. Jones l'a reprise en la développant par de nouvelles observations. La localisation des sensations dépend du sentiment de certains caractères propres à chaque région du corps qui accompagne chaque sensation : ces caractères sont les signes locaux que décrivait déjà Wundt. Ces signes locaux varient suivant les différentes régions; mais ils sont fort semblables entre eux, quand il s'agit de deux points symétriques du corps, comme les deux poignets ou les deux pieds. En un mot, il est plus facile de distinguer les signes locaux de la main et ceux du genou que de distinguer les signes locaux de la main droite de ceux de la main gauche. Cette perte de la localisation et en particulier ce trouble spécial de l'allochirie dépendent d'*une insensibilité systématique portant précisément sur cette différence minime des signes locaux.*

On peut encore signaler une autre forme d'anesthésie plus générale qu'on appelle généralement l'*anesthésie organique* : elle enlève non seulement la connaissance des impressions venant de l'extérieur, mais *la conscience même de l'existence du membre.* Ces personnes, anesthésiques d'un côté, se sentent dans le vide si elles sont couchées sur ce côté. Une malade ayant une anesthésie de ce genre à la jambe, prétendant sentir ses orteils collés à sa cuisse, comme si le genou et la jambe avaient disparu. On a aussi distingué les anesthésies d'après les régions sur lesquelles elles s'étendaient. Il est en effet intéressant de remarquer que, dans certains cas, ces anesthésies présentent à la surface du corps une répartition assez régulière. Elles couvrent tout un membre ou une portion de ce membre et se terminent par des lignes à peu près circulaires, perpendiculaires à l'axe du membre. C'est ce que Charcot appelait des anesthésies en gigot, en manche de veste. Ce genre d'anesthésie, *à forme dite géométrique*, est souvent contestée aujourd'hui; je crois cependant en avoir constaté un très grand nombre de cas excessivement nets.

Plus souvent, l'anesthésie porte sur des régions plus vastes, sur toutes la moitié inférieure du corps, par exemple, ou bien sur une moitié du corps et, dans ce cas, Briquet avait déjà remarqué autrefois que l'hémianesthésie gauche est plus fréquente que l'hémianesthésie droite. Très souvent, ces hémianesthésies se superposent à des hémiplégies, mais elles peuvent aussi exister à peu près isolément.

3. Les troubles de la vision chez les hystériques.

Les mêmes insuffisances de perception peuvent altérer les fonctions des sens spéciaux comme elles troublaient la sensibilité générale. Il existe des surdités hystériques quoiqu'elles soient trop souvent méconnues; quelquefois elles se développent à la suite d'une maladie réelle du nez ou des oreilles et ne font qu'exagérer énormément une diminution de l'ouïe qui était justifiée, mais très souvent aussi la surdité hystérique se développe sans aucun accident du côté des oreilles, à la suite d'émotions ou de fatigues, ou simplement comme conséquence d'une hémianesthésie qui s'étend sur tout un côté du corps et qui gagne même les sens spéciaux. Dans certains cas on a peine à comprendre le mécanisme psychologique qui a déterminé la localisation du trouble sur les oreilles. Une jeune fille de vingt ans, qui a déjà eu toutes sortes d'accidents hystériques, mais qui, habitant la campagne, n'a jamais entendu parler de ces troubles bizarres de la perception, fut un soir effrayée, pendant l'époque de ses règles, par un mauvais plaisant déguisé en fantôme; elle eut à ce moment des tremblements, des secousses, des cris. On put la calmer et la coucher et elle dormit tranquillement; mais le lendemain elle se réveilla absolument sourde des deux côtés. Cette surdité a duré quinze jours et n'a cédé qu'à un traitement hypnotique. Enfin il est facile de concevoir que, dans quelques cas, la surdité peut s'associer avec le mutisme que nous avons déjà étudié et déterminer des formes plus ou moins graves de surdi- mutité hystérique. Tout récemment M. Ingegnieros, de Buenos-Ayres, ajoutait un chapitre intéressant à l'étude de ces troubles névropathiques de l'audition en décrivant des surdités musicales, des troubles portant uniquement sur la perception de la musique. Ces phénomènes se rapprochent évidemment des amnésies que nous avons examinées au début de cet ouvrage et sont des faits un peu plus complexes.

Il faudrait tout un livre pour décrire les troubles de perception qui peuvent atteindre la fonction visuelle : c'est encore là un champ d'études remarquables pour la psychologie expérimentale. Je rappelle seulement que la vision dans son ensemble et que toutes les parties de la fonction visuelle isolément peuvent être supprimées par l'hystérie. En commençant par les phénomènes les plus restreints on observe d'abord la simple *asthénopie accomodative,* beaucoup plus fréquente qu'on ne le croit. Ce qui est perdu dans ce cas, c'est la partie la plus élevée de la fonction visuelle, le pouvoir non pas de voir, mais de regarder avec précision un objet déterminé et d'en suivre les différentes lignes. Ensuite nous rencontrons l'amblyopie : le trouble s'étend déjà à une vision même moins précise, c'est une diminution de l'acuité visuelle ou la perte de la vision des objets petits et délicats.

Il faut signaler rapidement *la dyschromatopsie ou perte de la vision des couleurs.* Il arrive fréquemment, en effet, que des hystériques, ayant encore une assez bonne acuité visuelle, cessent de percevoir les couleurs ou du moins certaines couleurs. Le violet, le bleu, le vert semblent disparaître les premiers; le rouge est la couleur qui paraît persister le plus longtemps. On sait autrefois à ce propos que cette persistance de la perception du rouge explique l'affection que les hystériques manifestent souvent pour cette couleur et pour les autres couleurs très voyantes. Il y a là à mon avis quelque exagération et il est plus probable que des raisons morales, comme le besoin très curieux qu'elles ont de se faire remarquer, jouent un rôle plus considérable dans ces préférences pour certaines toilettes.

Si nous continuons l'examen des troubles hystériques de la vision, nous voyons que la destruction ou plutôt la dissociation peut encore pénétrer davantage et atteindre des fonctions plus importantes. Un des symptômes hystériques les plus remarquables est le fameux *rétrécissement du champ visuel* dont l'étude devrait être plus approfondie et que nous ne pouvons faire ici. On sait que la vue, grâce aux dimensions de la rétine, s'étend sur une certaine surface qu'un œil peut voir simultanément sans bouger. Sans doute tous les points de cette définition seraient à discuter : il n'est pas bien certain, en particulier, que tous les points du champ visuel soient perçus simultanément dans un seul et même acte d'attention, mais cette définition suffit pratiquement. Il résulte de cette étendue du champ visuel que la vision se subdivise en deux fonctions, celle de la vision directe qu s'applique à l'objet placé exactement au point de fixation et la vision latérale ou indirecte qui nous permet de voir moins distinctement des objets situés latéralement et en dehors du point de fixation. Chez les hystériques, ces deux fonctions visuelles semblent se dissocier : la première subsiste seule et la seconde disparaît en partie ou complètement. Le sujet ne voit plus que les objets situés au point de fixation et ne perçoit plus consciemment les objets situés latéralement. C'est ce que l'on exprime en disant que le champ visuel de l'hystérique est rétréci concentriquement. Ce symptôme de l'hystérie a été récemment mis en doute; sans discuter ici ni son origine, ni son mécanisme, j'insiste seulement sur sa réalité. J'ai recueilli 78 belles observations de rétrécissement du champ visuel dans les conditions les plus diverses et je considère que cet accident, sans être aussi fréquent peut-être qu'on le croyait autrefois, conserve une grande importance.

Je ne puis que signaler ici un curieux problème à l'étude duquel j'ai pris un intérêt particulier. Le champ visuel des hystériques ne peut-il être modifié que de la manière précédente? Le rétrécissement est-il toujours concentrique, ne peut-il pas être déformé par des scotomes irréguliers et, en particulier, peut-on rencontrer, dans l'hystérie, le *champ visuel hémiopique* ou le phénomène de l'*hémianopsie*? La question est plus grave qu'elle ne semble être : l'hémianopsie, c'est-à-dire la vision dans une seule moitié du champ visuel, est un phénomène fréquent à la suite des lésions cérébrales; son existence dans l'hystérie aurait des conséquences graves au point de vue du diagnostic et de l'interprétation de la maladie. Après des oscillations, les neurologistes étaient arrivés, surtout après l'ouvrage de Gilles de la Tourette, à nier complètement l'existence de l'hémianopsie hystérique et à soutenir que ce symptôme ne pouvait être produit que par une lésion organique destructive d'un centre déterminé. Cette décision ne peut pas se soutenir *a priori*, je ne vois aucune raison pour que le trouble fonctionnel de l'hystérie ne réalise pas les mêmes symptômes que la destruction organique du centre d'une fonction. Toute fonction, nous l'avons dit à propos des paralysies, finit, lorsqu'elle est ancienne, par avoir son centre

163

organique bien déterminé et, dans ces cas, la destruction du centre ou la suppression momentanée de la fonction peuvent se manifester par des phénomènes analogues souvent difficiles à discerner. D'ailleurs, n'avons-nous pas observé ce fait d'une manière incontestable à propos de l'hémiplégie qui se rencontre dans d'hystérie aussi bien que dans les lésions cérébrales?

Après la période de négation précédente, M. Déjerine en 1894, puis moi-même en 1895, avons présenté des observations authentiques d'hémianopsie fonctionnelle. Je crois avoir donné la démonstration du caractère hystérique de ce syndrome en montrant l'existence de sensations subconscientes dans la partie en apparence supprimée du champ visuel. Depuis, j'ai eu l'occasion de présenter d'autres cas aussi net. Dans un article paru dans *le Brain,* en 1897, M. Harris a présenté des faits analogues; il a noté, en particulier, comme je l'avais fait moi-même, des cas où l'hémianopsie hystérique se présente à la suite d'une amaurose, comme une période transitoire dans la restauration de la vision. Il me semble probable qu'il y a eu autrefois, chez les animaux, et qu'il existe encore chez l'homme, une fonction spéciale pour la vision à droite et une fonction pour la vision à gauche. Ces fonctions peuvent se dissocier dans l'hystérie comme toutes les autres, mais comme ce sont des fonctions très anciennes, leur dissociation est rare et ne se présente que temporairement.

Le trouble de la vision peut prendre encore une autre forme et se présenter comme *la perte de la fonction binoculaire.* Comme M. Parinaud le remarquait autrefois, la plupart des animaux ayant les yeux des deux côtés de la tête n'ont pas de vision binoculaire, ils ont la vision monoculaire alternante tantôt d'un côté, tantôt de l'autre. L'homme conserve cette vision élémentaire, mais il peut y ajouter une vision supérieure qui consiste dans la fusion des images fournies simultanément par les deux yeux à propos du même objet. Cette vision supérieure a des avantages particuliers, elle permet l'appréciation plus facile des distances et du relief. Il est curieux de remarquer qu'un grand nombre d'hystériques, sans le savoir en aucune façon, rétrogradent en quelque sorte, perdent la vision humaine pour ne conserver que la vision animale. On constate, par diverse expériences, que la fusion des images fournies par les deux yeux, que la vision au stéréoscope, la vision du relief dans les anaglyphes de Ducos de Hauron est totalement supprimée.

Mais ces mêmes malades peuvent présenter un autre trouble constitué par le phénomène si remarquable de l'*amaurose unilalérale*. Un beau jour, une raison quelconque a forcé le sujet à fermer l'œil droit et il est stupéfait de se trouver dans l'obscurité, c'est ainsi qu'il apprend avec étonnement qu'il ne voit plus que par un seul œil et qu'il est devenu incapable de se servir de l'autre.

Ce trouble singulier de la vision a été le point de départ d'un grand nombre d'études psychologiques remarquables; c'est l'un des faits qui a le mieux contribué à donner l'idée de la dissociation des fonctions dans l'hystérie. Les sujets qui présentaient cette amaurose unilatérale ont été l'objet de vérifications intéressantes pour écarter l'hypothèse de la simulation, car le fait se présentait quelquefois chez de jeunes conscrits soumis à l'examen du conseil de révision. Des expériences ingénieuses comme celles de la double image de Brewster, des lettres colorées de Snellen, de la boîte de Flees ont mis en évidence un fait inattendu, c'est que cet œil amaurotique de l'hystérie ne voit rien quand il est seul, mais qu'il voit très bien quand la vision se fait avec les deux yeux ouverts simultanément. En un mot, ce trouble semble être l'inverse du précédent, c'est ici la vision monoculaire d'un seul œil qui est perdue, tandis que subsiste la vision binoculaire. Ces deux visions, monoculaire et binoculaire, dont l'existence est à peine soupçonnée par l'individu normal, peuvent se séparer dans cette névrose et tantôt l'une, tantôt l'autre subsiste isolément.

Enfin, le trouble de la fonction visuelle peut être beaucoup plus considérable et porter sur l'ensemble de la vision; en d'autres termes, il détermine la *cécité hystérique*. Le phénomène est rare, car il semble que le sujet conserve toujours, autant que possible, les fonctions essentielles et qu'il ne perde qu'une partie de la vision. Cependant, cet accident a été constaté bien souvent : dans les travaux de Lepois, en 1618, cette cécité était déjà signalée, on en retrouve souvent la description dans les œuvres des oculistes français comme Landolt Borel, Parinaud. Le plus souvent, cette cécité totale se produit à la suite d'accidents et elle rentre dans les phénomène de l'hystérie traumatique. Voici les deux derniers cas que j'ai observés. Un homme de trente-huit ans travaillait à nettoyer une machine quand un chiffon plein de graisse et de pétrole pris dans un engrenage vient le fouetter sur la figure. La face fut simplement salie et le malade fut le premier à rire de l'accident. Il alla se laver mais il eut beaucoup de peine à débarrasser la peau et les paupières de ces substances grasses. Il faut noter que rien n'était entré dans les yeux et qu'il n'en souffrait pas. Cependant, au bout d'une demi-heure, il lui crut voir un brouillard devant lui, puis il observa que ce brouillard s'épaississait et deux heures après, il cessa complètement de voir. La vision oscilla un peu le lendemain et les jour suivants; de temps en temps il voyait un peu les objets, surtout avec l'œil droit. Ces oscillations durèrent un mois, puis elles ne réapparurent plus et, pendant quatre ans, cet homme resta complètement aveugle. Voici une femme de trente et un ans dont l'histoire est semblable. Dans une usine de blanchissage, elle reçut, à la face, de l'eau mêlée de chaux et de savon, à la suite d'une petite explosion de chaudière. Ici, la peau fut légèrement brûlée et les paupières furent enflées; la malade était à la période des règles pendant l'accident, elle se sentit très troublée et très étourdie. Pendant les premiers jours, elle n'osait guère ouvrir les yeux; quand elle les ouvrit, elle s'aperçut qu'elle ne voyait plus clair, et l'amaurose a été complète pendant deux ans. Quand j'examinai la malade, il y avait déjà une légère restauration de la vision qu'il a été facile de compléter rapidement. Dans d'autres cas, il y a des cécités moins graves qui durent quelques jours et qui disparaissent subitement. Une femme de vingt-sept ans présente souvent le trouble suivant : pendant qu'elle lit, elle voit comme un éclair rouge qui illumine la chambre, elle ferme les yeux et, quand elle les rouvre, elle ne voit plus rien. La cécité a duré une fois douze jours, une fois sept, une autre huit et la vue revient subitement, comme elle était partie.

Inutile de remarquer que, lorsque la cécité est ainsi complète, le diagnostic est très difficile et que l'on ne saurait s'entourer de trop de précautions. C'est alors, plus que jamais, qu'il faut rechercher avec soin les caractères des anesthésies hystériques, caractères qui vont être passés en revue après l'énumération des troubles de la perception chez les psychasténiques.

4. Les algies des psychasténiques.

Si nous considérons le second groupe de malades, les phénomènes se séparent moins nettement, mais nous retrouvons au moins à titre d'indication les mêmes grandes distinctions, les troubles de la perception par agitation, par douleur, et les insuffisances de la fonction. Beaucoup de psychasténiques présentent aussi sur certains points du corps des régions douloureuses où ils ne peuvent supporter aucun contact ni aucun mouvement. Quand on effleure ces parties ou quand ils doivent faire fonctionner ces organes, ils semblent éprouver des douleurs et des troubles tout à fait énormes et bien entendu tout à fait disproportionnés avec la modification opérée; ils ont des troubles de la circulation et de la respiration, ils sont couverts de sueur, ils se contorsionnent, reculent avec des gestes d'épouvante et poussent des cris de souffrance. Ces douleurs disproportionnées, ces émotions inopportunes se produisent dans deux circonstances légèrement différentes. Tantôt elles sont à peu près continuelles, à propos d'une partie déterminée du corps, même quand cette partie reste immobile : ce sont *les algies* proprement dites. Tantôt elles ne se développent qu'au moment où l'organe doit entrer en fonctions, ce sont *les phobies des fonctions.* Il est évident d'ailleurs que dans bien des cas ces troubles se rapprochent et se confondent.

On observe de ces douleurs dans toutes les parties du corps. Quand elles siègent dans les muscles des membres elles donnent quelquefois naissance à cette maladie qui a été appelée par Moebius, *akinesia algera*. Plus souvent elles siègent sur *quelque organe*, c'est ainsi qu'il y a de ces algies aux seins et que les malades se figurent avoir un cancer. D'autres souffrant à la poitrine parlent constamment de phtisie. Il s'agit très souvent de troubles qui ont pour point de départ les organes génitaux. Vr..., après avoir trompé son mari, a de grands remords et de grandes craintes, elle simule d'abord volontairement une maladie pour refuser de s'enfuir avec son amant, mais ensuite elle ne peut plus se débarrasser de douleurs qui siègent aux parties génitales et aux ovaires. Elle reste huit mois dans son lit sans consentir à faire le moindre mouvement des jambes ou du tronc; il faut la chloroformer pour pouvoir palper le ventre et on finit par lui faire l'opération chirurgicale qu'elle réclame, ce qui permet seulement de constater des organes parfaitement sains et ce qui ne la guérit pas du tout.

Ces souffrances siègent souvent à *la peau* et déterminent des prurits, des agacements, des angoisses de toutes espèces. Quelquefois ces douleurs sont interprétées par les malades qui ne peuvent s'empêcher de sentir « des grenouilles qui se promènent dans leur dos, des langues d'animaux dégoûtants qui les lèchent, des vers, des intestins pourris qui glissent le long de leur corps ». C'est là ce qu'on a appelé souvent des dermatophobies, des acarophobies, des syphiliphobies, etc. Inutile d'énumérer les algies du nez, de la bouches, de la langue, des dents. Il y a des malades qui se font arracher successivement toutes les dents saines, et M. Galippe, en 1891, a consacré un intéressant travail à ces maladies des dents qui ne regardent pas le dentiste.

Les sens spéciaux sont susceptibles de présenter les mêmes troubles. *L'odorat* devient pénible quand l'odeur s'associe avec l'une des manies du scrupuleux. L'un se figure que toutes les odeurs « rappellent les odeurs des parties génitales » et un autre craint qu'en aspirant l'odeur « il ne fasse monter dans le nez des petites bêtes qui iraient jusqu'au cerveau ».

L'ouïe est plus souvent encore atteinte de ces algies : Ot…, homme de cinquante ans, retiré des affaires, prend en horreur son appartement, son quartier à cause du bruit qu'il y entend et finit par vivre dans une chambre entièrement matelassée pour qu'aucun bruit ne parvienne jusqu'à lui. Chez Bow… s'ajoute un détail particulier : tous les bruits n'affectent pas douloureusement l'oreille, mais seulement les petits bruits, bruit d'un fouet dans la rue, bruit d'une porte qui se ferme,, c'est la *microphonophobie*. On retrouve ici l'attention des scrupuleux pour les petites choses que nous avons déjà notée dans leurs manies de précision.

L'œil donne naissance à un trouble remarquable qui semble une maladie spéciale, c'est la *photophobie,* ou du moins une des variétés de la photophobie. On l'observe d'une manière remarquable dans l'observation de Rs… Cette femme, à l'âge de cinquante-six ans, peu après la ménopause, eut à subir une épouvantable secousse. On amena chez elle sa fille, jeune femme mariée depuis peu, qui venait d'être horriblement brûlée dans un incendie. Quelque temps après la mort de cette jeune femme, Rs… commença à se plaindre de ses yeux, parlant de cataracte, de paralysie, etc. : « elle ne pouvait se servir de ses yeux à volonté, elle ne pouvait regarder; quand elle fixait un objet, surtout un objet éclairé, elle éprouvait une gêne, une émotion pénible qui la suffoquait. » Bientôt elle prit l'habitude de tenir les yeux mi-clos, puis fermés et de se comporter tout à fait comme une aveugle. En effet, dans beaucoup d'observations de ce genre, les individus qui ont des algies des yeux ou des oreilles cessent absolument de regarder ou d'entendre et pratiquement se comportent comme des aveugles ou des sourds, de même que ceux qui ont des algies des membres ou de la peau cessent absolument de se mouvoir ou de rien toucher.

5. Les dysgnosies psychasténiques.

Malgré la remarque que nous venons de faire, nous ne rencontrons pas chez ces malades de véritables anesthésies analogues à celles que nous avons observées chez l'hystérique. Tout au plus peut-on noter dans certains cas des *engourdissements* à la douleur, au froid, au chaud qui dépendent nettement d'un état d'indifférence et de distraction. On note aussi des troubles des perceptions supérieures, de l'inintelligence de la lecture ou de la parole entendue, le défaut de perception d'une situation donnée. Mais ce sont là plutôt des troubles de l'attention que de véritables insensibilités.

Ce qui correspond chez eux aux anesthésies hystériques ce sont à mon avis certains *sentiments pathologiques qui se développent à propos de la perception des objets extérieurs.* Le malade nous paraît sentir correctement, il peut dire quel objet qu'on lui montre, mais dans sa conscience il n'est pas satisfait de cette perception et il éprouve à propos d'elle toute espèce de sentiments bizarres. Il sent que son attention est difficile et pénible, qu'il est constamment distrait, qu'il ne peut penser à ce qu'il entend : « Il paraît que j'entends, puisque je réponds à peu près convenablement, mais il me semble que je n'ai rien compris ». La perception ainsi faite lui paraît changée, tout ce qu'il voit, tout ce qu'il entend lui paraît étrange, on dirait que les choses lui apparaissent pour la première fois. Quelquefois il se plaint que les choses lui donnent l'impression d'être très loin et très petites. M. Bernard Leroy me semble bien décrire ce phénomène quand il dit « qu'il s'agit moins d'un éloignement matériel que d'un éloignement moral : l'illusion de la vue se trouve sous la dépendance de l'impression d'éloignement, d'isolement, de fuite du monde ». Ces sujets ne reconnaissent plus le monde ordinaire, ils le sentent disparu, éloigné d'eux, séparé d'eux par une barrière invisible, par ce voile, ce nuage, ce mur dont ils parlent constamment : « Je flotte dans les espaces interplanétaires, et je suis séparé de tous les univers par une sorte d'isolement cosmique ».

D'autres ont le sentiment qu'ils voient double, qu'ils voient les objets transformés, plus longs qu'ils ne sont. Plus souvent, ils ont l'impression de ne pas voir des objets réels, mais uniquement des objets imaginaires : « Je vis dans le rêve, j'entends parler comme si j'étais dans un rêve, je ne distingue jamais bien ce que j'ai vécu et ce que j'ai rêvé ».

Un de ces sentiments qui accompagnent la perception a eu le privilège d'attirer l'attention des littérateurs et des philosophes et de provoquer d'innombrables discussions, c'est *le sentiment du « déjà vu »*. À l'inverse des précédents qui ont le sentiment que tout est nouveau, les malades ont le sentiment qu'ils ont déjà fait ces gestes, dit ces mots, vu ces choses, exactement dans le même ordre, de la même façon sans qu'ils soit possible de dire où ni quand. « Vous sentez que vous vivez identiquement une minute que vous avez déjà vécue, aujourd'hui devient autrefois, une chose est ainsi une autre chose. » Sans pouvoir entrer dans les détails, je rappelle seulement que le « déjà vu » ne constitue pas un trouble de la mémoire, comme on le dit trop souvent, mais un trouble de la perception. C'est une appréciation fausse du caractère de la perception actuelle qui prend plus ou moins l'aspect d'un phénomène reproduit au lieu d'avoir l'aspect d'un phénomène nouvellement perçu. À tous ces sentiments s'ajoute souvent un sentiment étrange *de désorientation ou de renversement de l'orientation*. Il semble au sujet que tout ce qui est à droite devrait être à gauche et réciproquement. C'est là un phénomène qui se rapproche plus qu'on ne le croit de l'allochirie des hystériques.

Enfin, ces sujets en arrivent souvent à des sentiments de surdité et de cécité. Ils se plaignent d'être aveugles, quoiqu'ils voient parfaitement clair, parce qu'il leur semble que leur vue est anormale, bizarre, que ce n'est pas la vue naturelle qu'ils devraient avoir.

De tels troubles de perception s'appliquent à la perception intérieure de notre corps et de notre personne comme à celle des objets extérieurs. C'est là le trouble dont Krishaber, en 1873, avait voulu faire une maladie spéciale sous le nom de *névrose cérébro-cardiaque*. « Au mois de juin 1874, écrit un malade, j'éprouvais à peu près subitement un changement dans la façon de voir, tout me parut drôle, étrange, bien que gardant les mêmes formes et les mêmes couleurs. Cinq ans après, je sentis que le trouble s'appliquait à moi-même, je me sentis diminuer, disparaître : il ne restait plus de moi que le corps vide. Depuis cette époque ma personnalité est disparue d'une façon complète et malgré tout ce que je fais pour reprendre ce moi-même échappé, je ne le puis. Tout est devenu de plus en plus étrange autour de moi, et, non seulement je ne sais ce que je suis, mais je ne puis me rendre compte de ce qu'on appelle l'existence, la réalité. » Ce sont là les sentiments de *dépersonnalisation* qui prennent toute espèce de formes, depuis la simple étrangeté de nous-mêmes jusqu'au sentiment que nous sommes disparus, ou que nous sommes remplacés par un autre. « Ce n'est plus moi qui marche, ce n'est plus moi qui mange, ce n'est plus moi qui parle, ma personne est en dehors de mon corps, il me semble qu'elle est près de moi et non en moi. » Enfin ce sentiment donne naissance à de véritables délires chez ces malades qui se croient morts et qui en considérant les autres personnes ont le sentiment qu'elles sont sans vie, qu'ils sont entourés par des automates et des cadavres.

6. Les caractères psychologiques des dysesthésies et des anesthésie hystériques.

Nos études précédentes, en particulier celle que nous avons faites sur les agitations motrices et sur les paralysies hystériques, nous permettent de résumer brièvement les caractères de ces troubles des perceptions.

Il est facile de comprendre qu'un grand nombre des *dysesthésies* sont principalement constituées par *l'addition d'un phénomène automatique, d'une idée, d'un mouvement, d'un trouble viscéral à la sensation primitive.* Cette sensation est aussi naturelle et aussi normale que possible; elle sert seulement de point de départ à des phénomènes intellectuels et viscéraux qui lui donnent son caractère pénible. Nous retrouvons ici les idées fixes à développement automatique que nous connaissons déjà.

Les dysesthésies dans lesquelles il y au engourdissement de la sensibilité et les anesthésies elles-mêmes sont plus embarrassantes. Remarquons d'abord *qu'il n'y a pas de lésion extérieure de l'organe* capable d'expliquer ces symptômes. On ne voit aucun trouble de la peau; le médecin spécialiste ne constate aucune altération de l'oreille ni de l'œil. Cet examen de l'organe est absolument essentiel, en particulier dans les cas si embarrassants d'amblyopie ou de cécité hystériques. Il est indispensable d'établir tout d'abord qu'il n'y a aucune lésion du fond de l'œil, ni du nerf optique, ni aucune hémorragie du corps vitré. Rien n'égale dans cet examen l'importance de la recherche des réflexes lumineux. En règle générale, *tous les réflexes doivent rester normaux dans une anesthésie hystérique.* C'est ainsi qu'on observe la conservation des réflexes cutané, la conservation des érections dans les organes érectiles, et surtout la conservation des réflexes pupillaires. Il y a bien quelques exceptions à propos des réflexes conjonctivaux et des difficultés à propos de certaines modifications des pupilles par spasme des muscles de l'iris. Il y a des inégalités pupillaires qui sont névropathiques, il ne faut pas l'oublier; mais ces phénomènes sont rares et ne doivent pas altérer la règle générale qui nous met gravement en garde en présence d'une altération de ce genre.

À ces premières observations s'ajoutent toutes les remarques que nous venons de faire sur *la localisation et la répartition de ces troubles de la sensibilité.* Ils portent d'une façon grossière sur la main, le pied, le bras, le sein, la région de l'estomac. Cette localisation semble correspondre à des idées populaires sur les limites des organes, de la main, du pied, de l'estomac, et ne répond à aucune notion anatomique bien précise. Quand ces troubles ne sont pas localisés, ils altèrent des fonctions de perception dans leur ensemble et ils sont alors exactement systématisés.

On a vu que les troubles visuels n'étaient pas disséminés et incomplets, comme cela arrive presque toujours à la suite des lésions de l'œil, mais qu'ils semblaient décomposer la vision en une série de petites fonctions partielles qui étaient altérées isolément. Cette remarque sur la systématisation des troubles de perception complète les études précédentes sur l'absence de lésions et sur l'intégrité des réflexes élémentaires. Elle nous confirme dans cette opinion que ce nouveau trouble est fonctionnel et d'ordre psychologique.

Arrivés à ce point, il faut nous convaincre que l'anesthésie hystérique, pas plus que les dysesthésies, n'est une suppression radicale de la fonction elle-même, une destruction de la sensation. Pour le comprendre, on ne saurait trop insister sur *la mobilité de ces anesthésies* en apparence si nettes et si fixes. Elles varient d'un moment à l'autre sous l'influence de causes si minime qu'elles peuvent passer inaperçues. Tous les accidents hystérique peuvent modifier la répartition de la sensibilité. Des changements d'état même normaux, comme le sommeil naturel, peuvent transformer les anesthésies. J'ai montré autrefois que les anesthésies hystériques, comme les autres troubles névropathiques, disparaissent souvent pendant le sommeil naturel : des sujets qui ne sentent rien sur leur côté gauche pendant la veille sont réveillés ou se plaignent si on les pince de ce côté pendant le sommeil. Diverses intoxications, l'ivresse alcoolique, le début de la chloroformisation, l'état déterminé par la morphine suppriment les anesthésies : une hystérique ivre n'est plus insensible. L'objet principal de mes premières études, publiées dans mon livre sur *l'Automatisme psychologique,* en 1889, était surtout l'étude des nombreux changements de sensibilité qu'on observe dans les différents somnambulismes provoqués. La sensibilité se modifie également pendant la veille : Briquet avait déjà indiqué l'influence des excitations électriques; Burq avait cru noter celles des aimants et des plaques métalliques. J'ai insisté beaucoup sur l'influence de l'imagination, de la suggestion, de l'association des idées, et surtout de l'attention. Collons un pain à cacheter rouge sur la main insensible d'une hystérique et empêchons-la de l'enlever : elle est gênée par cette modification de sa main, s'en préoccupe, y fait attention et, au bout de peu de temps, sa main est de nouveau complètement sensible. Toutes ces modifications rapides nous font penser que le trouble de la perception doit être bien superficiel et bien léger.

C'est ici le lieu de rappeler toutes les anciennes études que j'ai eu l'occasion de faire, il y a vingt ans, sur un autre caractère plus curieux encore de l'anesthésie hystérique, sur son *apparence contradictoire.* Pendant que l'insensibilité semble être complète, on peut montrer par diverses expériences que la perception s'effectue encore au moins d'une certaine manière. Le professeur de Berlin, M. Joly, observait des enfants en apparence aveugles; il notait qu'ils savaient cependant éviter les obstacles et ne se conduisaient pas comme de vrais aveugles : « Ils doivent avoir conservé, disait-il, une espèce de perception. » J'ai pu montrer qu'il en est ainsi dans tous les cas d'anesthésie hystérique. Des sujets naïfs acceptaient aisément cette petite convention que je leur proposais : ils devaient nous répondre « oui » quand ils étaient pincés sur une région sensible, et « non » au moment où ils étaient pincés sur le côté qui ne devait rien sentir. Des objets mis à leur insu dans la main insensible et sans qu'ils pussent les voir, déterminaient des mouvements d'adaptation de la main : les doigts prenaient le crayon ou entraient dans les anneaux des ciseaux. Si la vue de certains objets déterminait des émotions ou des convulsions, ces mêmes objets les produisaient tout aussi bien quand ils étaient placés devant l'œil qui était aveugle ou dans la région périphérique du champ visuel que le sujet semblait bien avoir quelques notions à propos des impressions faites sur ses organes; on pouvait dire qu'il se comportait comme s'il avait des sensations. Mais, d'autre part, il affirmait n'avoir aucune conscience de ces mêmes sensations, et je n'avais aucune raison pour douter de cette affirmation et de son anesthésie elle-même. C'est pourquoi j'ai proposé à cette époque d'appeler ces phénomènes des *sensations subconscientes* et j'ai montré que des sensations subconscientes de ce genre pouvaient presque toujours être mises en évidence dans toutes les formes d'anesthésie hystérique.

En résumé, dans ces troubles de la perception les conditions périphérique de la perception ne sont aucunement modifiées; la perception elle-même, qui semble supprimée ou altérée, peut réapparaître à propos du plus léger changement : bien mieux, elle existe évidemment, d'une manière subconsciente il est vrai, au moment même où elle paraît être supprimée. On peut donc conclure que dans ces troubles la fonction de la perception est bien légèrement altérée. Ici, comme dans l'étude précédente sur les paralysies, nous ne constatons pas un trouble profond de la fonction psychologique, mais une simple modification dans la conscience de la fonction et dans la façon dont le sujet rattache cette fonction à sa personnalité.

7. - Les caractères psychologiques des algies et des dysgnosies psychasténiques.

Au premier abord, les phénomènes présentés par les psychasténiques paraissaient tout différents et nous disions que ces malades ne présentaient pas les modifications profondes de la sensibilité, les changements de la vision et de l'audition que nous avions observés chez les hystériques; mais, après les remarques précédentes, il est facile. Ici, comme dans le cas précédent, nous ne voyons pas de véritables modifications des organes sensoriels. Les algies se développent sur des organes qui sont sains et dans lesquels rien n'explique ni la douleur ni les sentiments étranges du sujet. Cela est bien remarquable chez les photophobiques en particulier qui n'osent pas ouvrir les yeux, qui se résignent à la cécité, quand leur œil est absolument bien portant, quand l'oculiste ne peut pas y découvrir la plus légère altération. Bien mieux le sens même de la douleur n'est pas exagéré chez les malades qui poussent des hurlements dès qu'on frôle leur peau. J'ai souvent essayé de mesurer la sensibilité à la douleur avec des appareils de précision chez ces malades qui semblent sentir si fortement; il faut pour cela commencer par les rassurer, arrêter un peu leurs ruminations et leurs obsessions, les intéresser à ce petit problème, leur apprendre à dire exactement à quel moment le contact de l'aiguille devient une piqûre douloureuse. On est tout surpris de constater qu'ils arrêtent l'instrument au même degré que l'homme normal et que par conséquent ils ont conservé la même sensibilité douloureuse, ni moindre ni plus grande. Il n'y a là que des sentiments pathologiques à propos de l'appréciation des perceptions et des agitations qui s'y surajoutent.

Les principaux sentiments observés sont, comme on l'a vu, le sentiment d'absence de relief, d'obscurité, de lointain, d'étrange, de jamais vu, de faux, de rêve, d'éloignement, d'isolement, de mort. Quel est le sentiment auquel se rattachent tous les autres? On a souvent dit que c'était le sentiment de nouveau et d'étrange, je crois plutôt que c'est le sentiment de non-réel, *le sentiment d'absence de la réalité*. C'est ce sentiment de l'irréel qui donne les impressions de rêve, de simulation, de jamais vu, de fantastique, c'est cette absence de réalité psychologique qui leur fait dire que les autres hommes sont des automates et qu'eux-mêmes sont des morts. On pourrait dire qu'ils ont conservé toutes les fonctions de perception mais qu'ils n'y ajoutent plus les sentiments de confiance, de certitude qui constituent dans notre esprit la notion de la réalité. Nous retrouvons à propos de la perception le même doute qui troublait la mémoire et l'intelligence. Ce doute est une sorte d'inachèvement de la perception exactement comme le défaut de conscience personnelle que nous avons noté chez l'hystérique, c'est pourquoi les troubles de la perception présentés par le psychasténique méritent d'être rapprochés des dysesthésies et des anesthésies hystériques : ce sont, malgré les apparences, des phénomènes très voisins l'un de l'autre.

Chapitre VII

Les troubles des instincts et des fonctions viscérales.

Les troubles des fonctions de relation, qu'il s'agisse de l'intelligence, de l'action ou de la perception constituent les phénomènes névropathiques les plus évidents. Mais il existe chez les mêmes malades et dans les mêmes circonstances d'autres phénomènes qui semblent se rapprocher des précédents, quoiqu'ils soient certainement plus embarrassants. Ce sont des troubles qui affectent des fonctions physiologiques plus élémentaires relatives à la conservations de l'organisme plutôt qu'à ses relations avec le monde extérieur. Ces fonctions, dont le siège principal est dans les viscères, ne sont pas cependant sans quelque relation avec les phénomènes psychologiques. Elles sont au moins dans une partie de leurs opérations en rapport avec des phénomènes de conscience, mais elles ne sont pas liées à des idées, à des actions volontaires, à des perceptions, intelligentes, elles sont plutôt en relation avec de simples instincts dont la conscience est plus vague. C'est pourquoi nous réunissons ces troubles sous le nom de *troubles des instincts et des fonctions viscérales*.

Leur diagnostic ne laisse pas que d'être très difficile, car ces troubles se mêlent avec toutes les maladies possibles des différents appareils, et il ne faut pas appeler névropathique tous les troubles viscéraux qui peuvent survenir chez un névropathe; je ne puis étudier ici que les troubles viscéraux dont le caractère névropathique est plus évident et le plus universellement reconnu.

1. Les troubles du sommeil.

L'étude du sommeil peut nous servir d'introduction et de transition, car le sommeil est une fonction bien mal connue qui, d'un côté, se rattache évidemment aux opérations les plus élémentaires de nos viscères et de l'autre consiste principalement en une suspension des fonctions de relation les plus élevées. Il est étroitement en relation avec les phénomènes psychologiques qui ont sur lui une grande puissance : à l'état normal nous pouvons suspendre le sommeil, le retarder, le supprimer même pendant un temps assez long; nous pouvons aussi, quand nous nous portons bien et que nous avons une grande puissance de volonté, le faire naître à peu près quand nous le voulons. Enfin le sommeil est en relation avec des idées, des sentiments, ainsi qu'on peut le voir dans le sommeil déterminé par suggestion. Il n'est donc pas surprenant que cette fonction moitié physiologique, moitié psychologique, présente diverses altérations chez les névropathes.

Dans bien des cas se rattachant au groupe des hystériques, *le sommeil est exagéré,* il cesse d'être volontaire, il cesse de pouvoir être suspendu ou supprimé par la volonté du sujet, il se produit à tort et à travers en contradiction avec les circonstances extérieures et avec les désirs du sujet. Depuis longtemps les populations ont été frappées d'étonnement en voyant des individus qui s'endormaient subitement et qui restaient tranquillement endormis pendant des heures et pendant des jours sans qu'on pût par aucun moyen les réveiller. Ces malades, qui présentent des sommeils anormaux, n'ont pas tous les même aspect : les uns semblent avoir un sommeil assez léger, ils se remuent de temps en temps, murmurent quelques paroles; les autres ont une immobilité beaucoup plus complète et semblent complètement dépourvus de sensibilité et de conscience. Les degrés les plus profonds de ces sommeils ont été désignés sous le nom de *léthargie* pour indiquer que l'aspect de ces malades se rapproche de celui du cadavre. Le visage est d'une pâleur de cire, sans aucune expression, les yeux sont fermés et quand on les ouvre on trouve quel les pupilles sont dilatées et que les yeux restent immobiles; la peau semble être refroidie, les fonctions viscérales paraissent très diminuées, la respiration est superficielle et rare; les battements de cœur sont sourds et difficiles à percevoir.

On raconte qu'un certain nombre de malades dans ces états ont été pris pour des morts et que cet accident a donné lieu à des inhumations précipitées. J'en suis toujours pour ma part un peu surpris : tous les léthargiques que j'ai eu l'occasion de voir ne pouvaient à mon avis donner lieu à aucune illusion, il suffisait d'un peu d'attention pour éviter cette erreur absurde. D'abord il n'est pas vrai, au moins dans les cas assez nombreux que j'ai pu voir, que les fonctions viscérales soient abolies; on peut ne pas sentir le pouls, mais avec un peu d'attention on entend toujours le cœur, et en cherchant bien on trouve toujours des manifestations de la respiration. D'ailleurs la température n'est pas très basse et la peau ne donne jamais au contact l'impression de la peau cadavérique. Il y a même des petits phénomènes spéciaux qui manquent rarement : par exemple une légère trémulation des paupières, le réflexe pupillaire soit à la lumière, soit plus souvent encore à la douleur, le changement d'attitude si on ferme la bouche et le nez et si on empêche la respiration, etc. En un mot je ne comprends pas très bien que l'on puisse jamais prendre une femme en état de léthargie hystérique pour une morte. Ce sont, à mon avis, des erreurs qui supposent de grandes ignorances : il fallait cependant signaler ce danger.

Ces divers sommeils ne sont pas non plus identiques au point de vue moral; une des formes les plus fréquentes se rattache à des phénomènes que nous avons déjà étudiés dans le premier chapitre, je crois que ce sont surtout *des crises de rêverie*. On observe souvent des petits mouvements des lèvres, de petites expressions fugitives du visage en rapport avec des pensées. Dans certains, cas, on a tout à fait l'impression que le malade bavarde en dedans et qu'il suffirait de peu de chose pour qu'on puisse l'entendre. Nous avons vu que par divers procédés on peut entrer en relation avec lui, connaître ce qu'il rêve. On voit alors qu'il s'agit en somme d'une crise d'idées fixes analogues à celles que nous connaissons. Dans un second groupe de cas, il s'agit de phénomènes qui sont plutôt analogues aux paralysies : le sujet entend tout, et désire répondre, mais il ne peut faire absolument aucun mouvement volontaire et, quand il est rétabli, il se souvient de ses efforts infructueux. Ce sont là des faits que nous avons signalés à propos des *paralysies totales*.

Enfin il y a un troisième groupe de phénomènes dans lesquels le sommeil semble plus réel, plus identique au phénomène que nous connaissons sous ce nom chez l'homme normal. Le sujet ne cherche pas à remuer, ne le désire pas, il ne perçoit pas le monde extérieur et ne s'y intéresse pas. Son esprit n'est pas absorbé par une idée fixe, il a des rêves variés et assez vagues. En un mot ce sommeil ne diffère du nôtre que un point, c'est qu'il se produit d'une manière irrésistible sans la volonté du sujet et qu'il ne peut être interrompu quand on le désire. La fonction du sommeil s'exerce d'une manière indépendante et automatique.

Avec quelques différences de détail, on retrouve le même phénomène chez les psychasténiques qui ont quelquefois des besoins de sommeil irrésistible et qui ne peuvent parvenir à se réveiller, mais le caractère automatique du phénomène est un peu moins net.

À côté de ces exagérations du sommeil et quelquefois chez le même malade, nous connaissons *des impuissances du sommeil*. L'insomnie est extrêmement fréquente chez tous les névropathes. Souvent ils ne peuvent commencer le sommeil, ils ne peuvent s'endormir : au moment où ils le désirent leur esprit présente une grande agitation et ils ne peuvent prendre la décision de l'arrêter. D'autres commencent bien le sommeil, mais au moment où ils vont entrer dans le sommeil profond, ils se réveillent brusquement effrayés par des rêves, des cauchemars, des angoisses. Une grande agitation qui porte sur les mouvements, sur les viscères et sur la pensée se développe à la place de l'acte du sommeil qu'ils ne peuvent pousser à son terme. D'autres malades n'ont qu'une partie du sommeil, ils restent endormis quelque temps au début de la nuit, puis ils se réveillent vite et ne peuvent plus se rendormir. On dirait qu'à l'inverse des précédents, ils peuvent commencer le sommeil mais qu'ils ne peuvent ni le continuer, ni le finir. On ne peut s'empêcher de remarquer, comme je le signalais autrefois, que tous ces troubles du sommeil sont singulièrement analogues à ceux de l'action et qu'il y a là une sorte d'*aboulie du sommeil* analogue aux aboulies des mouvements ou de l'attention.

2. - Les troubles de l'alimentation.

L'alimentation est une fonction très complexe qui contient dans ses parties les plus élevées des phénomènes psychologiques compliqués, comme le goût de certains aliments, la gourmandise, l'appétit, la faim, la recherche et la préhension des aliments et dans ses parties profondes des phénomènes physiologiques très élémentaires, comme la sécrétion des glandes ou l'assimilation. On a considéré un très grand nombre de maladies de l'alimentation comme des troubles névropathiques : naturellement les plus incontestables de ces troubles portent sur les parties supérieures et psychologiques de cette fonction et sur les instincts relatifs à l'alimentation.

Beaucoup de ces malades semblent ne plus gouverner leur appétit et ne peuvent plus résister à des appétits immodérés. Ils mangent énormément d'une manière gloutonne, et se plaignent de n'être jamais rassasiés, d'avoir toujours le besoin de manger davantage. Ce sont des phénomènes de *polyphagie,* de *boulimie*, qui se développent dans bien des circonstances morales différentes. Remarquons que ces sujets ont en même temps un perpétuel sentiment de faiblesse, de défaillance, et qu'ils se figurent trouver un réconfort et une excitation dans l'alimentation. Ce sont souvent des psychasténiques qui ont en même temps des phobies, qui ne peuvent traverser une place, parler à une personne, sans manger d'abord quelque chose et qui portent toujours avec eux des provisions de bouche indispensables.

À côté de l'alimentation excessive, il faut placer le besoin immodéré de boire, qu'on pourrait appeler la *polydispsie*. Il y a de ces maladies qui boivent dans la journée vingt et trente litres d'eau sans pouvoir se désaltérer. Cet excès de liquide amène une conséquence inévitable : c'est une énorme sécrétion rénale et des phénomènes de polyurie, car nécessairement ces malades urinent de vingt à trente litres par jour. Chose curieuse, les études médicales se sont presque toujours préoccupées du second phénomène plus que du premier. Il est possible que, dans certain cas, le trouble rénal soit primitif, mais il faudrait le démontrer et, dans bien des cas, le trouble de la soif et la boisson excessive sont à mon avis le phénomène le plus important.

Bien entendu ces besoin d'alimentation et de boisson seront très souvent systématiques et porteront par exemple sur les boissons alcooliques, mais nous revenons alors à des phénomènes d'impulsion et d'idées fixes dans lesquels les instincts d'alimentation jouent un faible rôle.

À côté de ces agitations, nous constatons comme toujours des insuffisances fonctionnelles, les plus remarquables portent sur l'appétit et sur la préhension des aliments. Nous avons à signaler l'inverse de la boulimie dans *les anorexies hystériques* et dans *les sitiergies psychasténiques.* Voici d'abord, en résumé, la forme hystérique du syndrome : il s'agit de sujets en général assez jeunes qui sous des prétextes quelconques commencent par s'acclimater de moins en moins et qui finissent par refuser à peu près complètement toute alimentation. La maladie a été décrite par W. Gull, en 1868, et par Lasègue, en 1873. L'article de Lasègue fut le seul qui eut du succès et qui contribua à répandre cette notion médicale nouvelle. C'est lui qui amena Gull à faire observer, en 1873, qu'il avait déjà signalé des faits semblables.

Comme Lasègue l'avait observé, la maladie passe ordinairement par trois phases successives. La première période pourrait être appelée *la période gastrique,* car tout le monde se figure qu'il s'agit simplement d'une affection de l'estomac et on se comporte en conséquence : on trouve tout naturel que la jeune fille dont l'estomac est malade soit soumise à un régime sévère. Elle se résigne à tout et se montre d'une docilité exemplaire; d'ailleurs, en dehors des souffrances de l'estomac de plus en plus vagues, elle semble jouir d'une santé parfaite. Au bout d'un temps souvent fort long commence la seconde période, *la période morale ou la période de lutte*. On finit par s'inquiéter de la prolongation indéfinie de ces traitements, de ces régimes restreints qui ne semblent guère justifiés. On soupçonne des idées hypocondriaques et de l'entêtement. Tantôt on cherche à séduire la malade par toutes les délicatesses de la table, tantôt on la gronde sévèrement, on alterne les gâteries, les supplications, les menaces. L'excès d'insistance amène l'exagération de la résistance : la jeune fille semble comprendre que la moindre concession de sa part la ferait passer de l'état de malade à celui d'enfant capricieux et jamais elle ne veut y consentir. Enfin survient tôt ou tard, mais quelquefois après des années seulement, la troisième période dite *la période d'inanition*. Les troubles organiques commencent à paraître : l'haleine est fétide, l'estomac et l'abdomen sont rétractés, la constipation est invincible, les urines sont rares et contiennent peu d'urée. La peau devient très sèche, pulvérulente, le pouls est très rapide, entre 100 et 120, la respiration est courte et pressée. Enfin l'amaigrissement fait des progrès surprenants, à la fin les malades ne peuvent plus quitter le lit et restent dans un état semi-comateux. À ce moment, elles se comportent de deux manières différentes : les unes continuent à délirer et, comme disait Charcot, ne conservent plus qu'une seule idée, l'idée de refuser de manger; les autres heureusement commencent à avoir peur et cèdent plus ou moins complètement. Beaucoup de ces sujets se rétablissent même après des pertes de poids tout a fait énormes, mais il n'en est pas moins vrai qu'un certain nombre succombe et qu'on a constaté un très grand nombre de morts déterminées directement ou indirectement par cette suppression de la faim et par ce refus d'aliments.

Chez les obsédés psychasthéniques, on observe très souvent un refus analogue des aliments; mais ce symptôme a chez ces malades un caractère un peu différent sur lesquels nous aurons à revenir, aussi doit-on le désigner par un autre terme, celui de *sitiergie*. Les malades qui presque toujours ont eu des accidents psychasthéniques antérieurs sont troublés par des obsessions ou des phobies relatives à leur alimentation. Ce sont des scrupuleux qui ont horreur de manger la chair des animaux ou de se nourrir quand ils n'ont pas suffisamment gagné leur vie. Ce sont des honteux de leur corps qui ont peur de rougir après avoir mangé ou qui craignent d'engraisser, de s'enlaidir et de ne plus être aimés, ou bien encore qui craignent de se développer et de grandir, de ne plus être des enfants qu'on câline et qu'on excuse. Ce sont aussi des hypocondriaques qui ont peur de s'étouffer, de se dilater l'estomac, d'avoir des selles trop copieuses, etc. Tous essayent de réglementer et de restreindre leur alimentation : ils s'imposent certains aliments bizarres et refusent les autres. Leur résistance à l'alimentation est irrégulière, un jour ils mangent beaucoup et dévorent, puis pendant longtemps ils refusent tout aliment, souvent ils refusent de manger devant des témoins et consentent à manger seuls, ou bien ils se lèvent la nuit pour manger en cachette des restes malpropres, car ils ne peuvent plus résister à la faim qui les torture. L'évolution du mal est à peu près la même que dans les cas précédents, mais elle me semble plus irrégulière et en général un peu moins dangereuse. Les malades n'arrivent pas aussi vite ni aussi souvent à la période d'inanition terminale.

Les diverses fonctions partielles qui entrent dans l'alimentation peuvent s'émanciper isolément. Si nous suivons le bol alimentaire depuis son introduction, nous pouvons noter la série des accidents suivants : au début nous observons *les spasmes des mâchoires et des joues, les tics de crachotement et de salivation perpétuelle, les divers spasmes du pharynx* et en particulier *les tics de déglutition*. Certains sujets avalent toutes la journée quelques chose; tantôt ils avalent simplement leur salive, tantôt ce qui est plus sérieux et plus grave, ils avalent de l'air. Ce tic de *l'aérophagie* a des conséquences très importantes : l'air ingéré trouble énormément la digestion stomacale, et quand il pénètre dans l'intestin il donne naissance à des phénomènes remarquables sur lesquels nous reviendrons bientôt à propos du météorisme. Des *spasmes de l'œsophage* empêche certains sujets de déglutir les aliments;

chez d'autres il y a une véritable régurgitation, le *mérycisme,* qui ressemble à la rumination des animaux.

Un de ces spasmes est particulièrement grave, c'est le *vomissement* névropathique; il peut empêcher toute alimentation et déterminer une véritable inanition. Peut-être présente-t-il des caractères un peu spéciaux dans les deux névroses que nous considérons. Dans l'hystérie, il est plus inconscient, plus involontaire, il s'accomplit rapidement d'une façon automatique sans être précédé par des sentiments bien nets de malaise ou de nausée. Un phénomène assez caractéristique, c'est que les malades ne semblent pas supporter l'arrêt de ces vomissements. Quand par un procédé quelconque on les empêche de vomir, ils sont angoissés, agités; ils finissent par perdre conscience dans une grande attaque hystérique. Bien des malades ont ainsi à choisir entre des attaques délirantes et le vomissement perpétuel. C'est bien là le caractère d'une agitation automatique qu'ils ne peuvent plus gouverner.

Chez les psychasténiques, le vomissement prend souvent des caractères un peu différents. Il prend la forme d'un désir obsédant, d'une impulsion véritable. Le malade, dès qu'il a fini de manger, éprouve un malaise général, des souffrances dans tout le corps et surtout dans la tête. Il en fait un tableau dramatique : « Il me semble que mon estomac est complètement inerte... la masse alimentaire remue comme dans un sac... tout le temps que j'ai l'estomac plein, j'ai tous les membre brisés et je sens comme si mes yeux étaient retirés à l'intérieur de mon crâne,.. je ne pense qu'à mon estomac, c'est dans mon estomac qu'est toute ma vie. Cette agitation s'exaspère graduellement par une accumulation de cette souffrance sourde qui accompagne toutes mes actions, toutes mes pensées et qui teinte tout de souffrance... Les autres douleurs, je les supporte, mais celle-là me défait le caractère, elle rend toutes les choses étranges et incompréhensibles, je ne me sens plus être moi-même, je perds ma personne, ou je perds la raison. » Si l'on songe que le remède à de telle souffrances est tout à la portée du malade, on comprend qu'il n'ait guère la vertu de résister. Il lui suffit de faire un tout petit effort et un vomissement abondant le débarrasse aussitôt. Mais à ce moment une nouvelle inquiétude le prend, il n'est pas certain d'avoir complètement vomi; il recommence plusieurs fois l'opération et pendant des heures il se contorsionne, il fait des efforts continuels pour vomir : « parce qu'il reste une gorgé de bile et qu'il doit la vomir pour se soulager ». Il y a là des crises d'idées fixes, d'impulsions, de manie de la perfection, qui compliquent le vomissement et lui donnent un caractère spécial.

Un peu plus loin, nous trouverons encore des troubles relatifs à l'intestin, en particulier ceux qui ont rapport à la défécation ou à l'expulsion de gaz par le rectum. Dans bien des constipations intervient une inertie névropathique et dans l'expulsion exagérée des gaz il y a souvent des tics automatiques.

3. Les troubles de la respiration.

Les modifications de la respiration sont très nombreuses chez les névropathes; naturellement elles portent surtout sur les parties supérieures de la fonction respiratoire, sur celles qui sont en rapport avec la conscience, avec l'attention, avec l'émotion

La respiration de ces malades semble quelquefois *s'exagérer dans son ensemble* : c'est le fait qui a été souvent décrit sous le nom de *polypnée hystérique*. En voici un beau cas : Ar..., un homme de 30 ans, contremaître dans un port de mer, commandait à des ouvriers qui manœuvraient un cabestan pour élever un grand mât. Il vit une corde casser et le mât s'incliner, il se figura que le mât tombait sur ses ouvriers, et il poussa de grands cris. Aucun accidents ne se produisit d'ailleurs, mais il fut si fatigué par cette émotion qu'il fut obligé de rentrer chez lui. Le lendemain on s'aperçut qu'il respirait d'une façon bizarre; peu à peu le trouble respiratoire s'est accentué et a pris la forme suivante. Notre homme respirait constamment avec une vitesse et une force inouïes, sa poitrine se soulevait très fort et très vite, sans aucune interruption, 88 ou 97 fois par minute. Cette respiration formidable l'épuisait, le mettait en sueur, et surtout ne lui laissait aucune liberté d'esprit : il restait immobile sur sa chaise, ne pensant à rien, ne faisant que respirer. Il est intéressant de noter cette relation des troubles respiratoires et des troubles de l'attention. Dès qu'on l'hypnotise, la respiration se clame et on le guérit d'ailleurs très vite par ce procédé. Mais il faut ajouter ici un fait curieux sur lequel nous aurons à revenir : cet homme resta guéri pendant deux ans, puis il fut bouleversé par la mort de sa petite fille. Quel trouble présenta-t-il à la suite de ce chagrin? Eut-il des attaques de somnambulisme ou des crises convulsives comme nous l'avons observé chez tant de malades dans ces circonstances? Non, ce fut encore la même polypnée qui recommença et qu'il fallut guérir par les mêmes procédés. Un sujet qui a déjà présenté une forme particulière d'hystérie reproduit indéfiniment les mêmes accidents à propos de toutes les émotions.

Après ces exagérations de l'ensemble de la respiration, énumérons rapidement les exagérations de détail, les tics portant sur telle ou telle fonction particulière qui s'émancipe et se met en marche indépendamment de la volonté et de la conscience. Voici d'abord *les tics d'inspiration,* l'inspiration exagérée en rapport d'ailleurs avec un certain sentiment de dyspnée, qui prend la forme de *soupirs* continuels. Un peu plus forte, cette inspiration deviendra *un sanglot,* puis *un bâillement.* On se souvient de l'importance qu'on a attribuée autrefois au bâillement hystérique qu'on trouvait très amusant : rien de plus singulier en effet que ces pauvres filles qui toutes la journée bâillent à se désarticuler la mâchoire, deux ou trois fois par minute. C'est un des phénomènes où se montre le mieux la contagion de l'imitation, c'est aussi un phénomène en rapport avec les troubles de l'alimentation. Il en est de même pour le dernier tic inspiratoire, *le hoquet*, qui est aussi très fréquent. Le hoquet n'est autre chose qu'une inspiration très rapide avec un certain degré de spasme de la glotte. L'air ne peut pas rentrer assez vite, parce que l'inspiration est trop rapide et aussi parce que la glotte est un peu fermée : il en résulte d'abord un bruit caractéristique et il en résulte aussi un certain vide thoracique qui détermine une aspiration dans tous les organes. Ce fait joue un grand rôle dans le phénomène de l'aérophagie, chez les malades qui avalent de l'air; il joue également un rôle dans le vomissement.

Parmi *les tics expiratoires*, nous rangerons d'abord *la toux hystérique*, ce petit phénomène si fréquent dans les débuts de la maladie. Ensuite, on constate *le rire*, ces crises de rire qui se développent pendant des heures comme de véritables crises de nerfs. Certains rires hystériques peuvent être en rapport avec des états émotifs plus ou moins subconscients : ainsi une jeune fille a subi une petite opération chirurgicale pour laquelle on l'a à demi chloroformée, mais pendant cette petite opération insignifiante de jeunes élèves de l'hôpital qui l'entouraient l'ont plaisantée et l'ont fait rire. Probablement sous l'influence du sommeil chloroformique, cet état émotif s'est transformé en un phénomène indépendant et automatique et le rire a persisté fort longtemps sous forme de tic. Dans d'autres cas le rire n'a aucun rapport avec des états émotifs plus ou moins gais, il se présente simplement comme un phénomène d'agitation, comme une sorte de dérivation des forces nerveuses très difficile à expliquer.

Encore un degré de plus et l'expiration violente accompagnée de spasmes de la glotte va amener les cris les plus variés, les fameux *aboiements hystériques*. Ces phénomènes se présentaient sous forme d'épidémie au moyen âge et les religieuses dans les couvents se mettaient à hurler, à aboyer ou a miauler. Le fait est aujourd'hui moins répandu et il n'est pas aussi épidémique, mais il existe bien souvent sous des formes variées. Dans bien des cas ce tic se mélange avec quelques-uns des troubles du langage dont nous avons déjà parlé. L'aboiement devient peu à peu un mot particulier, le nom d'une personne, ou une obscénité quelconque.

On comprend en effet que tous ces divers tics que nous avons analysés peuvent se mélanger les uns avec les autres et produire des phénomènes complexes. Par exemple le hoquet, par le vide qu'il détermine dans le thorax, produit un appel d'air dans l'œsophage et amène les sujets à déglutir de l'air. Au bout de trois ou quatre hoquets l'estomac est plein d'air, ce qui amène un autre fait : c'est l'expulsion de ces gaz de l'estomac par un rot. C'est pourquoi, si l'on veut bien y faire attention, les grands hoquets sont toujours interrompus de temps en temps par des rots de tonalités différentes.

À ces mêmes tics complexes de la respiration je voudrais rattacher un phénomène extrêmement curieux : le gonflement du ventre ou *le météorisme*. Il faut bien connaître ce phénomène, parce que c'est lui qui donne naissance aux erreurs médicales les plus communes et les plus grotesques. Chez certaines jeunes femmes nouvellement mariées qui désirent avoir un enfant, les règles se suppriment, le ventre grossit, les seins durcissent et se colorent, il y a des nausées et des vomissements, les sages-femmes appelées sentent le bras de l'enfant et fixent la date de la délivrance. Cette date arrive et rien de cesse, on attend plus longtemps et un beau jour tout disparaît, sans qu'on puisse savoir ce qu'est devenu l'enfant. C'est la fameuse grossesse nerveuse dont j'ai pu étudier une douzaine de cas et dont il est bon de se méfier. L'erreur est ici moins grave que lorsqu'on attribue ces gonflements du ventre à des tumeurs diverses et lorsqu'on conseille des opérations.

Quoi qu'il en soit, ce gonflement abdominal n'est pas très aisé à expliquer : les anciennes théories du temps de Charcot le rattachaient à une paralysie des parois intestinales, permettant la dilatation des gaz. Je suis bien plus disposé aujourd'hui à croire qu'il s'agit de phénomènes respiratoires : l'un de ces phénomènes est un spasme du diaphragme qui reste abaissé et comprime les viscères en avant, mais il ne détermine que les petits gonflements. L'autre est en rapport avec cette même aérophagie, cette même déglutition d'air dont je parlais tout à l'heure. Certains malades rendent l'air qu'ils ont avalé par des éructations, d'autres ne réussissent pas à vider leur estomac par l'orifice supérieur. Ils forcent le pylore et envoient cet air dans l'intestin où il détermine divers troubles de la digestion et en particulier de la diarrhée. Mais en même temps cet air parvenu dans l'intestin produit un énorme gonflement de tout l'abdomen.   On peut imaginer et observer bien d'autres combinaisons de ces troubles respiratoires.

À côté de ces agitations de la respiration dont la polypnée est le type et qui déterminent tous ces tics divers, il existe, plus souvent qu'on ne le croit, des diminutions, des sortes *d'insuffisances de la respiration*, de même que nous avons constaté des insuffisances de l'alimentation. Cependant, il est incontestable que nous ne pouvons commencer l'étude de ces insuffisances respiratoires par l'examen d'un trouble aussi important et aussi net que l'anorexie hystérique. Celle-ci était, comme on l'a vu, la suppression, la dissociation de l'alimentation tout entière, allant jusqu'à l'inanition et jusqu'à la mort : c'était une grande et complète paralysie fonctionnelle. Existe-t-il dans les névroses que nos considérons ici une suppression de la respiration, une *asphyxie* correspondante à l'anorexie, supprimant toute respiration et allant jusqu'à la mort? Le fait a été souvent discuté : j'hésite pour ma part à admettre qu'il puisse être vrai, j'ai vu plusieurs hystériques mourir de faim, je n'en ai pas encore vu mourir d'étouffement. L'asphyxie hystérique, résultant de troubles variés dans la fonction respiratoire, ne me semble pas susceptible en général d'amener la mort.   Il arrive un moment ou l'asphyxie détermine l'évanouissement, c'est-à-dire l'arrêt des fonctions supérieures du cerveau et la respiration qui était gênée par ces fonctions supérieures reprend sous une forme plus élémentaire, grâce à l'automatisme du bulbe. C'est en effet là que se trouve la raison de la différence qui existe entre les troubles alimentaires et les troubles respiratoires des hystériques. L'alimentation, ou du moins la partie mécanique de cette fonction, la préhension des aliments, est entièrement une fonction consciente et volontaire : même si nous mourons de faim, si nous sommes évanouis par inanition, aucun mécanisme bulbaire ou médullaire ne nous fera manger. Tandis que la respiration n'est pas uniquement une fonction consciente et volontaire; heureusement pour nous il y a un mécanisme respiratoire fondamental en dehors de notre conscience, c'est lui qui sauvegarde nos hystériques. Cette différence entre le danger de l'anorexie et le peu de danger de l'asphyxie hystérique est encore un fait à relever pour justifier notre interprétation mentale de la maladie.

Quoi qu'il en soit il y a des troubles hystériques de la respiration qui se comprennent d'ailleurs fort bien depuis que nous savons l'influence du cerveau sur cette fonction. Flourens en 1842 rattachait entièrement la respiration au bulbe, mais depuis les travaux de Coste en 1861, de Danilewsky en 1875, de Lépine, de Richet, de Franck, de Pachon, et surtout de Mosso, on sait très bien qu'il y a une respiration cérébrale. Dans l'engourdissement du cerveau, la respiration diminue et se réduit; il semble que dans la respiration totale il y ait une partie de respiration superflue ou de luxe, comme la nomme Mosso, qui dépend de l'activité cérébrale. C'est cette respiration de luxe qui chez les hystériques peut être réduite, modifiée ou même supprimée.

Nous constatons d'abord *des troubles de la sensibilité respiratoire* qui jouent naturellement un assez grand rôle dans l'évolution des accidents, car on sait que toute perte d'une fonction ou toutes paralysie s'accompagne d'un oubli, d'une distraction particulière relative aux sensations spéciales qui jouent un rôle dans la fonction, c'est-à-dire d'une anesthésie systématique. Souvent on pourra constater des anesthésies plus ou moins diffuses réparties sur les organes de la respiration. Le nez est très souvent insensible et l'absence de la perception des odeurs, l'*anosmie*, accompagne les troubles respiratoire comme la perte du goût accompagne les troubles de l'alimentation. La pharynx est très souvent insensible : autrefois Chairou voulait faire de cette insensibilité et de la perte du réflexe pharyngien au chatouillement un symptôme caractéristique de toute hystérie. Cela est fort exagéré, quoique le fait soit fréquent, puisqu'il accompagne souvent les troubles de l'alimentation et ceux de la respiration.

Le fait qui est le plus intéressant, c'est que l'on peut dans certains cas constater une anesthésie très spéciale relative à la respiration elle-même. Nous sentons bien notre respiration et surtout nous sentons bien le besoin de respirer. M. Bloch, en 1897, a inventé un curieux appareil pour mesurer cette sensibilité respiratoire. Le sujet est obligé de respirer au travers d'un tube dont l'extrémité est fermée par une fenêtre de dimension calculée. Une vis permet de réduire graduellement les dimensions de cette fenêtre et le sujet qui a les yeux fermés doit indiquer à quel moment il commença à sentir une gêne respiratoire. Les chiffres obtenus sont assez variables suivant le sujet et suivant l'état où il se trouve, mais j'ai pu observer que chez certains hystériques ces chiffres sont souvent très différents de la normale et infiniment plus réduits. Le malade ne signale le besoin de respirer que très tard, beaucoup plus tard que ne le ferait un individu normal. Il y a là une inconscience spéciale du besoin respiratoire, que l'on peut jusqu'à un certain point rapprocher de l'anorexie ou de l'inconscience de la faim.

Ces troubles de sensibilité sont accompagnés par des troubles moteurs dont les sujets ont plus ou moins conscience. Il ne savent plus respirer volontairement, bien qu'il n'arrivent pas à l'asphyxie totale pour les raisons physiologiques que nous venons de voir. Ils ne savent plus ajouter à leur respiration ce luxe auquel nous sommes habitués et quoiqu'ils en sentent mal la privation, ils éprouvent à ce propres des sentiments de gêne qu'ils ne savent pas rapporter à leur véritable cause. C'est ce qui détermine les différentes variétés de dyspnée ou d'étouffement. Ces accidents surviennent soit à la suite d'accidents ou de maladies légères portant sur les organes respiratoire, anormale pendant la veille, redevient vite normale pendant le somnambulisme ou pendant les périodes de distraction, car le trouble ne porte que sur la respiration consciente et en quelque sorte supérieurs : l'accident est tout à fait conforme aux règles qui s'appliquaient aux paralysies.

Il ne faudrait pas croire cependant qu'il s'agisse dans ces faits de véritable paralysie de tel ou tel organe de la respiration. Ce que j'ai constaté le plus souvent, c'est un désordre respiratoire, une absence de régularité et d'harmonie. La respiration dépend d'organes complexes, le nez, le pharynx, la glotte, la cage thoracique, le diaphragme; pour qu'elle s'effectue correctement, il faut que tout marche à la fois et dans le même sens. Il est inutile de dilater le thorax si on ferme la glotte, ou si on relève le diaphragme. Le trouble respiratoire est moins une paralysie proprement dite qu'un défaut de synergie; cela est encore intéressant pour comprendre ces paralysie névropathiques qui sont toujours des paralysies systématiques.

Ce caractère systématique est encore plus net dans certaines formes curieuse de *paralysie partielle de la respiration*. Un cas remarquable a été publié, il y a quelques années, par M. Lermoyez; il me semble tout à fait intéressant pour la théorie de l'hystérie et il aurait dû attirer l'attention beaucoup plus qu'il ne l'a fait. Il s'agit d'une jeune fille d'une vingtaine d'années conduite chez M. Lermoyez parce qu'elle avait le nez obstrué par des végétation adénoïdes. L'opération fut faite sans aucune difficulté. Mais on remarqua à la suite que la jeune fille ne respirait pas mieux qu'auparavant, qu'en particulier elle était encore forcée de tenir la bouche ouverte. M. Lermoyez crut que le nez était encore obstrué; il l'examina minutieusement, mais il ne découvrit rien, car les voies respiratoires étaient largement ouvertes, et il voulut démontrer à la jeune fille qu'elle respirait très bien par le nez. À sa grande surprise, il n'en fut rien : il n'y eut pas de souffle par les narines, la malade se tordit comme si elle étouffait et quand on insistait, en la tenant fortement, la face et les oreilles bleuirent. En un mot, cette jeune fille asphyxiait quand on lui fermait la bouche en lui laissant le nez ouvert. Il n'y avait cependant aucun obstacle en aucun point; il n'y avait qu'un désordre singulier du système nerveux, une incapacité de faire le mouvement respiratoire, de remuer le moins du monde la poitrine dès que la bouche se trouvait fermée. Comme le disait très bien M. Lermoyez, cette jeune fille avait oublié comment on s'y prenait pour respirer par le nez. N'est-ce pas une jolie dissociation de la fonction respiratoire, ou du moins d'une des parties de la fonction respiratoire?

Dans certains cas cependant le trouble respiratoire peut prendre d'autres formes plus déterminées, mais ce sont là des faits rares, encore en discussion, que je signale simplement à titre de problème. J'ai communiqué au Congrès de Psychologie de Paris, en 1900, un fait qui, a mes yeux, n'est pas sans importance. Il s'agit de l'apparition du *rythme de Cheyne*

Stokes dans l'hystérie. Vers 1816, Cheyne (de Dublin) et Stokes ont décrit une certaine irrégularité de la respiration tout à fait spéciale et n'apparaissant, selon eux, que dans les états les plus graves. Ce rythme est caractérisé par des pauses respiratoires qui peuvent durer une demi-minute, alternant avec des séries de dix à quinze respirations, rapides. Au début on ne connaissant ce phénomène que dans l'apoplexie cérébrale, dans la plupart des états agoniques, dans certaines variétés de tumeurs cérébrales; plus tard on le retrouva dans la fièvre typhoïde, dans l'urémie, dans diverses intoxications. C'est M. Mosso le premier qui a singulièrement généralisé ce rythme respiratoire; il a montré qu'il existait quelquefois dans le simple sommeil naturel, pourvu que celui-ci fût profond, et qu'on le retrouvait dans tous les états d'engourdissement cérébral. À une époque où je prenais systématiquement le graphique de la respiration de toutes les hystériques, je fus très étonné de trouver chez l'une d'elles un graphiques qui représentait exactement le rythme de Cheyne Stokes. Cette malade était toujours dans un état de distraction et de rêverie; lorsqu'on attirait son attention par un procédé quelconque, sa respiration changeait et redevenait à peu près normale. Il en était d'ailleurs de même dans les autres cas de Cheyne Stokes que j'ai retrouvés chez des hystériques. Cette respiration existe chez des sujets qui sont dans un état de demi-sommeil et qui sont incapables de prêter aucune attention : elle disparaît quand le sujet est plus réveillé et plus actif. Ces observations sont intéressantes pour montrer le rôle de la respiration dans l'attention; elles sont aussi importante pour la théorie de l'hystérie, car elles nous montrent ici le trouble d'une fonction, celle de la respiration attentive, qui n'est pas une fonction connue par le sujet et qui, par conséquent, ne peut pas être troublé par ses idées préconçues.

Dans le même ordre d'idées je voudrais signaler, plutôt à titre de curiosité, car cette fois je n'en ai vu qu'un seul cas, un phénomène de *paralysie du diaphragme avec respiration alternante* ou en bascule. On sait que dans la respiration normale le diaphragme s'abaisse quand le thorax se soulève, qu'il refoule activement les intestins et gonfle par conséquent le ventre pendant l'inspiration. Si le diaphragme est paralysé, il ne peut pas faire ce mouvement actif, il flotte comme un voile inerte et se laisse aspirer pendant l'inspiration en bascule. On la considérait autrefois comme très dangereuse et incompatible avec la vie. Briquet cependant en avait déjà signalé un cas d'une manière vague, il est vrai, chez une hystérique dont la vie n'était pas compromise. J'en ai décrit une observation avec beaucoup de précision à propos de cette jeune fille qui avait tout le tronc paralysé à la suite d'une chute dans un puits. C'est là, j'en conviens, un phénomène très discutable dans l'hystérie, et il faut en attendre la confirmation. Si elle arrive, il nous faudra admettre des fonctions plus profondes, plus anciennes, relatives au mouvement du diaphragme, qui peuvent être troublées dans certaines formes graves d'hystérie.

La plupart de ces troubles respiratoires se retrouvent chez les deux groupes de névropathes que nous avons signalés chez les hystériques et chez les psychasténiques et quand les accidents portent uniquement sur la respiration, le diagnostic est souvent fort difficile. Peut-être les accidents sont-ils plus superficiels, plus irréguliers et même temps accompagnés de plus de pensées pathologiques dans le groupe des psychasténiques. C'est parmi eux que l'on rencontre ces gens qui reniflent ou qui soufflent par le nez pour chasser les petites bêtes qui pourraient monter jusqu'au cerveau, ces malades qui inventent des systèmes pour bien respirer et pour bien déglutir et qui veulent avaler une goutte d'eau entre chaque respiration.

Beaucoup *d'angoisses* des psychasténiques ne sont que des agitations respiratoires. Tous ces individus qui ont des phobies éprouvent des resserrements à la poitrine et croient qu'ils s'arrêtent de respirer : « Je sentais que j'étouffais, je sentais que rien ne remuait plus dans ma poitrine et il me semblait que les autres personnes ne devaient pas respirer non plus… Alors ce devait être la fin du monde. Tout le monde mourrait étouffé ». Si on prend le graphique de la respiration dans ces cas, on constate toutes sortes d'irrégularités, des respirations incomplètes par saccades, des trémulations du ventre très curieuse, de la polypnée, des soupirs convulsifs. L'état mental qui accompagne ces phénomènes se rattache nettement à la névrose psychasténique, mais le trouble respiratoire en lui-même est le plus souvent semblable à ceux qu'on observe dans l'hystérie.

4. - Troubles urinaires, vaso-moteurs, sécrétoires.

Je signale seulement d'une façon rapide les troubles des fonctions urinaires qui sont plus fréquents qu'on ne le croit chez les névropathes. On rencontre chez les hystériques des sortes d'agitations des fonctions urinaires sous la forme d'exagération de la fréquence des mictions, des *pollakiuries*, ou des *incontinences* fort curieuses. Ce ne sont pas des écoulements d'urine goutte à goutte comme dans certaines incontinences par regorgement, ce sont de larges miction tout à fait analogues à des mictions normales, sauf qu'elles s'accomplissent à l'insu du sujet d'une manière subconsciente. Elles se produisent souvent la nuit, à l'occasion de rêves relatifs à la miction ou simplement à l'occasion de rêves émotionnels. On rencontre également des insuffisances de la fonction urinaire avec perte de la sensation du besoin d'uriner et perte du pouvoir d'uriner volontairement. Les diverses variétés de ce phénomène ont d'ailleurs des mécanismes souvent fort compliqués.

Les autres névropathes ont également des pollakiuries et des incontinences, mais d'ordinaire le phénomène ne se passe pas en dehors de la conscience, il s'agit bien plutôt de besoins impérieux en rapport avec des obsessions ou avec des manie. Telle était cette malade atteinte d'un singulier scrupule urinaire qui, avant de se coucher, retournait soixante fois aux cabinets, parce qu'elle n'avait jamais le sentiment d'avoir uriné d'une manière suffisamment complète. Les rétentions d'urine en rapport avec des spasmes sont très souvent associées avec des timidités, des gênes de différentes espèces, des idées hypocondriaque ou des scrupules relatifs à la miction.

On rencontrerait les mêmes troubles dans les fonctions génitales, mais ici la part des troubles intellectuels est encore plus considérable et la plupart des symptômes ont déjà été signalés à propos des obsessions, des impulsion ou des phobies.

On a souvent rattaché aux névroses un grand nombre de troubles de la circulation, ou même de troubles des sécrétions. Comme on le verra tout à l'heure, en recherchant les caractères de ces troubles viscéraux, ces symptômes nouveaux soulèvent une foule de problèmes physiques et physiologiques que nous ne pouvons discuter ici complètement. Rappelons seulement que certains de ces troubles sont incontestables et assez faciles à comprendre. On sait qu'il y a des modifications de la circulation et des sécrétions en rapport avec des émotions vives; par exemple, on sait que le cœur palpite, que le visage rougit, que les yeux pleurent, que les sécrétions gastriques ou intestinales peuvent être modifiées, que les règles peuvent être arrêtées par les émotions subites de chagrin ou même de joie. Si ces émotions deviennent très fréquentes ou à peu près permanentes, comme cela arrive dans certains états d'angoisse ou d'idée fixe, on comprend que ces modifications viscérales puissent se répéter très souvent et s'aggraver : ce premier point n'est guère mis en discussion.

Mais on a signalé d'autres phénomènes : ce sont des palpitations cardiaques, des modifications vasomotrices qui persistent pendant longtemps, indépendamment d'un état émotionnel particulier, et qui constituent par elles-mêmes un trouble névropathique permanent de la fonction. Depuis très longtemps, car le fait était déjà connu à l'époque où l'on recherchait les stigmates des sorcières en piquant la peau avec une pointe acérée, on avait remarqué que les piqûres faites sur les régions anesthésiques et paralytiques ne saignaient pas de la même manière que les piqûres faites sur les régions saines. L'écoulement du sang est nul, ou bien il est minime et s'arrête immédiatement. D'ailleurs la peau de certaines régions est souvent plus pâle et plus exangue qu'à l'état normal. Enfin il est incontestable qu'on observe facilement, dans beaucoup de ces d'anesthésie et de paralysie hystériques des modifications importantes de la température superficielle. Les sensations de froid que les malades accusent souvent dans leur membre importent ne sont pas toujours imaginaires et il n'est pas rare d'observer des différences de température de 3 ou de 5 degrés entre le membre paralysé et le membre sain. C'est là un fait anciennement connu sur lequel M. Egger a récemment insisté d'une manière intéressante. Ces modifications circulatoires permanentes, en rapport avec des spasmes des vaso-moteurs, ne me semblent pas être mises en doute.

D'autres phénomènes peut-être plus rares sont ces troubles vaso-moteur qui déterminent des oedèmes dans diverses régions. L'école de Charcot a beaucoup insisté sur un œdème particulier de coloration bleue ou blanche assez dur, souvent froid, qui se développe en même temps que les contractures ou les paralysies hystériques des membres. J'en ai observé plusieurs exemples sur les bras et sur les jambes; je l'ai même observé une fois à la face, en même temps que l'hémispasme glosso-labié. Dans certains cas le trouble va plus loin encore : l'épanchement de la sérosité détermine des troubles cutanés variés dont le terme serait de véritables gangrènes hystérique; dans d'autres cas il y la rupture des vaisseaux superficiels et une véritable hémorragie. Ces hémorragies cutanées ont joué un grand rôle dans l'interprétation des stigmates présentés autrefois par les saints du Moyen âge. Le phénomène n'a pas entièrement disparu aujourd'hui et j'ai présenté une observation remarquable de ces stigmates chez une femme atteinte de délire mystique, dont j'espère bien étudier un jour l'histoire d'une manière plus complète. De telles hémorragies se retrouvent dans les muqueuses. On a souvent répété qu'elle jouait un rôle dans certains vomissements de sang, dans des crachements de sang venant des poumons et dans certaines hémorragies utérines. Au même groupe de phénomènes se rattachent des troubles remarquables des sécrétions. Tantôt les organes cessent absolument toute sécrétion, comme cela a été signalé dans certains cas d'anurie hystérique; plus souvent il y a une sécrétion exagérée du nez, de l'estomac, de l'intestin, de l'utérus, ou même du sein. On recueille encore de temps en temps des observations remarquables et bien embarrassantes de rhinorrhée, de pertes aqueuses énormes par l'utérus, de sécrétion lactée ou aqueuse par le mamelon du sein. J'en ai constaté plusieurs cas sans être arrivé à me former une opinion bien nette sur leur mécanisme ou même sur leur diagnostic. Tous ces faits sont en effet extrêmement embarrassants et d'une interprétation très difficile. On les rattachait autrefois sans hésiter à l'état névropathique; on est aujourd'hui plus difficile sur leur diagnostic et on est disposé à restreindre davantage le domaine des névroses et en particulier le domaine de l'hystérie, pour discuter leur nature nous sommes obligés de revenir sur les caractères généraux des troubles viscéraux névropathiques.

5. Les caractères des troubles viscéraux névropathiques.

Il est évident qu'il faut prendre de grandes précautions avant d'attribuer à la névrose des troubles viscéraux que présentent des malades par ailleurs vraiment névropathes. Ces malades peuvent avoir une foule d'affection surajoutées à leur névrose, et il ne faut pas dire que tout coryza chez une femme hystérique est un phénomène qui se rattache à l'hystérie. Je crois qu'on a souvent commis des erreurs à ce propos. D'autre part, la névrose se présente chez des individus qui sont plus ou moins faibles, tarés, et qui peuvent avoir, à côté de leurs troubles du système nerveux, des malformations et des insuffisances de beaucoup d'autres organes. Les manifestations de ces insuffisances organiques se juxtaposeront à la névrose proprement dite sans être tout à fait de même nature.

C'est ainsi qu'on a observé très souvent l'association de diverses névroses avec la diathèse qu'on appelle arthritique. Que l'arthritisme soit une malformation héréditaire, qu'il se rattache à diverses auto-intoxications déterminées le plus souvent par la suralimentation, qu'il dépende de l'insuffisance de certaines glandes à sécrétion interne, de toute manière il n'est pas identique à ces troubles d'une nature très spéciale que nous avons constatés dans les fonctions du cerveau et dans les fonctions psychologiques. Les deux genres de troubles ont entre eux d'étroites relations, cela est clair, mais ils ne sont pas nécessairement unis. Ils ont un mécanisme différent et ils réclament souvent des thérapeutiques tout à fait différentes. C'est, à mon avis, s'exposer à de grandes confusions que de rattacher aux névroses proprement dites tous les troubles cutanés, gastriques, intestinaux, qui sont une manifestation de l'arthritisme. C'est un peu le défaut que je relèverais dans le livre remarquable de M. M. Leven sur la névrose (1887).

Pour dire que des troubles viscéraux sont névropathiques, on s'appuie d'ordinaire simplement sur leur évolution. Ce sont, dit-on, des maladies viscérales qui ne sont pas définitives, qui peuvent guérir plus ou moins complètement; ce sont des maladies qui apparaissent rapidement sans que nous voyions bien dans les circonstances environnantes des causes suffisantes pour les expliquer. Ce sont des maladies qui semblent avoir un certain rapport avec des phénomènes moraux ordinairement très mal décrits sous le nom vague d'émotions; enfin ce sont des maladies dont nous ne voyons pas nettement les lésions.

Aucun de ces caractères ne me paraît bien net et à l'abri de toute discussion. Beaucoup de maladies de divers organes guérissent heureusement et il n'est pas toujours facile de prédire la vitesse de la guérison. L'apparition rapide de la maladie, ou plutôt de la manifestation maladive, car le trouble organique pouvait être latent depuis longtemps, n'a rien de bien démonstratif. Il y a des symptômes réflexes qui apparaissent très rapidement. Des anuries complètes consécutives à une infection de nitrate d'argent dans la vessie sont-elles des névroses? *L'intervention des émotions* est quelquefois plus intéressante, mais elle peut précipiter simplement la manifestation d'une lésion antérieure. Autrefois, on n'hésitait pas à rapporter à l'hystérie des vomissements de sang survenant subitement après des émotions. Voici à ce propos deux observations rappelées récemment par MM. Mathieu et Roux à propos des névroses de l'estomac : ces observations sont curieuses et instructives.

Kuttner, en 1895, signalait une malade qui ne s'était pas plainte antérieurement de son estomac et qui eut subitement un grand vomissement de sang à la suite de la mort d'un parent : on fut amené à l'opérer et on trouva dans la région du pylore un ulcère véritable probablement en évolution depuis longtemps. Une autre femme, à la suite d'une grande scène de famille dans laquelle sa fille unique quitta pour toujours la maison paternelle, eut également un vomissement de sang qui, provoqué dans de telles circonstances, aurait été autrefois rattaché sans hésitation à des troubles névropathiques; quand on l'opéra, on trouva également un ulcère. Ces observations nous montrent qu'il faut être très réservé dans ces diagnostics de troubles névropathiques purement viscéraux, quand on ne peut s'appuyer que sur l'évolution des symptômes et sur la provocation des accidents par l'émotion.

Pour apprécier avec plus de probabilité le caractère névropathique de certains symptômes viscéraux, il faudrait pouvoir retrouver dans ces nouveaux phénomènes les mêmes caractères qui ont été constatés à propos des troubles névropathiques des autres fonctions; il faudrait, par exemple, pouvoir refaire ici les mêmes constatations et les mêmes expériences qui ont été faites à propos des troubles névropathiques du langage. Nous disions, en étudiant le mutisme hystérique, que la fonction du langage était restée intacte parce que le sujet pouvait encore parler d'une manière tout à fait correcte si on le plaçait dans des conditions morales légèrement différentes; un individu tout à fait muet en apparence, quand on l'examinait pendant la veille en attirant son attention, pouvait parler facilement en rêve, ou pendant le somnambulisme, ou simplement dans un état de distraction. Quand nous examinions les névroses des fonctions motrices, il nous suffisait de modifier certains états psychologiques pour supprimer ou pour transformer le trouble constaté, et c'est là ce qui nous permettait de diagnostiquer la névrose. Il faudrait pouvoir refaire toutes ces mêmes études à propos des symptômes viscéraux.

Dans certains cas, une recherche de ce genre n'est pas impossible. On a vu que des hystériques anorexiques qui ne sentent pas la faim et qui refusent absolument de manger pendant la veille, vont spontanément se préparer des aliments et les mangent avec appétit pendant une crises de somnambulisme; on a vu également que certains troubles respiratoires comme la polypnée ou le hoquet cessent subitement dès que le sujet est hypnotisé. Dans ces cas, la comparaison de ces phénomènes avec les précédents peut être faite assez facilement et nous admettons sans peine que certains troubles des fonctions de l'alimentation, de la respiration, ou même de la miction soient des troubles névropathiques. Mais les choses deviennent bien plus délicates quand il s'agit de troubles circulatoires comme les oedèmes et les hémorragies. La difficulté principale provient de ce que ces fonction circulatoires n'ont avec la pensée humaine que des rapports très éloignés et aujourd'hui mal connus. Nous ne sommes pas capables de reproduire à volonté des expériences dans lesquelles nous puissions faire apparaître ou disparaître des oedèmes ou des hémorragies. Des tentatives de ce genre ont sans doute été faites à plusieurs reprises, mais elles n'ont pas réussi entre toutes les mains, et il reste un doute non sur la possibilité du phénomène, mais sur les moyens de le reproduire. Dans ces conditions, comment pouvons-nous constater sur un sujet qui présente de l'œdème l'intégrité de la fonction circulatoire, comment pouvons-nous démontrer que le trouble dépend uniquement d'un certain état psychologique, quand nous ne savons ni le faire disparaître ni le modifier? C'est pourquoi nous nous trouvons ici en présence d'un diagnostic qui est aujourd'hui très difficile et qui ne doit être présenté qu'avec une grande prudence.

Sauf dans des cas exceptionnels où l'analyse psychologique pourra par exception être bien faite, il faudra le plus souvent en revenir à une opinion que je soutenais déjà en 1892 dans mon travail sur l'état mental des hystériques. Les troubles proprement caractéristiques des névroses sont des troubles psychologiques, et les phénomènes viscéraux ne peuvent être considérés comme névropathiques que dans la mesure où ils sont associés avec les précédents. Dans des conditions particulières, chez des sujets qui sont déjà peut-être prédisposés par une auto-intoxication ou par le trouble d'une glande à sécrétion interne, une contracture ne peut pas rester permanente sans déterminer des troubles circulatoire et des oedèmes. Cet œdème est alors un phénomène complexe qui se rattache en partie, mais uniquement comme phénomène associé à des troubles moteurs nettement névropathiques.

Un autre problème se rattache à l'étude de ces symptômes viscéraux : si on les considère comme névropathiques, peut-on *diagnostiquer de quelle névrose il s'agit* et peut-on toujours les rattacher nettement à l'hystérie ou à la psychasténie, comme nous l'avons fait pour tous les symptômes précédents? Un peu de réflexion suffira pour montrer la difficulté du problème : jusqu'à présent, nous avons distingué ces deux névroses par des différences à mon avis très importantes, mais en réalité délicates dans l'état mental des sujets. Ce diagnostic pourra être fait à propos des accidents viscéraux si les phénomènes psychologiques qui les accompagnent sont assez complets et assez nombreux pour que l'on puisse faire sur eux l'examen nécessaire pour discerner ces différences. Or, il est facile de voir que les choses ne se présentent pas toujours ainsi.

Certains de ces phénomènes viscéraux sont accompagnés d'une forte conscience et de phénomènes psychologiques bien distincts : leur diagnostic devient alors aisé. Par exemple, je prétend qu'il est presque toujours possible et souvent très utile de distinguer l'anorexie hystérique et la sitiergie psychasténique, car ni l'évolution, ni le pronostic, ni le traitement, ne sont les mêmes. Dans les premiers cas, on constate une disparition du sentiment de la faim beaucoup plus complète, des anesthésies variées, une agitation musculaire, un besoin de mouvement sur lequel j'ai beaucoup insisté, qui est en rapport avec un état d'euphorie. En un mot, tous les sentiments relatifs à l'alimentation, même le sentiment de la faiblesse corporelle, se sont dissociés; le sujet n'a plus dans sa conscience personnelle aucun phénomène psychasténique de la sitiergie, la disparition de la faim est beaucoup moins nette, le sentiment de la faiblesse et du besoin d'aliments persiste, il détermine des irrégularités dans le refus des aliments : le sujet n'est pas précisément incapable de manger, il est incapable de manger en public ou bien de prendre la décision volontaire et définitive de se nourrir, il ne présente véritablement de troubles que dans les sentiments sociaux qui accompagnent l'alimentation, dans les idées et dans les déterminations relatives à la nourriture. Cette analyse psychologique peut en général être faite plus ou moins nettement quand il s'agit d'un phénomène comme celui de l'alimentation, dans lequel les pensées et les sentiments jouent un grand rôle. Aussi le diagnostic des deux névroses est-il ici presque toujours intéressant. On pourra le faire de même, au moins dans certains cas, à propos des tics respiratoires et des vomissements, quand la même analyse psychologique sera possible. Mais déjà, ici, l'obscurité est bien plus grande parce que les phénomènes psychologiques sont moins nets.

Mais quand il s'agit d'un phénomène de rhinorrhée ou d'un œdème, comment voudra-t-on faire la même analyse sur le degré de conscience personnelle des phénomènes psychologiques? Ceux-ci sont bien peu nombreux et bien mal analysés. Il est difficile de reconnaître leur existence; comment essayer de se prononcer sur les caractères délicats qui distinguent les deux psycho-névroses? Aussi ne faut-il pas être surpris si l'on retrouve de ces troubles circulatoires chez les malades des deux catégories sans pouvoir les distinguer l'un de l'autre : j'ai souvent observé de beaux cas de dermographisme ou d'œdème cutané chez des psychasténiques incontestables, sans trouver dans ces phénomènes aucun caractère qui permît de les distinguer de ceux que l'on décrivait autrefois chez les hystériques. Il me semble qu'il est inutile de s'engager dans des diagnostics de ce genre, c'est le seul moyen de conserver quelque précision à l'étude des névroses.

En un mot, les symptômes proprement névropathiques sont parfaitement clairs et nets lorsque l'on considère les idées et les fonctions mentales comme la mémoire, l'action volontaire et la perception; ils existent encore quand il s'agit des fonctions viscérales nettement associées avec des instincts, des phénomènes d'attention ou d'émotion; ils deviennent obscurs quand on considère des fonctions élémentaires très fondamentales et très anciennes dans l'organisme, sur les quelles la conscience actuelle de l'homme semble avoir moins d'influence.

Deuxième Partie :

Les états névropathiques

Chapitre I

Les crises nerveuses.

Les divers symptômes névropathiques se présentent rarement d'une manière isolée et momentanée; le plus souvent ils se groupent entre eux, se combinent de diverses manières et surtout se répètent et se prolongent de manière à remplir certaines périodes de temps plus ou moins longues; c'est ce que l'on peut appeler *des états névropathiques.*

L'étude de ces états nous conduit à insister sur d'autres caractères essentiels des névroses que nous n'avons pas encore considérés, leur apparition dans le temps, leur commencement, leur terminaison, leur évolution.

1. Les attaques hystériques.

Le plus connu de ces états névropathiques est *l'attaque hystérique.* C'est un état en général d'assez courte durée, constitué surtout par la réunion d'un grand nombre de phénomènes d'agitation portant surtout sur les idées, le langage et les fonctions motrices. Cette réunion des diverses agitations, que nous avons décrites précédemment, conserve bien entendu les caractères que nous avons déjà constatés : il ne s'agit que d'une émancipation des fonctions et non d'une altération profonde. Il en résulte que cette crise n'apporte pas de grandes modifications dans l'état mental du sujet et qu'elle se termine par un retour complet et facile à l'état normal. Ce sont d'ailleurs des caractères qui seront facilement compris quand nous aurons étudié la période de début ou de préparation de la crise, les caractères de la période d'état et la terminaison.

Ces accidents débutent d'ordinaire l'occasion de chocs traumatiques, mais surtout à l'occasion d'événements particulièrement émotionnants, de chagrins, de peurs, de grandes perturbations génitales. Un homme commence des attaques d'hystérie parce qu'il a vu son fils tomber d'un échafaudage et se tuer devant lui; beaucoup de jeunes filles ou de femmes commencent leurs attaques à l'occasion de la mort d'une personne aimée; dans une dizaine d'observations il s'agit d'un incendie, du feu mis à ses robes par une lampe à pétrole; dans d'autres d'une chute de tramway, d'une chute de bicyclette, d'une bataille avec des camarades, de chagrins d'amour, de revers de fortune, etc... Je ne veux insister que sur une histoire, celle de K..., qui nous donne justement un bel exemple d'attaques à forme de somnambulisme imparfait, rempli par des idées fixes, de l'agitation du langage et de l'agitation motrice. Cette dame de 43 ans, toujours impressionnable bien entendu, avait déjà été très bouleversée par la mort d'un ami très cher; elle n'avait gardé de lui, comme souvenir très précieux, qu'un vieux chien. Or, deux ans après la mort de son maître, le chien mourut à son tour sur un tapis. Cette dame, au désespoir, ce coucha sur le tapis où était mort le chien et y resta soixante jours sans vouloir accepter aucune nourriture et sans vouloir prendre aucun soin d'elle-même. Depuis elle commença de terribles attaques d'hystérie qui ont revêtu bien des formes.

Mais, quelle que soit la cause originelle, il est important de remarquer que l'attaque survient bien rarement immédiatement après l'émotion. Presque toujours le sujet semble supporter le choc d'une manière assez normale; il reste calme, trop calme même, pendant un certain temps, quelques heures, ou plus souvent quelques jours, et ce n'est qu'après ce laps de temps que l'attaque proprement dite apparaît à une époque où précisément on n'attendant plus de manifestations émotionnelles. Cette période intercalaire entre le choc et l'attaque était bien connu par Charcot qui l'appelait la période de rumination. Cette *période d'incubation* nous paraît également très intéressante; elle nous montre que le trouble moral, l'état névropathique proprement dit ne se limite pas au moment même des agitations de l'attaque, il commence bien avant. Il ne commence pas avec les préludes de l'attaque qu'on a appelés les auras, il faut le faire remonter plus loin. Presque toujours, surtout chez les sujets qui n'ont pas encore eu d'attaques ou qui en ont rarement, la transformation commence des heures et des jours avant l'accident visible. Pour moi, la période de rumination de Charcot est déjà un état hystérique qui constitue une partie de l'attaque elle-même. Il n'est pas facile d'expliquer ici les métamorphoses mentales qui caractérisent cette période préparatoire. Remarquons seulement qu'elle est remplie par des symptômes que nous connaissons déjà. Ce sont diverses défaillances ou insuffisances de la plupart des fonctions, des troubles de la perception sous forme d'inattention et d'anesthésie, des troubles de la mémoire qui constituent diverses formes d'amnésie, et surtout des troubles de l'action, des incapacités de se décider et de véritables paralysies systématiques portant sur divers actes. La conscience du sujet semble perdre de tous côtés le contrôle sur diverses fonctions, mais elle subsiste encore d'une manière apparemment normale, et beaucoup de personnes ne se rendent pas compte du trouble grave qui se prépare.

Dans certains cas l'attaque proprement dite semble commencer sans raison, par suite du simple développement du trouble précédent; mais ce n'est pas absolument exact. Presque toujours il y a de petits phénomènes extérieurs ou intérieurs qui, par association d'idées, rappellent d'une manière plus nette l'émotion initiale. La vue d'une flamme, quelquefois d'une simple allumette, va amener l'attaque chez nos sujets impressionnés par un incendie; un cri, un nom, une phrase quelconque la rappellera chez les autres. Notre malade K… présente une susceptibilité remarquable : il suffit qu'un chien aboie dans la rue, qu'elle voie passer un chat, qu'on prononce certains mots dont elle interdit absolument l'usage, comme les mots « amour, affection, bonheur, etc… » La moindre choses suffit pour provoquer une attaque interminable dans laquelle les convulsions et les hurlements se mêlent pendant quinze et vingt heures. N'est-il pas visible dans tous ces cas qu'il s'agit d'une association d'idées entre la perception redoutée et les souvenirs qui déterminent l'attaque comme le somnambulisme? Les différents termes de ces systèmes d'idées sont liés ensemble de telle façon qu'ils s'évoquent mathématiquement l'un l'autre.

On aura peut-être plus de difficulté à reconnaître la même loi, si on considère les attaques dont le point de départ semble être l'attouchement ou l'excitation d'un point du corps du sujet. On sait qu'on a attribué autrefois une très grande importance à ces points du corps qu'on appelait *points hystérogènes*. Charcot et Pitres en ont fait une longue étude qui semble aujourd'hui contenir bien des erreurs. On admettait que l'attaque commençait par une douleur ou une sensation étrange située à tel ou tel point du corps : les points les plus fréquents étaient, chez les femmes, la région inférieure du ventre appelée région ovarienne, d'un côté ou de l'autre. Les douleurs à ce point au moment de l'attaque étaient si fréquentes qu'elles ont même déterminé les théories des anciens sur l'hystérie. Qui ne connaît l'absurde histoire inventée par Platon, qui a fait le tour du monde, qui pendant des siècles a obnubilé l'esprit des médecins et qui a rejeté une sorte de honte sur tous ces malades. C'était disait-il, la matrice très excitée qui réclamait satisfaction et qui, ne l'obtenant pas, montait à travers le ventre jusqu'à la gorge des malades pour les étouffer. En effet, cette sensation de gêne qui commence souvent dans le bas du ventre semble monter et se propager à d'autres organes. Par exemple, elle s'étend très souvent jusqu'à l'épigastre, jusqu'aux seins, puis jusqu'à la gorge. Là elle prend une forme assez intéressante qu'on a très longtemps considérée comme tout à fait caractéristique de l'hystérie. La malade sent comme une boule, comme un objet trop gros qui remonte dans son cou et qui l'étouffe. Elle fait un effort, soit pour avaler, soit pour expulser ce gros marron. D'autres points et d'autres sensations peuvent intervenir irrégulièrement sur la poitrine, sur les épaules, sur les yeux, sur la tête, et ils semblent dépendre de phénomènes exclusivement physiques.

Il ne faut pas se tromper sur la nature de ces points : d'abord ils ne correspondent jamais à de véritables lésions organiques ou du moins, s'il y a là des lésions, elles ne jouent aucune rôle dans l'hystérie proprement dite. Ensuite, malgré l'apparence, il faut bien se rendre compte que ces phénomènes sont moraux et non point physiques et qu'ils dépendent encore des idées et des émotions du sujet. Les différentes régions de notre corps participent à tous les événements de notre vie et à tous nos sentiments. Voici deux individus qui ont été tous deux blessés à l'épaule, l'un par un ascenseur, l'autre par un omnibus. Ces blessures sont guéries depuis longtemps, mais le souvenir d'une sensation à l'épaule, l'idée même de l'épaule fait partie du souvenir de l'accident; il suffit de toucher l'un de ces malades à l'épaule pour que cette sensation bien spéciale lui rappelle son accident et qu'elle détermine la crise. L'idée de maladie de poitrine, la peur de la phtisie, s'accompagne chez une malade d'une certaine sensation pénible dans le sommet du poumon gauche à l'occasion de laquelle elle a débuté. Cette même sensation localisée à ce point sera le point de départ de l'attaque. Dans les émotions amoureuses, à moins qu'il ne s'agisse de purs esprits, il y a des sensations génitales avec gonflement de la région. Pourquoi ne pas comprendre que dans toutes ces émotions de regret, d'amour, de remords, cette image d'une sensation physique intervienne et qu'elle joue le rôle de point de départ? Ajoutez les innombrables associations d'idées déterminées par les habitudes du malade ou même par les interrogations du médecin et l'on comprendra que ces prétendus points hystérogènes sont tout simplement des endroits où se produisent facilement certaines sensations spéciales associées avec le souvenir d'un événement émotionnant. Les diverses auras qui se développent ainsi sont constituées par des sensations de mouvement, de crampes dans différentes parties du corps, dans différents viscères, par des changements de sensibilité dans divers organes.

L'état mental du sujet devient de plus en plus anormal; celui-ci ne semble plus se rendre compte des choses et il ne tarde pas à perdre conscience. Cette perte de conscience est très importante à bien comprendre, car son degré distingue les différentes attaques les unes des autres et en particulier sépare l'attaque hystérique de l'accès épileptique. Dans l'hystérie, si je ne me trompe, la perte de conscience n'est jamais réelle, elle est simplement apparente. Nous supposons qu'elle existe pour deux raisons : d'abord parce que le sujet ne nous répond plus et ne paraît pas réagir aux excitations du monde extérieur, et deuxièmement parce qu'après l'attaque il ne paraît pas se souvenir de ce qui s'est passé. Mais il ne s'agit là que d'une anesthésie et d'une amnésie ayant au suprême degré les caractères hystériques portant sur la personnalité normale du sujet et non sur la conscience en général. En usant de certains procédés on arrive très bien à mettre en évidence des sensations pendant l'attaque et des souvenirs après l'attaque. Il y a là un changement de conscience plutôt qu'une suppression de conscience.

Cette nouvelle conscience qui apparaît est remplie par les divers phénomènes d'agitation fonctionnelle que nous avons longuement étudiés. L'un de ceux qui jouent un grand rôle est une agitation des idées qui se développent d'une manière indépendante et exagérée. C'est là que l'on retrouve toutes les idées fixes à forme somnambulique, complètes ou incomplètes; c'est là que l'on constate les expressions complètes de l'idée par des actes, les expressions incomplètes par des attitudes, des hallucinations, des paroles, des expressions émotionnelles. Briquet soutenait autrefois que l'attaque d'hystérie n'est pas autre chose que la répétition exacte des troubles par lesquels se manifestent les impressions morale vives. Mais je ne pense pas comme cet auteur que toutes les crises soient uniquement constituées par des phénomènes de ce genre, simple expressions d'idées fixes et de sentiments. On constate en grand nombre dans ces attaques d'autres faits relatifs à des agitations des autres fonctions. Par exemple, très souvent le bavardage se développe, dépasse le sujet de l'idée fixe et porte sur une foule de choses insignifiantes; souvent même il devient tout à fait incohérent, ce sont des paroles pour des paroles.

À cette agitation verbale s'ajoute presque toujours de l'agitation motrice qui constitue ce qu'on a appelé avec une expression impropre les convulsion des hystériques. Ce sont des mouvements dans lesquels la systématisation musculaire reste absolument correcte, sans doute, mais qui nous apparaissent sans signification. Ajoutons encore des agitations de la perception sous forme d'hallucinations et surtout sous forme de douleurs qui arrachent des cris aux malades. Les agitations désordonnées des fonctions respiratoires déterminent la polypnée, des gémissements ou des hurlements monotones qui se répètent pendant des heures.

La grande crise de K…, déterminée, comme je l'ai dit, par la mort de son chien, pourrait fournir un très bon exemple de ce mélange de tous les phénomènes d'agitation hystérique. Pendant de longues heures se succèdent et se mêlent confusément des sanglots, des larmes qui coulent à flots, des cris aigus, des hurlements monotones qui se répètent exactement sur le même ton et avec le même rythme pendant plus d'une heure, des grands mouvements des bras qui tantôt frappent la poitrine ou arrachent les cheveux, tantôt se balancent régulièrement sans aucune signification, puis des déclamations sur la fatalité qui frappe sans raison, qui torture les meilleurs sans qu'ils aient mérité leur sort, puis des récitations de tirades douloureuses empruntées à des poètes : « Ah! vivre un jour sans lui me semblait la mort même… L'homme est un apprenti, la douleur est son maître… » Il y avait là un mélange de phénomènes très caractéristique, déterminé par l'agitation automatique de toutes les fonctions.

Ces phénomènes se sont développés pendant un certain temps, qui est très variable : la crise peut durer quelques minutes, elle dure communément une demi-heure ou une heure, elle peut durer des heures et des jours. J'ai vu des crises d'hystérie se prolonger pendant huit jours. Mais il est bon de remarquer que les très courtes durées et les très longues sont également rares. Une attaque très courte ne durant que quelques minutes, est facilement suspecte et doit faire songer à la possibilité de l'épilepsie; une attaque très longue dépassant plusieurs jours doit nous rendre circonspect et nous faire discuter la possibilité d'un délire ou d'une aliénation.

La terminaison de l'attaque est également importante et caractéristique. Lentement ou rapidement le sujet revient à lui, c'est-à-dire qu'il sort de son état de conscience anormal pour reprendre l'état de conscience habituel que nous considérons comme sa personnalité. Comme il n'a subi que des modifications en somme assez superficielles de l'état de la conscience, il n'est pas malade, il revient à lui dans un état à peu près normal, sans grands maux de tête, sans ahurissement et sans fatigue profonde. Ces remarques sont très importantes, car il en est tout autrement pour toutes les autres attaques convulsives et en particulier pour l'accès épileptique qui laisse après lui une grande confusion mentale et un sommeil stuporeux pendant plusieurs heures. Un caractère curieux mérite d'être remarqué, c'est que dans l'hystérie un certain nombre d'attaques sont au contraire suivies très rapidement par une période de bien-être. Le sujet éprouve une certaine détente, il se trouve beaucoup mieux portant qu'avant son attaque, on peut constater qu'il ne présente plus toutes ces insuffisances de la perception, de l'attention, de la volonté et de la mémoire qui caractérisaient la période des auras et la période de rumination.

Cette remarque confirme notre observation du début : c'est que l'attaque d'hystérie est un trouble mental plus étendu qu'on ne le croyait autrefois, qui se prolonge souvent depuis le commencement de l'émotion initiale jusqu'à la fin de l'attaque. Une autre remarque qui confirme cette notion d'un état hystérique enveloppant l'attaque, c'est que, après le réveil, on ne peut pas faire recommencer l'attaque elle-même. J'ai remarqué précédemment que pendant la période d'incubation il suffisait d'un attouchement sur une région, d'un mot prononcé pour éveiller l'attaque par association d'idées. Eh bien, ce n'est plus vrai maintenant, ces mêmes excitations laissent les malades absolument indifférents. Il faut qu'un certain temps s'écoule, deux jours pour l'un, huit jours ou un mois pour l'autre, pour qu'ils soient redevenus très impressionnables et capables de recommencer le même phénomène. C'est qu'ils sont sortis d'un état qui déterminait cette susceptibilité et qui demande un certain temps pour se reproduire.

2. - Les fugues et les somnambulismes hystériques.

Il est impossible d'analyser ici tous les états hystériques, je ne puis que signaler les crises de sommeil qui dans certains cas ont causé tant d'émotions. On pourrait dire que ces crises de sommeil sont des états hystériques dans lesquels prédominent les phénomènes d'insuffisance et de paralysie, tandis que dans les attaques prédominaient les phénomènes d'agitation. Je voudrais seulement insister un peu sur les fugues hystériques qui constituent des états fort curieux et très instructifs car ils permettent de bien comprendre les somnambulismes.

Pour bien comprendre ce curieux phénomène des fugues, il est nécessaire de résumer d'abord quelques observations typiques. Voici un cas remarquable dont j'ai publié avec M. Raymond la description complète dans la *Gazette des Hôpitaux*, le 2 Juillet 1895. il s'agit d'un homme de 30 ans, P... toujours déséquilibré et déjà somnambule dans sa jeunesse, très impressionnable et souvent tourmenté par des idées fixes. Fatigué par des fièvres intermittentes et des excès de travail, il fut troublé outre mesure par des querelles de famille; son frère qui le jalousait venait de se fâcher contre lui et l'accusait d'actions malhonnêtes et déshonorantes. L'accusation n'était pas sérieuse et personne autour de lui ne s'en inquiétait, mais il en était déjà très tourmenté et cela le rendait distrait et sans volonté. C'est la période de rumination que nous connaissons.

C'est dans ces conditions que nous arrivons au 3 février 1895 : il était seul à Nancy, sa femme l'ayant quitté pour quelques jours, il venait d'achever un travail pénible et, pour se reposer un moment, il se rendit à un café où il était très connu. Dans l'après-midi qu'il passa en partie à ce café, avec des amis à jouer au billard, il but une tasse de café, deux verres de bière et un petit verre de vermouth que le patron de l'établissement voulait lui faire goûter. C'est lui qui nous raconte ces détails dont il garde un souvenir parfait. Il sait aussi qu'un de ses voisins entrant dans le café lui a dit que puisqu'il était seul chez lui, il devrait venir dîner avec eux et qu'il a accepté l'invitation. Tout semblait donc absolument correct et il a une mémoire très exacte de tout ce qui s'est passé. Il sortit de ce café vers cinq heures, disposé à aller dîner chez son voisin, mais à quelques pas de là, en traversant le pont Stanislas, il éprouva une violente douleur à la tête, il sentit comme un choc à la partie postérieure de la tête. Le coup à l'occiput est très souvent caractéristique des grandes attaques, des grands changements de personnalité. C'est justement ce qui est arrivé ici, immédiatement après ce coup, quelque chose a dû changer dans l'état mental de notre homme, car il ne se souvient plus du tout des événements qui sont survenus ensuite ce dimanche 3 février 1895, ni les jours suivants.

Quand il reprit conscience, ou plutôt quand il reprit le fil de ses souvenir, la situation avait changé d'une manière extravagante. Il était couché dans un champ plein de neige à demi-mort, et, en tous les cas, stupéfait de se retrouver là. Il se releva péniblement, trouva une route avec des rails de tramway, les suivit et finit par arriver non sans peine dans une ville absolument inconnue, auprès d'une gare de chemin de fer. C'était la gare du Midi à Bruxelles. Il était onze heures du soir et la date qu'il lut sur un journal était le 12 février. En somme il sentit un coup sur la tête à Nancy, le 3 février et il se réveilla dans un champ aux environs de Bruxelles, le 12 février. La façon dont il avait accompli ce singulier voyage, tout ce qui s'était passé dans l'intervalle, lui était absolument inconnu.

Il télégraphia pour demander des secours, on s'occupa de lui, on le soigna, on le ramena à Paris à la Salpêtrière où nous l'avons étudié et nous sommes parvenus à lui faire retrouver le souvenir de qui s'était passé pendant ces neufs jours. Aussi pouvons-nous compléter maintenant l'histoire de sa fugue.

Sur le pont Stanislas, à la suite de la sensation de choc sur la tête, il se sentit l'esprit envahi par une terreur énorme, à la pensée des accusations que son frère portait contre lui. Il rentra chez lui extrêmement inquiet, quelques petits incidents augmentèrent sa pensée de culpabilité et dans la soirée qu'il passa à errer dans les rues de la ville sans aller dîner chez son voisin, il rêva constamment aux moyens d'échapper à ces accusations et de s'enfuir. Il prit de l'argent chez lui, alla se coucher dans un hôtel des faubourgs, au lieu de rester tranquillement chez lui, il se leva de très bonne heure et marchant à pied, pour éviter le chemin de fer, alla dans la campagne jusqu'à une gare où il n'était pas connu, il prit un billet pour Pagny-sur-Moselle. Puis, tantôt à pied, tantôt en chemin de fer, il alla jusqu'à Bruxelles, toujours avec l'idée de se réfugier à l'étranger sous un faux nom pour échapper aux poursuites.

À Bruxelles il séjourna d'abord dans un assez bon hôtel, et il passa ses journées à chercher s'il ne pourrait pas gagner quelques sous, mais il n'arriva rien et ses faibles ressources ne tardèrent pas à s'épuiser. Il alla dormir dans des garnis très inférieurs puis dans des asiles où on héberge à la nuit les malheureux. Là un brave homme petit pitié de lui et lui donna une lettre de recommandation pour une institution charitable. Cette lettre a joué dans son histoire un rôle intéressant : il l'a retrouvée dans ses poches après le réveil et elle lui a permis au moment de la guérison de remonter en arrière et de retrouver ses souvenirs. Mais ce jour-là il ne s'en servit pas et il tomba dans la plus affreuse misère. Il fut sur le point de s'engager comme soldat pour les Indes Néerlandaises, mais heureusement on ne voulut pas de lui. Épuisé de fatigue et de misère, il s'était couché dans la neige au milieu de la campagne avec la pensée vague de mourir.

Là il se passa une chose fort extraordinaire, qui constitue un fait psychologique intéressant. Ayant la pensée qu'il mourait, il ne put s'empêcher de changer le cours de ses idées et malgré lui il songea qu'avant de mourir couché dans la neige il aurait bien voulu revoir sa famille, sa femme et son enfant. Remarquez que l'idées de sa famille ne lui était pas venue une seule fois depuis dix jours. L'apparition de cette idée eut un résultat inattendu, c'est qu'il se dit aussitôt : « Mais, au fait, pourquoi donc est-ce que je meurs ici, loin des miens? » Il se redressa aussitôt, il était réveillé. On sait la suite, j'insiste seulement pour faire remarquer cette modification énorme de l'état mental déterminée par une idée.

Le fait est si intéressant que nous allons le revoir une seconde fois dans une autre observation. Il s'agit d'un jeune homme de 17 ans, Rou..., fils d'une mère névropathe, passablement nerveux lui-même, qui a l'âge de 13 ans se trouvait souvent dans un petit cabaret fréquenté par de vieux matelots; ceux-ci le faisaient boire et quand il était légèrement troublé par la boisson, lui remplissaient l'imagination de belles histoires de voyage. C'était de féeriques descriptions des pays tropicaux dans lesquelles le désert, les palmiers, les lions, les chameaux et les nègres jouaient un rôle admirable et séduisant. Ce jeune garçon fut extraordinairement frappé par ces récits qui l'impressionnaient d'autant plus qu'il était dans un état de demi-ivresse. Cependant l'ivresse terminée il paraissait s'en préoccuper fort peu, il ne parlait pas du tout de voyages et il se préparait au contraire une existence bien sédentaire et bien calme puisqu'il avait accepté la profession de garçon épicier et qu'il cherchait uniquement à avancer dans cette honorable carrière.

Mais voici des accidents bien inattendus : presque toujours à l'occasion d'une fatigue, d'une émotion ou d'une nouvelle ivresse il se sentait transformé, il oubliait de rentrer chez lui, ne pensait plus à sa famille et il sortait de Paris en marchant droit devant lui. Il marchait ainsi plus ou moins loin, jusqu'à la forêt de Saint-Germain ou bien jusqu'au département de l'Orne; tantôt il marchait seul, tantôt il circulait avec quelque vagabond, en mendiant sur la route; il n'avait plus qu'une seule idée en tête, celle de se diriger vers la mer, de l'atteindre, de s'engager sur un bâtiment et d'aller à la découverte des paysages enchanteurs de l'Afrique. Son équipé se terminait assez mal; mouillé par la pluie ou mourant de faim il se réveillait subitement sur la grand'route ou dans un asile, toujours sans rien comprendre à sa situation, sans aucun souvenir de son voyage et avec le plus vif désir de rentrer dans sa famille et dans son épicerie. Je n'insiste que sur une de ses fugues qui fut particulièrement amusante et qui, chose extraordinaire, a duré trois mois.

Il était parti de Paris vers le 15 mai et avait été a pied jusqu'aux environ de Melun. Cette fois il combinait dans son imagination le moyen de réussir mieux son expédition et d'arriver jusqu'à la Méditerranée. Or, il avait conçu à ce propos une idée lumineuse : il y a non loin Melun, à Moret, des canaux qui se dirigent plus ou moins directement vers le sud de la France et sur ces canaux avancent des bateaux qui transportent des marchandises. Il réussit à se faire accepter comme domestique sur un de ces bateau qui transportait du charbon. Il avait là un métier terrible : tantôt il fallait remuer le charbon, tantôt il fallait haler sur la corde en compagnie d'un âne nommé Cadet, son unique ami. Il était peu nourri, souvent battu, exténué de fatigue, mais il était rayonnant de bonheur, il ne pensait qu'à une chose, à la joie d'avancer vers la mer. Malheureusement, en Auvergne le bateau s'arrêta, il fut obligé de le quitter et de continuer à pied son voyage, ce qui était plus difficile. Pour ne pas être sans ressource, il s'engagea comme aide et compagnon d'un vieux raccommodeur de vaisselle. Ils avançaient lentement en travaillant sur la route; or, un soir, arriva de nouveau un événement inattendu.

La journée avait été bonne, les deux compères avaient gagné sept francs. Le vieux raccommodeur s'arrêta et dit à Rou... : « Mon garçon, nous avons le droit de faire un bon dîner et de célébrer la fête d'aujourd'hui, car nous sommes au 15 août ». À ce moment le jeune homme ajouta étourdiment : « le 15 août! Mais c'est la fête de Marie, c'est la fête de ma mère ». À peine avait-il dit ces mots qu'il parut tout changé, il regarda de tous côtés avec étonnement et se tournant vers son compagnon, le raccommodeur vaisselle, il lui dit : « Mais qui êtes-vous donc, et qu'est-ce que je fais là avec vous? » Le pauvre homme fut stupéfait et ne put rien faire comprendre à son compagnon qui se croyait encore à Paris et qui n'avait aucun souvenir des trois mois précédents. Il fallut se rendre chez le maire du village où on eut beaucoup de peine à s'expliquer. N'est-ce pas aussi une jolie conclusion d'une fugue que ce nom évoquant subitement le souvenir de mère et amenant le réveil?

Le même détail aussi singulier se retrouve dans cette dernière observation dont je ne puis dire que deux mots. Un jeune homme de vingt-neuf ans, clerc de notaire, avait fait une fugue du même genre que les précédentes et entraîné par une idée fixe avait été jusqu'en Algérie. Il se trouvait à Oran sur une terrasse de café, il lisait tranquillement le journal, quand ses yeux tombèrent sur un singulier fait-divers. On racontait la disparition d'un jeune clerc de notaire de vingt-neuf ans, de tel nom, et on cherchait ce qu'il avait pu devenir. « Mais, se dit le jeune homme, avec le plus grand étonnement, c'est de moi qu'il s'agit. Qu'est-il donc arrivé? » Et il se réveilla sans aucun souvenir de son équipée.

Cherchons donc à dégager ce qu'il y a de caractéristique dans ces observations : il est facile de remarquer l'analogie évidente qu'il y a entre ces phénomènes appelés fugues et les idées fixes à forme somnambulique que nous avons étudiées précédemment. D'une manière générale les grands caractères essentiels sont les mêmes, et nous pourrions sans difficulté appliquer ici les quatre lois   constatées précédemment : 1° Pendant l'état anormal, il y a une certaine idée, un certain système de pensées qui se développe d'une manière exagérée : il est clair que P..., par exemple, pense tout le temps, pendant les huit jours de sa fugue, à l'accusation portée contre lui par son frère, aux conséquences qu'elle peut avoir, aux moyens d'échapper à une arrestation imminente. Il est clair que Rou... médite pendant les trois mois de sa fugue sur les moyens d'atteindre la mer Méditerranée, sur l'espoir d'y rencontrer un bateau et de partir pour l'Afrique. Ces méditations sont disproportionnées, ne sont pas en rapport avec la situation d'un employé de chemin de fer, père de famille et d'un petit commis d'épicerie. Elles déterminent des actes, elles augmentent la force de résistance de ces gens qui courent, qui travaillent, qui supportent des privations sans difficulté. 2°

Pendant l'état anormal, les autres pensées relatives à l'existence antérieure, à la famille, à la situation sociale, à personnalité paraissent supprimées. Cela semble très bien confirmé par le phénomène du réveil : lorsqu'une circonstance fortuite ramène dans leur esprit la pensée de leur famille, de leur nom véritable, de leur personnalité antérieure, ils retombent dans un autre système d'idées et se réveillent. Cela prouve bien que, pendant l'état anormal, cette catégorie de souvenir n'avait pas été réveillée suffisamment.

En dehors de l'attaque, ou de l'état anormal, pendant la période considérée comme normale (nous devinons déjà qu'elle ne l'est pas complètement), nous pouvons voir l'application des deux lois inverses : 3° Les souvenirs de la fugue ont disparu et cela d'une manière extraordinaire, mais en même temps ont disparu, plus ou moins complètement, les pensées et les sentiments relatifs à l'idée qui dominait pendant la fugue. J'ai déjà fait remarquer que le jeune Rou... était un excellent garçon épicier, s'intéressant à la vente du sucre et du café, rêvant à se promener avec sa mère le dimanche à la foire de Saint-Cloud, et n'ayant rien des goûts d'un marin aventurier. Il n'a pas dans sa vie normale, d'une manière continuelle, ce désir de voyage, il est même très affligé quand on lui parle de ses fugues, il a peur qu'elles ne recommencent, puisqu'il vient lui-même et tout seul se faire soigner pour les éviter. J'insiste sur ce point : si ce garçon avait réellement toute sa vie le goût des expéditions au delà des mers, ce qui est possible après tout, il ne devrait pas se préoccuper de ses fugues, il devrait se résigner à ces escapades en se disant que leur succès sera avantageux pour lui. C'est ce qu'il ne fait en aucune manière, car dans sa vie normale il n'a pas les mêmes sentiments que pendant sa période de fugue. On constate le même fait chez l'employé de chemin de fer P..., une fois réveillé, il ne parle plus du tout de l'accusation de son frère de la même manière; non seulement il sait bien qu'elle est fausse, mais il sent surtout qu'elle est insignifiante; il sent que cela ne vaut pas la peine de déranger son ménage et sa carrière. Il y a là évidemment quelque chose qui rappelle l'amnésie de la mort de sa mère et la disparition des sentiments d'affection filiale que nous avons notée chez Irène à propos des idées fixes à forme somnambulique. 4° Pendant l'état dit normal, on retrouve le développement des phénomènes psychologiques qui étaient absents pendant la période de crise : souvenir de la vie entière, perception de tous les événements présents, notion exacte de la personnalité, etc.

Si on ajoute que ces fugues se présentent chez des individus qui ont déjà eu comme je l'ai fait remarquer chez P... des somnambulismes antérieurs, ou bien si on remarque que ces individus sont susceptibles de présenter plus tard, comme cela est arrivé chez Rou... des états somnambuliques, le rapprochement devient encore plus légitime, et l'on peut dire que les fugues sont en somme des développements d'une idées fixe à forme somnambulique.

Cependant il faut constater les différences : 1° Pendant l'état anormal, l'idée qui se développe n'a certainement pas la même puissance que pendant le somnambulisme monoïdéique, elle règle bien la conduite mais elle n'amène pas les hallucinations et les délire qu'elle produisait dans le cas précédent. Quand Irène avait l'idée du suicide et qu'elle rêvait à se faire écraser par une locomotive, elle n'avait pas la patience d'aller jusqu'à une voie de chemin de fer et de combiner un suicide réel, elle avait immédiatement l'hallucination de la voie du chemin de fer, et sans tant d'embarras, elle se couchait sur le plancher de la salle. Les individus qui font des fugues ne semblent pas d'ordinaire avoir de telle hallucinations : le développement de l'idée fixe est évidemment moins intense. 2° L'isolement de l'idée est également moins net et c'est là un fait bien caractéristique. Nos grands somnambules ne voyaient, n'entendaient absolument rien en dehors de leurs idée fixe; au contraire, les malades précédents conservent un très grand nombre de perceptions et de souvenirs nécessaires pour accomplir correctement leur voyage. « Ce qu'il y a de plus étonnant dans les fugues hystériques, disait Charcot, c'est que ces individus ne se font pas ramasser par la police dès le début de leur expédition ». En effet, ce sont des malades en plein délire, et cependant ils prennent des billets de chemin de fer, ils vont manger et coucher à l'hôtel, ils parlent à un grand nombre de personnes; on nous dit bien de temps en temps qu'on les a trouvés bizarres, rêveurs, préoccupés, mais enfin on ne les a pas pris pour des fous, tandis qu'Irène ne ferait pas quatre pas quand elle rêve à la mort de sa mère sans se faire conduire à l'asile. Il est certain que l'étendue de la conscience est très différente, que l'esprit ne se réduit pas d'une manière aussi brutale à une seule idée. 3° Nous pourrions faire des remarques analogues sur l'état dit normal. L'oubli de la fugue est très net, mais l'oubli de l'idée directrice et des sentiments qui s'y rapportent est beaucoup moins brutal : la restauration de la personnalité normale est beaucoup plus complète.

Pour comprendre cette dégradation, cette transformation du somnambulisme monoïdéique jusqu'à la fugue hystérique, il nous faut étudier des états en quelque sorte intermédiaires à divers points de vue, qui nous prépareront à comprendre les transformations de l'idée fixe typique. Je veux vous parler des *somnambulismes polyidéique* qui s'opposent au premier comme leur nom l'indique par la multiplicité des idées qui les remplissent.

On peut tout d'abord très bien comprendre, par un exemple, comment le somnambulisme peut se compliquer. Voici une femme hystérique Leg…, dont la vie a été très accidentée et qui a eu plusieurs aventures très dramatique capables de bouleverser sa conscience et de faire naître dans son esprit ces idées fixes qui remplissent les somnambulismes. Un jour, se trouvant au moment de ses règles, elle avait été fouiller dans les tiroirs de son amant et elle y avait trouvé une lettre qui confirmait ses soupçons et lui montrait qu'elle était trompée. Grande colère, arrêt des règles, bien entendu, et crise délirante à forme somnambulisme monoïdéique qui répète cette scène : voilà qui est bien simple. Un autre jour, étant en train de se promener avec son amant, elle a été surprise par un violent orage, et épouvantée par un coup de tonnerre très violent. Son amant s'est paraît-il montré peu courageux, et n'a su ni la rassurer, ni la mettre à l'abri. Grande colère contre lui, crise violente également à forme de somnambulisme monoïdéique dans laquelle elle entend le coup de tonnerre, tombe évanouie, puis fait une scène à son amant : c'est encore bien simple et conforme à la règle. Troisième histoire : Un jour, encore au moment de ses règles, elle a volé un revolver et s'est mise en embuscade le long d'une route par laquelle elle voit passer une voiture dans laquelle se trouvent son amant et sa rivale. Elle tire sur eux et tombe en arrière en crise délirante du même genre. Il y a encore dans sa vie d'autres aventures qui ont toujours le même résultat.

À la suite de tout cela, elle est à l'hôpital et à peu près tous les jours, pour des occasions insignifiantes, elle tombe dans des crises délirantes. Ces crises commencent au hasard par le récit ou la comédie, comme on voudra, de l'une des aventures précédentes, elle a les yeux hagards, elle tremble et met ses mains devant sa figure avec une violente expression de terreur. Elle ferme ses yeux devant les éclairs et elle joue la scène de l'orage, puis brusquement, sans se réveiller, elle prend une autre expression de physionomie, fait semblant de chercher des clés, crochète des tiroirs, lit des lettres, pousse des cris de fureur, etc. Enfin, elle tient à la main un revolver imaginaire, regarde par la fenêtre avec un air furieux, presse la détente et tombe en arrière évanouie. Ces trois scènes, et d'autres du même genre, recommencent indéfiniment, se succèdent dans un ordre irrégulier, et cela pendant des heures. C'est encore un état somnambulique avec le même isolement du sujet incapable de percevoir les choses extérieures, avec la même concentration de l'esprit sur une idée; mais les idées qui se succèdent sont multiples et amènent des comédies différentes, dans lesquelles les perceptions et les souvenirs ne sont pas les mêmes. L'unité du somnambulisme semble indépendante de l'idée fixe, il y a quelque chose d'étranger à l'idée elle-même qui a unifié ces trois ou quatre idées et les a réunies dans une même crise.

Le même caractère va se retrouver avec un peu plus de complications dans d'autres formes du somnambulisme polyidéique. Les idées sont modifiées non par le souvenir de somnambulismes antérieurs, mais par l'impression déterminée par des objets extérieurs que le sujet perçoit encore, ou bien ce changement se fait plus facilement encore, simplement par association d'idées. Il suffit de relire, à ce point de vue, l'observation amusante du somnambule de Mesnet, décrit déjà en 1874. Cet individu avait un somnambulisme très varié, dans lequel il jouait tantôt des scènes de sa vie militaire, tantôt des scènes amoureuses, ou bien il faisait de la musique, ou il se croyait domestique, le tout suivant les objet qu'il touchait ou suivant les impressions qui passaient dans son esprit : une idée éveillée par association se développait en une comédie, elle en éveillait une autre, puis une troisième, et ainsi indéfiniment. Ces somnambulismes sont parfois très compliqués et remplis en apparence par un grand nombre d'idées différentes.

Mais alors il faut se demander ce qui fait l'unité de ces somnambulismes. Pouvons-nous encore appliquer ici la conception générale qui était si simple dans les cas de somnambulisme monoïdéique? Nous résumions ces états par ces mots : « Il y a, disions-nous, une idée simple, un système d'images qui s'est séparé de la totalité de la conscience et qui a pris un développement indépendant. Cela amène deux chose, une lacune dans la conscience générale qui est représentée par une amnésie et un développement exagéré et indépendant de l'idée émancipée ». Or, ici, rien de semblable, il n'y a pas une idée nette, un système précis, qui se soit émancipé de la conscience, il semble qu'il y ait beaucoup d'idées différentes qui remplissent le somnambulisme.

Je pense pour ma part que la difficulté est plus apparente que réelle et qu'il s'agit toujours au fond du même phénomène. Les systèmes psychologiques qui existent dans notre conscience sont très nombreux et ils ne se présentent pas tous sous la même forme. Sans doute un des systèmes les plus simples, c'est l'idée relative à un événement, l'idée de la mort de sa mère est un système bien défini qui peut être supprimé avec netteté et qui peut se développer avec exagération. Mais il y a d'autres systèmes plus vagues dont nous avons déjà constaté un grand nombre. Considérons pour le moment le système de pensées et de tendances qu'on appelle un sentiment, ce n'est pas un système aussi net qu'une idée, mais il existe cependant avec une grande unité. Le sentiment qui résulte de la peur d'une accusation infamante, le sentiment de curiosité pour les voyages lointains, le sentiment d'amour et de jalousie à propos d'un amant, voilà des systèmes de pensées qu'il n'est pas toujours facile d'exprimer dans des mots, qui ne sont pas des idées proprement dites, qui peuvent au contraire renfermer de très nombreuses idées différentes, mais qui ont cependant leur unité mentale.

Eh bien, dans les somnambulisme polyidéiques et dans les fugues, c'est sur ces sentiments que la dissociation a porté. C'est un sentiment plus ou moins précis qui dans son ensemble s'est séparé de la conscience générale et se développe d'une manière indépendante en donnant naissance à ces singuliers délires. Une certaine complication nous éloigne du somnambulisme monoïdéique, mais nous conservons encore la même loi générale et la même interprétation.

3. Les doubles personnalités des hystériques.

Les somnambulismes sont susceptibles de présenter une nouvelle métamorphose dont l'intérêt scientifique est très grand, quand ils se prolongent et se compliquent de manière à donner naissance à ce qu'on appelle *des doubles existences, des doubles personnalités.* Ces cas sont assez rares, et il n'en existe guère aujourd'hui que vingt ou vingt-cinq belles observations, mais ces fait ont servi de point de départ aux premières et aux plus belles études sur la psychologie expérimentale.

Le type de ces doubles existences nous est fourni par un cas célèbre, plus légendaire qu'historique, qui remonte à une observation de Mitchell et Nott, publiée en 1816, rendue célèbre par un travail de Mac Nish sur *la Philosophie du Sommeil*, et enfin publié *in extenso* seulement en 1889 par le Dʳ Weir Mitchell, de Philadelphie, d'après les papiers de son père. je dois à ce propos rectifier une singulière erreur que j'ai continuellement commise dans plusieurs ouvrages. J'ai toujours pensé que le personnage appelé par Taine « la Dame de Mac Nish » et Mary Reynolds, le sujet de l'observation détaillée de Weir Mitchell, étaient deux individus différents, et qu'il y avait là deux observations concordantes de double existence. M. Weir Mitchell, dans une lettre qu'il vient aimablement de m'envoyer, m'a détrompé et m'a expliqué que l'observation publiée par lui en 1889 était écrite d'après des notes recueillies par son père et se rapportait en réalité au même personnage légendaire que nous appelons en France « la Dame de Mac Nish ». Cette erreur, toute absurde qu'elle soit, nous montre qu'il s'agit d'une observation très ancienne et très vaguement connue. C'est peut-être pour cela que le fait nous est présenté avec une simplicité qui nous étonne et que nous ne retrouvons plus dans nos observations d'aujourd'hui; en passant de bouche en bouche, le fait a dû se simplifier beaucoup. Quoi qu'il en soit, voici l'histoire résumée de Mary Reynolds ou de « la Dame de Mac Nish ».

Mary Reynolds était une enfant intelligente et calme, plutôt réservée et mélancolique, mais d'une bonne santé apparente. Les troubles nerveux commencèrent vers l'âge de dix-huit ans par une syncope assez prolongée à la suite de laquelle elle resta cinq ou six semaines aveugle et sourde; le sens de l'ouïe revint tout d'un coup, le sens de la vue revint graduellement et tout entier. Nous n'avons pas à insister maintenant sur ces troubles sensoriels que nous avons déjà étudiés. Après une seconde syncope de dix-huit à vingt heures, elle se réveilla, en apparence avec tous ses sens, mais elle avait oublié toute sa vie antérieure et toutes les connaissances acquises antérieurement, il ne lui restait que la faculté de prononcer instinctivement comme un enfant quelques mots sans les comprendre. Il lui fallut tout rapprendre de nouveau : mais il faut reconnaître que l'éducation fut rapide, puisqu'au bout de quelques semaines elle savait de nouveau parler, lire et écrire. On remarqua qu'elle rapprit à écrire d'une façon bizarre : elle prenait sa plume maladroitement et commençait à copier de droite à gauche à la façon des Orientaux; elle garda toujours dans cette seconde existence une écriture renversée très différente de son écriture ordinaire. Dans cette seconde existence, son caractère était tout transformé; elle était devenue vive, joyeuse, ne s'effrayait plus de rien, courait les bois, jouait avec les animaux dangereux; elle se montrait fine et railleuse avec les personnes qui cherchaient à la diriger et, en réalité, n'obéissait plus à personne. Au bout d'une dizaine de semaines, elle eut de nouveau un de ces sommeils bizarres et se réveilla d'elle-même dans le premier état. Elle n'avait plus aucun souvenir de la période qui venait de s'écouler, mais elle reprenait ses connaissances et son caractère antérieurs; elle se montrait de nouveau plus lente et plus mélancolique que jamais.

Au bout d'un certain temps, le même accident la fit rentrer dans l'état qui paraissait être le second. Ces transitions se faisaient souvent la nuit dans le sommeil naturel, quelquefois de jour, et elles étaient souvent douloureuses; le sujet était comme effrayé par une sorte de sentiment de mort « comme si je ne devais jamais revenir dans ce monde ». Quand la seconde existence réapparaissait, Mary Reynolds se retrouvait exactement dans l'état où elle avait été à la fin de la période correspondante, mais sans aucun souvenir de tout ce qui s'était passé dans l'intervalle. En un mot, dans l'état ancien, elle ignorait tout de l'état nouveau, dans l'état nouveau elle ignorait tout de l'état ancien. Dans un état ou dans l'autre, elle n'avait pas plus de souvenance de son double caractère que deux personnes distinctes n'en ont de leur nature respective. Par exemple, dans les périodes d'état ancien, elle possédait toutes les connaissances qu'elle avait acquise dans son enfance et dans sa jeunesse; dans son état nouveau, elle ne savait que ce qu'elle avait appris depuis son premier réveil. Si une personne lui était présentée dans un de ces états, elle était obligée de l'étudier et de la connaître dans les deux pour avoir la notion complète. Il en était de même pour toute chose.

Vers l'âge de trente-cinq ans à trente-six ans, l'état appelé second devint définitivement prédominant. Il se reproduisit plus souvent, dura plus longtemps et finit pas devenir en quelque sorte définitif, puisqu'elle resta dans cet état vingt-cinq ans. L'auteur remarque qu'à la fin de sa vie, il semblait y avoir une sorte de confusion entre les deux états; du moins l'état II devenu prépondérant s'étendait et semblait acquérir d'une manière vague des souvenirs appartenant à l'état I. « Il

lui semblait avoir comme une obscure, rêveuse idée d'un passé
plein d'ombre qu'elle ne pouvait pas tout à fait saisir ».

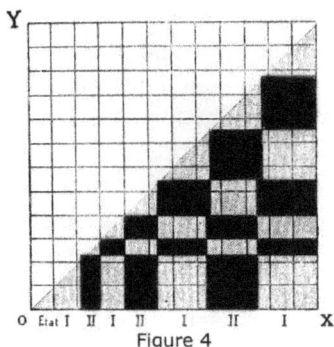

Figure 4

Nous pouvons utiliser à ce propos la méthode graphique qui
nous a servi à représenter des amnésies : elle nous donne une
représentation de l'histoire de Mary Reynolds. La figure 4 est
un damier dans lequel alternent exactement les carrés noirs et
les carrés blancs de la même manière qu'alternaient les oublis
et les souvenirs. Cette figure en damier est tout à fait spéciale
à ce premier type de doubles existences que j'ai proposé
autrefois d'appeler des *somnambulismes réciproques*.

Une autre histoire recueillie en France par un médecin de
Bordeaux, M. Azam, doit être opposée à la précédente, car elle
nous montre un autre type de double existence beaucoup plus
fréquent que le premier. M. Azam a commencé à faire
connaître cette histoire étonnante à la Société de Chirurgie,
puis à l'Académie de Médecine en janvier 1860. Il intitulait sa
communication « Note sur le Sommeil Nerveux ou
Hypnotisme » et il parlait de ce cas à propos des discussions
sur l'existence d'un sommeil anormal où l'on pourrait opérer
sans douleur. Cette communication faite ainsi incidemment
devait, en cinquante ans, révolutionner la psychologie.
Depuis, M. Azam a mieux compris l'intérêt et le succès de son
observation; il a publié différents mémoires et même des livres

231

sur son sujet en 1866, 1876, 1877, 1883, 1890, etc. Taine d'abord, dans son livre sur *l'Intelligence,* puis Ribot dans ses *Maladies de la Mémoire*, se sont emparés de cette histoire qui a fait le tour du monde, et il y a maintenant toutes une bibliothèque sur cette pauvre femme.

Quand Azam connut Félida pour la première fois, en 1858, elle avait quinze ans et était déjà malade depuis trois ans, depuis l'apparition de la puberté, comme cela est fréquent dans l'hystérie. Elle avait toutes sorte d'accidents hystériques, des attaques d'agitation motrice, des troubles de l'alimentation; toutes sorte de souffrance avaient altéré son caractère, c'était une personne renfermée, triste et craintive. Elle avait un grand nombre de troubles de la sensibilité, des dysesthésies variées et des insensibilités diffuses. Au milieu de toutes ces misères, se présenta de temps en temps, assez rarement au début, un autre phénomène très bizarre. Elle paraissait tomber en syncope pendant quelques minutes à peine, c'est la transition que nous avons déjà remarquée à propos de la plupart des somnambulismes; puis elle se réveillait subitement, elle était gaie, active, remuante sans aucune inquiétude et sans aucune douleur. Elle n'avait plus ces sensations pénibles et ces insensibilités qui la gênaient précédemment, elle était beaucoup mieux portante que dans la période précédente. Mais, remarquons-le tout de suite, dans cet état en apparence nouveau, elle ne présentait en aucune manière le trouble caractéristique de Mary Reynolds; elle n'avait pas à rapprendre quelque chose, parce qu'elle n'avait rien oublié. Elle conservait un souvenir très exact de toutes sa vie antérieure, de toutes les souffrances qu'elle avait subies et de tout ce qu'elle avait appris antérieurement. Tout était donc pour le mieux, mais cet état de bien-être durait peu; au bout d'une heure ou de trois heures, elle avait une nouvelle syncope et se réveillait alors dans l'état antérieur considéré comme normal que nous pouvons appeler, en suivant la convention d'Azam, *l'état prime*. En revenant à cet état, elle retrouvait toutes ses infirmités, ainsi que son caractère lent et triste auquel on était accoutumé. Mais il y avait maintenant un phénomène de plus, elle avait complètement oublié les quelques heures précédentes, remplies par *l'état II* ou *l'état vif* : toute cette période était pour elle comme si elle n'existait pas.

Cela n'avait pas à cette époque grand inconvénient, puisque l'état appelé II ne surmenait que de temps en temps et qu'il durait une heure ou deux. Mais, peu à peu, cet état prit un singulier développement; il se prolongea pendant des heures et des jours, et comme le sujet était alors beaucoup plus actif, il se remplit de toutes sortes d'événements graves. Il faut lire, dans l'ouvrage d'Azam, le récit bizarre d'une consultation médicale à propos de la première grossesse de Félida. La pauvre fille, pendant sa période d'excitation et de gaieté, s'était abandonnée à un jeune homme qui devait d'ailleurs être son mari; le réveil survint peu de temps après et ne lui laissa pas le moindre souvenir de cet incident. Comme sa santé s'altérait et comme son ventre grossissait, elle alla naïvement consulter M. Azam sur ses troubles singuliers. La grossesse était évidente, dit M. Azam, mais je n'osai pas l'en avertir. Quelque temps après, l'état II revint et Félida, s'adressant au médecin, s'excusa en riant de sa consultation précédente, car elle savait très bien maintenant de quoi il s'agissait.

Pendant la plus grande partie de sa vie ces deux périodes ont alterné et ce n'est que dans la vieillesse que l'une des deux périodes, la seconde, c'est-à-dire la meilleure, celle pendant laquelle le sujet était le plus actif et avait une mémoire totale, a empiété sur la première et a rempli à peu près toute la vie. Félida n'avait plus que rarement trois ou quatre jours de son ancien état appelé normal, mais alors sa vie était intolérable, car elle avait oublié les trois quarts de son existence et cela donnait naissance aux situations les plus comiques. Elle craignait de passer pour folle et se cachait avec angoisse jusqu'à ce qu'une nouvelle syncope la remit rapidement dans l'état le meilleur devenu habituel. Tels sont les grands traits de cette histoire devenue célèbre : on voit facilement en quoi elle diffère des observations précédentes. La figure schématique 5 en donne une image tout à fait caractéristique. Ce n'est plus un damier dans lequel les périodes d'oubli alternaient régulièrement avec les périodes de souvenir. On constate maintenant des bandes entièrement claires de plus en plus larges à mesure que la vie avance, dans lesquelles il n'y a aucune tache noire, ce sont les périodes de l'état II pendant lesquelles la mémoire s'étend sur la vie entière sans aucune amnésie. Au contraire, dans les bandes intercalaires qui représentent l'état I, on voit des séries de taches noires qui représentent des amnésies de plus en plus étendues portant sur toutes les périodes de la vie qui ont été remplies par l'état II. Cette figure nous montre bien que les deux somnambulismes ne sont pas égaux, qu'il y en a un supérieur à l'autre, surtout au point de vue de la mémoire : c'est ce qui justifie le nom que j'ai donné à ces cas de *somnambulismes dominateurs.*

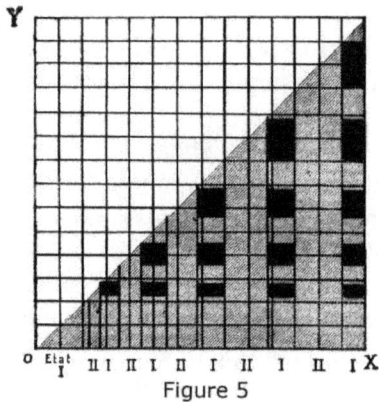

Figure 5

Si les cas du premier genre rangés autour de Mary Reynolds sont rares, il n'en est pas de même pour ceux du second groupe qui ont pour type Félida : le cas de Ladame, ceux de Verriest, 1888; de Bonamaison, 1890 de Dufay 1893, et beaucoup d'autres pourraient être décrits d'après le même modèle : il est inutile d'insister, ces cas ne présentent pas de phénomène psychologiques bien nouveaux.

Mais il y aurait lieu de former un troisième groupe que l'on pourrait appeler celui des cas complexes, dans lequel devraient être rangées quelques observations célèbres. Il s'agit de malades extrêmement compliqués qui ont non pas deux formes d'existence, mais un très grand nombre de formes d'existence jusqu'à 9 ou 10.   Ces différents états psychologiques présentent les uns vis-à-vis des autres des relations très diverses : tantôt ce sont des somnambulismes réciproques, tantôt ce sont des somnambulismes dominateurs.

L'un des plus remarquables cas publiés en France est celui de Louis Vivet étudié de 1882 à 1889 par bien des auteurs, par Legrand du Saule, Voisin, Mabille et Ramadier, Bourru et Burot, etc. Ce garçon avait six existences différentes; chacune était caractérisée : 1° par des modifications de la mémoire qui portaient tantôt sur telle époque, tantôt sur telle autre; 2° par des modifications du caractère; dans un état il était doux et travailleur, dans un autre il était paresseux et colère; 3° par des modifications de la sensibilité et du mouvement, dans un état il était sensibilité et du mouvement, dans un état il était insensible et paralysé du côté gauche, dans un autre il est paralysé du côté droit, dans un troisième il était paraplégique, etc. Le fait le plus curieux de cet état c'est que l'on pouvait, en agissant sur ce troisième caractère, amener les modifications correspondantes des deux autres.   Si l'on guérissait sa paralysie des deux jambes, on le faisait entrer dans l'état où il avait toutes ses sensations et tous ses mouvements et alors on voyait réapparaître le caractère et l'état de mémoire correspondant à cette période.

À côté de ce cas français, l'Amérique reprend l'avantage avec de très remarquables études.   Une des plus curieuse observations dont malheureusement je ne puis guère apprécier la valeur scientifique, est celle qui a été publiée en 1894 avec ce titre assez bizarre : *Mollie Fancher, the Brooklyn enigma, an authentic statement of facts in the life of Mary J. Fancher, the psychological marvel of the nineteenth century, unimpeachable testimony by many witnesses, by Abraham H. Daily, 1894*. L'histoire est singulièrement racontée : on y sent une sorte d'admiration mystique pour le sujet, une recherche exagérée de phénomènes surprenants et supranormaux qui évidemment inspire quelque crainte sur la façon dont l'observation a été conduit. Mais il n'en reste pas moins bien des faits très remarquables et très intéressants. Mollie Fancher, qui semble avoir eu tous les accident hystériques possibles, des attaques, des contractures terribles durant de longues années, de la cécité plus ou moins complète, etc., a surtout présenté toutes les formes du somnambulisme, depuis les plus simples jusqu'aux plus compliquées. Il y a en elle au moins cinq personnes qui ont des petits nom très poétiques : Sunbeam, Idol, Rosebud, Pearl, Ruby, chacune avec ses souvenirs et son caractère, la complication de ce cas est fort amusante.

Enfin il nous reste à signaler en Amérique la dernière et la plus remarquable des observations de ce genre, l'observation de Miss Beauchamp par M. le Dr Morton Prince, un des médecins de Boston qui se sont le plus intéressés au développement de la psychologie pathologique et qui a consacré des années de travail à l'observation de ce cas compliqué et intéressant. Je ne puis entrer ici dans l'analyse de ces cas complexes qui ne sont d'ailleurs que des combinaisons et des formes variées des deux formes simples précédentes. Dans ces cas complexes survient d'ordinaire une nouvelle influence dont il faut se défier car elle complique fort les choses. Je veux parler de l'influence de l'observateur lui-même, qui finit par trop bien connaître son sujet et par être trop bien connu de lui. Quelles que soient les précautions que l'on prenne, les idées de l'observateur finissent par influer sur le somnambulisme du sujet et par lui donner souvent une complication artificielle. Quoi qu'il en soit, on doit ajouter l'étude de ces cas complexes aux deux formes simples que nous avons signalées pour comprendre tout le développement que peut prendre ce singulier phénomène du dédoublement de la personnalité chez les hystériques.

Pour interpréter ces singuliers phénomènes, je voudrais ajouter ici une de mes propres observations qui ne diffère des précédentes que par un petit détail singulier, c'est que la double existence a été en grande partie produite artificiellement. En 1887, une jeune femme de vingt ans , que j'ai souvent décrite dans d'autres ouvrages sous le nom de Marcelline, entra à l'hôpital dans un état lamentable. À la suite d'anorexie hystérique et de vomissements incoercibles, elle était depuis plusieurs mois réduite à l'inanition complète; en outre elle n'avait plus aucune fonction d'évacuation et était incapable d'uriner spontanément. Il faillait la sonder pour retirer quelques gouttes d'urine. Incapable de se tenir debout, complètement insensible sur toute le surface de la peau et sur toutes les muqueuses, elle entendait très mal, voyait extrêmement peu et restait constamment dans une sorte d'état d'abrutissement. Ne parvenant pas à l'alimenter autrement, on a été amené à essayer l'effet des pratiques hypnotiques : après quelques tentatives, il fut facile de la faire entrer dans un état singulier qui paraissait momentané et artificiel, mais qui différait tout à fait de son état habituel. Elle était devenue capable de se mouvoir, elle acceptait toute nourriture, n'avait plus aucun vomissement et urinait spontanément, sans difficulté. D'autre part elle était devenue sensible sur tout le corps, entendait et voyait parfaitement, elle s'exprimait beaucoup mieux, avec plus de vivacité et montrait une mémoire de toute sa vie antérieure.

Après l'avoir alimentée dans ce nouvel état, on crut nécessaire de la réveiller et elle retomba immédiatement dans sa maladie précédente. Inerte, insensible, incapable de s'alimenter ou d'uriner, elle présentait simplement un trouble de plus, c'est qu'elle avait tout à fait oublié ce qui s'était passé pendant la période précédente. Néanmoins, grâce à ces somnambulismes artificiels, on put très facilement l'alimenter et lui faire reprendre ses forces. Mais il fut toujours impossible de l'amener à se nourrir dans la période considérée comme normale qui réapparaissait toujours après le réveil. Si bien qu'on se fatigua de l'endormir ainsi à chaque repas, ce qui était fort long, et qu'on la laissa des journées entières dans l'état artificiel. Il n'en résultait en apparence qu'un grand bien, puisque pendant toute la journée elle mangeait et urinait, présentait une sensibilité, une activité et une mémoire beaucoup plus complètes. Un jour ses parents la trouvant dans ce bel état artificiel la considérèrent comme guérie et la sortirent de l'hôpital.

Tout alla bien pendant les premiers jours; mais après quelques semaines, à l'occasion de règles, elle ressentit une sorte de bouleversement et se réveilla spontanément. C'est-à-dire qu'elle rentra dans l'état de dépression d'abrutissement d'où elle avait été tirée, mais en présentant en plus un oubli portant cette fois sur des semaines entières. Elle fut très troublée de se retrouver chez elle sans comprendre comment elle avait quitté l'hôpital et elle recommença à ne plus pouvoir manger. Marcelline me fut amenée à ce moment et, en présence de tous ses troubles, je n'ai pu faire autre chose que de l'endormir de nouveau ou plutôt de la ramener dans son état supérieur mais artificiel. Eh bien, les choses ont continué à se passer ainsi pendant quinze ans : Marcelline continua à venir de temps en temps se faire endormir, elle entrait alors dans son état alerte et partait très heureuse avec une activité, une sensibilité et une mémoire complètes. Elles restait ainsi pendant quelques semaines, puis lentement ou subitement, à la suite de quelque émotion, elle retombait dans ses engourdissements, revenait à l'état que nous avions considéré comme primitif et naturel avec les mêmes troubles viscéraux. L'oubli s'étendait maintenant sur des années entières et troublait complètement son existence : elle accourait alors se faire transformer de nouveau. Cela se prolongea ainsi comme je l'ai dit pendant quinze ans, jusqu'à la mort de la pauvre fille qui succomba à la tuberculose pulmonaire.

Comment comprendre ces deux états de Marcelline? Ils ressemblent tout à fait aux somnambulismes dominateurs de Félida qui présentait également deux états, l'un triste et incomplet avec des grands oublis, l'autre alerte avec l'intégralité de la sensibilité et de la mémoire. Les états de Marcelline leur ressemblent tellement qu'on pourrait appeler cette malade une Félida artificielle. Il faudra donc lui appliquer les conventions proposées par M. Azam et par tous les écrivains postérieurs : il faudrait dire que l'état I c'est l'état de dépression dans lequel nous l'avons trouvée au début et que l'état II c'est l'état d'activité qui a été surajouté artificiellement. Ces dénominations me paraissent tout à fait incorrectes quand on les applique à ce cas que j'ai suivi si longtemps. Il est absurde d'appeler état I ou état naturel un état de dépression incompatible avec la vie. Il est invraisemblable que cette jeune femme ait toujours été dès le commencement de sa vie dans un état pareil. En réalité cela est faux, elle a commencé dans son enfance avant la puberté par avoir à sa disposition toutes ses sensibilités et toutes ses fonctions : c'est là le véritable état I. L'état dans lequel nous avons l'avons vue à l'hôpital est un état anormal amené par l'hystérie, qui avait évolué depuis la puberté, c'est l'état II. Mais que faisons-nous alors de l'état obtenu en apparence par les pratiques de l'hypnotisme? Est-ce un état III? En aucune façon, dans cet état elle retrouvait les fonctions normales, la sensibilité et la mémoire qu'elle avait autrefois, je ne vois aucune raison pour distinguer cet état de l'état naturel de son enfance que nos avons appelé état I. C'est tout simplement une guérison momentanée déterminée par une excitation artificielle qui alterne avec des rechutes de la maladie.

Je crois qu'il en est absolument de même pour tous les autres cas que l'on a embrouillés par des dénominations fausses. Félida aussi a eu dans l'enfance un état I qui après la puberté a cessé d'être permanent. Il ne réapparaissait plus que dans les périodes d'état alerte, improprement appelées périodes d'état second. On a remarqué avec étonnement qu'à la fin de sa vie cet état existait presque seul, c'est tout simplement parce que l'hystérie était guérie et que la malade revenait à l'état normal de son enfance.

Il n'y avait d'anormal que l'état d'anesthésie et d'amnésie survenu graduellement après la puberté et qu'on avait pris à tort pour un état prime parce qu'il durait depuis longtemps quand on a observé le sujet pour la première fois. Les choses sont ainsi un peu plus claires, il y a seulement chez ces malades des changements brusques, sans transition suffisante qui les font passer d'une activité ralentie à une activité plus grande ou inversement. Ces deux états mentaux se séparent l'un de l'autre exactement comme dans les cas plus simples les idées et les sentiments se séparaient l'un de l'autre. Ils cessent de se rattacher comme chez les individus normaux par des gradations et des souvenirs. Ils s'isolent l'un de l'autre par les phénomènes d'amnésie et forment en apparence deux existences, deux personnalités séparées.

4. Les somnambulismes artificiels, les hypnotismes.

Je ne voudrais pas terminer cette étude des somnambulismes hystériques sans indiquer à sa place sinon une forme nouvelle, au moins un caractère important de toutes les formes précédentes.

Une propriété très curieuse des *accidents hystériques*, qui ne leur est pas sans doute absolument propre, mais qui est rare à ce degré, c'est qu'*ils peuvent être artificiellement reproduits*. Dans la plupart des maladies les accidents ne sont pas à notre disposition; pour ne prendre qu'un exemple frappant nous ne sommes pas du tout les maîtres d'un accès épileptique, nous ne pouvons pas l'arrêter à notre gré et nous ne pouvons pas le reproduire, le faire réapparaître quand nous le désirons. C'est une maladie sur laquelle actuellement, l'expérience a peu de prise. Autrefois il en était ainsi des trois quarts des maladies; aujourd'hui, grâce aux découvertes de la physiologie, de la microbiologie et quelquefois de la psychologie, on commence à pouvoir reproduire dans le laboratoire l'accident maladif qu'on désire étudier. C'est le début de la science médicale et quelquefois de la thérapeutique que de pouvoir déterminer ainsi à volonté l'éclosion d'une maladie.

Eh bien, ce caractère singulier est développé au plus haut point dans les névroses hystériques et il se retrouve surtout dans tous ces somnambulismes dont nous venons de parler. Il faut remarquer d'abord que c'est là un caractère très net des somnambulismes monoïdéiques, ou des idées fixes à forme somnambulique. Il nous suffit de faire naître dans l'esprit du sujet d'une manière plus ou moins précise l'idée dont le développement remplit le somnambulisme pour que celui-ci réapparaisse. Quelquefois, pour faire naître cette idée, il faut la rappeler complètement, la décrire, insister sur les images qui la constituent, souvent il suffit d'un signe, il suffit d'évoquer un terme associé avec cette idée pour que, grâce à l'association automatique des images, tout le reste du somnambulisme se développe. Parlez de Pauline à cette jeune femme qui voulait l'imiter en se jetant par la fenêtre et elle va rêver au suicide de sa nièce, se diriger vers une fenêtre et recommencer toute la scène. Interrogez Irène sur la mort de sa mère, vous allez voir l'un ou l'autre de ces phénomènes différents. Ou bien, comme nous l'avons noté, elle comprend mal la question, nous répond vaguement, n'a pas de souvenirs précis relatifs à la mort de sa mère, ni même à sa maladie. Ou bien, si vous insistez beaucoup, si vous rappelez des faits caractéristiques de l'agonie, le sujet va se troubler, il va cesser de nous entendre et de voir les choses environnantes. Bientôt il s'isolera dans son rêve et alors il récitera avec déclamation les détails de l'agonie dont nous parlions, il jouera la scène de la mort et sa propre tentative de suicide sous une locomotive : le somnambulisme aura recommencé.

Cette remarque s'applique à plus forte raison aux attaques hystériques, à ces formes incomplètes du somnambulisme mêlées à divers agitations motrices. Ceux qui ont décrit les points hystérogènes et les points hypnogènes avaient insisté sur ce caractère : c'est que l'on pouvait à tout moment, par l'excitation de ces points, faire retomber la malade dans l'attaque ou dans le sommeil. L'une tombait en convulsions dès qu'on lui pressait le bas-ventre, l'autre en attaque de sommeil dès qu'on lui touchait l'un des seins. Nous savons maintenant ce que ces phénomènes signifient : ils rentrent dans le groupe des précédents, la sensation provoquée est encore un signal associé avec le groupe des phénomènes psychologiques de la crise.

Cette reproduction artificielle est encore possible quand il s'agit du somnambulisme polyidéique dans lequel le rêve, une fois commencé, se transforme par l'adjonction de circonstances nouvelles, quand il s'agit des fugues elles-mêmes, que l'on peut faire recommencer en insistant sur l'idée dominante beaucoup des fugues du jeune Rou... ont été en quelque sorte expérimentales; ce sont des camarades qui les ont provoquées en rappelant par leurs bavardages les histoires de voyage qui impressionnaient le malade.

Bien plus, et le fait est peu connu, les doubles existences peuvent être reproduites expérimentalement. Les sujets que les anciens magnétiseurs cherchaient à transformer pour les rendre lucides et qui, tous les jours pendant des années, étaient plongés dans un état psychologique anormal, finissaient par avoir deux personnalités très distinctes. J'ai décrit autrefois sous le nom de Léonie un cas de ce genre vraiment remarquable. L'observation de Marcelline que nous venons de résumer à propos des doubles existences nous a montré une véritable Félida artificielle.

Les états ainsi reproduits artificiellement, les somnambulismes surtout ne tardent pas à se modifier un peu. Au bout d'un certain temps ils ne sont plus entièrement identiques aux phénomènes primitifs et naturels. Cela tient à ce que, comme nous l'avons vu à propos des somnambulismes polyidéiques, de nouvelles idées peuvent se développer dans cet état sans l'arrêter immédiatement. Une nouvelle idée, un nouveau sentiment se sont développés pendant cet état et tendent à lui donner une nouvelle unité, c'est l'idée de l'expérimentateur qui a déterminé le somnambulisme, c'est le sentiment particulier qu'il inspire au sujet. Au début l'expérimentateur ne pouvait que difficilement s'introduire dans le somnambulisme dont il avait seulement déterminé la réapparition, il n'était compris du sujet que s'il lui parlait de son propre rêve et souvent il cessait vite d'être entendu. Mais peu à peu il devient lui-même partie intégrante du rêve du somnambule, il est toujours entendu et compris, il dirige la pensée en dehors de l'idée fixe dominante et inspire toute les pensées qu'il désire. Cette influence de plus en plus grande que l'expérimentateur prend sur son sujet ne tarde pas à transformer le somnambulisme, à lui donner une forme et des lois souvent bizarres qui résultent simplement des habitudes de l'expérimentateur. L'un apprend à son sujet à parler toujours en tutoyant pendant l'état somnambulique, tandis qu'il dit « vous » dans l'état normal, un autre l'habitue à s'endormir profondément quand on lui touche le vertex. Ce sont des phénomènes de ce genre qui ont été présentés autrefois comme des lois du somnambulisme et qu ont donné lieu, à l'époque de Charcot, à tant de discussions passionnées. C'est ainsi que se forme chez certains sujets un somnambulisme artificiel qui semble assez particulier pour qu'on l'ait baptisé d'un nom spécial et qu'on en fasse *un état hypnotique*.

Les états ainsi reproduits artificiellement, les somnambulismes surtout ne tardent pas à se modifier un peu. Au bout d'un certain temps ils ne sont plus entièrement identiques aux phénomènes primitifs et déjà plus ou moins complets chez des hystériques. Faut-il attribuer la même nature aux états hypnotiques que l'on obtient quelquefois, plus rarement qu'on ne le croit, chez des sujets en apparence sains, en apparence indemnes d'accidents hystériques? En d'autres termes, l'hypnotisme déterminé artificiellement chez des sujets en apparence bien portants est-il toujours un phénomène hystérique, un somnambulisme hystérique soumis aux mêmes lois de la dissociation mentale que les somnambulismes précédents?

On se souvient des grandes batailles que cette question a soulevées autrefois, je ne puis les recommencer ici. Je dois me borner à rappeler l'opinion que j'ai défendue longuement dans beaucoup d'ouvrages et qui me paraît encore la plus exacte.

Évitons, pour ne pas embrouiller le problème, d'étudier des états frustes, indistincts analogues à des somnolences quelconques ou à des états émotifs plus ou moins intéressants. Ne considérons que *les véritables sommeils hypnotiques dans lesquels l'activité mentale est assez développée pour que le sujet puisse comprendre la parole et dans lesquels cependant cette activité mentale est assez différente de la pensée de la veille pour qu'il y ait amnésie consécutive*, nous pourrons toujours faire alors facilement les quatre remarques suivantes : 1° Si on fait l'analyse des caractères psychologiques présentés par de tels états on ne trouvera aucun caractère nouveau qui n'appartienne déjà aux divers somnambulismes hystériques. Les modifications apparentes sont insignifiantes et s'expliquent très bien comme des résultats de l'éducation; 2° Si on examine sans parti pris les sujets sur lesquels ces états ont pu être déterminés on verra que le plus souvent il s'agit d'hystériques incontestables ayant déjà eu autrefois des somnambulismes sous une forme quelconque ou bien ayant présenté d'autres accidents de la névrose, et présentant l'état mental caractéristique de l'hystérie; 3° On pourra vérifier que les sujets atteints d'autres maladies, les épileptiques par exemple, les psychasténiques, tourmentés par la folie du doute, les aliénés atteints de délires systématiques, etc., ne sont pas du tout hypnotisables et qu'on ne peut jamais reproduire sur eux un état hypnotique net avec amnésie consécutive; 4° Ce somnambulisme artificiel se guérit et disparaît de la même manière que les somnambulismes naturels de l'hystérie : un sujet dont l'hystérie s'atténue, qui tend vers la guérison, cesse peu à peu d'être hypnotisable.

Ces remarques, qui n'ont jamais été suffisamment contredites, me semble démontrer qu'il n'y a pas lieu de créer un groupe clinique spécial pour les états hypnotiques; ce sont des somnambulismes analogue à tous les précédents et qui en diffèrent seulement par ce fait qu'ils sont obtenus artificiellement au lieu de se développer spontanément.

Il n'en reste pas moins un problème extrêmement intéressant à étudier : comment l'expérimentateur parvient-il à déterminer sur ces sujets une apparence sains une modification mentale aussi remarquable? Ce problème est d'ailleurs le même que celui de la provocation de l'hystérie : des traumatismes, de grandes émotions comme celles qu'éprouve une fille en assistant à la mort de sa mère font naître également chez des sujets qui, auparavant, paraissaient sains des états somnambuliques tout aussi remarquables. Il est probable que l'expérimentateur réussit à déterminer un état émotif violent qui prend une apparence particulière parce que l'état mental du sujet est en équilibre instable et qu'il avait une prédisposition à des troubles mentaux d'un certain genre. Ce problème fort difficile à étudier se rattache, en somme, à cette remarque générale : c'est que les accidents hystériques peuvent être reproduits artificiellement.

5. – Les crises d'agitation des psychasténiques.

On observe chez les autres malades, chez les psychasténiques, des groupements de symptômes analogues à ceux qui ont constitué des attaques hystériques. Le premier de ces groupements mérite, en effet, d'être comparé à l'attaque que nous venons d'observer; c'est un phénomène si analogue qu'il est très souvent confondu avec elle. Il y a à mon avis un diagnostic médical intéressant, dont on parle trop rarement et qui devrait toujours être fait, c'est le diagnostic de *la crise d'agitation forcée des psychasténiques* et de l'attaque proprement hystériques. Ce diagnostic est beaucoup plus intéressant qu'on ne le croit au point de vue du diagnostic et du traitement.

Les diverses agitations que nous avons décrites chez les névropathes obsédés et douteurs sont bien loin d'être continuelles. Il n'est pas exact que ces malades aient continuellement des obsessions, des interrogations, des tics, des convulsions ou des angoisses viscérales. Même au plus fort de leur maladie ils restent pendant de longues périodes parfaitement tranquilles; je ne dis pas qu'ils n'aient pas de troubles, ils conservent plusieurs des insuffisances dont nous avons parlé, mais ces phénomènes ne les gênent pas et ne s'accompagnent pas d'agitation. Au contraire toutes ces agitations mentales, motrices ou viscérales se groupent, se réunissent à certains moments et constituent de véritables crises. Ces crises ne sont pas tout à fait aussi nettes que celles des hystériques. Leur commencement et leur terminaison ne sont pas aussi exactement déterminés et surtout on n'observe pas cette perte et ce retour au moins apparent de la conscience qui semblent marquer le commencement et la fin de l'attaque. Mais nous savons qu'il ne s'agit pas là d'un évanouissement véritable et que les hystériques changent seulement d'état de conscience. Chez ces nouveaux malades, il y a également un certain changement de conscience, mais il est moins brutal et passe plus facilement inaperçu. Ces crises psychasténiques sont également un peu plus longues au moins dans la moyenne des cas, surtout si l'on songe que leurs limites sont plus vagues. Enfin ces crises, au moins pendant un certain temps, sont plus fréquentes et peuvent assez facilement s'intriquer l'une dans l'autre de telle manière qu'une seconde crise commence quand la première n'est pas entièrement terminée. Ce sont ces différences qui font croire que les hystériques seuls ont des attaques et qui font méconnaître les crises des psychasténiques. Il est je crois intéressant de se représenter de la même manière le groupement des phénomènes d'agitation chez ces deux groupes de névropathes.

Comment commencent ces crises d'agitation psychasténique? Il faut d'ailleurs remarquer qu'elles ne se développent pas perpétuellement pendant toute la vie des malades, il faut une certaine préparation de l'esprit, analogue à la période de rumination de l'hystérique. Cette période est si importante que nous l'étudierons plus longuement dans le prochain paragraphe : rappelons-nous seulement pour le moment que ces sujets sont déjà des malades mal disposés, souffrants, mais cependant assez calmes. À quelle occasion se déclanche leur agitation? Au premier abord on a envie de faire à cette question un réponses analogue à celle que l'on faisait pour expliquer le début de l'attaque hystérique. Il survient dira-t-on un événement quelconque qui rappelle au malade par association d'idées l'obsession ou la phobie qui le tourmente. Une malade qui a l'obsession des choses religieuses et des sacrilèges voit un crachat par terre qui le fait penser à l'Eucharistie, un hypocondriaque voit passer un enterrement, etc. Mais nous avons déjà remarqué que l'association des idées n'a pas du out chez ces malades la même rigueur que chez l'hystérique et qu'en réalité c'est le malade lui-même qui explique par la ressemblance du crachat avec l'hostie une obsession ou une crainte qui se développait dans son esprit pour d'autres raisons. Les causes occasionnelles des crises d'agitation me paraissent différentes et plus intéressantes.

Dans un premier groupe de cas *ces crises commencent à l'occasion d'une action volontaire* qui par suite de circonstances devient nécessaire : c'est le début d'un acte, c'est le désir, le besoin d'accomplir un acte qui amène les agitations et les angoisses. Le malade doit se mettre à table et doit manger devant quelques personnes, c'est cet acte qu'il ne peut pas faire. Il vous dira bien qu'il a sa crise de terreur ou de scrupule parce qu'il y a des poussières, des microbes sur la table ou parce que les bouteilles ressemblent à un membre viril, mais à mon avis ce n'est pas vrai, c'est là une explication surajoutée par son imagination. Il a sa crise tout simplement parce qu'il doit faire un acte qui est difficile et compliqué pour lui. Tout un groupe de phobies, celles qu'on a appelées les phobies des objets ne sont comme je l'ai montré que des phobies d'actes : l'objet n'est qu'une occasion ainsi que le contact lui-même, parce qu'on n'agit pas sans toucher à des objets, mais l'essentiel dans le phénomène c'est l'acte. La malade de Legrand du Saulle qui a la phobie de la plume et de l'encrier a en réalité sa crise d'angoisse quand elle veut écrire.

Nous avons vu beaucoup de faits de ce genre, il suffit de rappeler que les actes qui donnent très souvent naissance à des phobies sont des actes professionnels. Dans un groupe de voisin, celui des phobies du corps chez beaucoup d'hypocondriaques, ce sont les actes du corps, les fonctions corporelles qui provoquent l'angoisse : remuer un membre, remuer le petit doigt, marcher surtout, manger, déglutir, digérer, uriner, exercer les fonctions génitales, aller à la selle, etc., voici les fonctions et les actes qui jouent le rôle essentiel.

Quand il s'agit des dysesthésies des sens, c'est l'acte de flairer, l'acte d'écouter, l'acte de regarder qui est le point de départ de la crise. Il en est de même pour les tics : le sourire obsédant, les tics du visage avec coprolalie surviennent quand il faut entrer dans un salon, parler à quelqu'un, faire un acte difficile. On peut faire la même remarque à propos des ruminations : nous avons insisté sur la grande rumination de Ger... à propos du maigre du vendredi; cette crises d'agitation mentale a commencé quand elle devait descendre pour chercher le dîner. D'autres commencent à ruminer quand ils doivent monter en omnibus, s'asseoir à table, se laver, uriner, écrire une lettre, signer un acte, etc... Bien entendu, pour avoir cet effet, pour devenir ainsi le point de départ de la crise, il faut que l'acte soit volontaire et ne s'exécute pas tout seul, par distraction, d'une manière automatique.

Le deuxième phénomène qui joue un rôle prépondérant comme de départ de ces crises c'est l'attention, l'effort pour comprendre quelque chose et mieux encore l'effort pour accepter une idée ou la nier : *l'effort de croyance*. Toutes ces agitations, quelles qu'elles soient, commencent à propos d'un travail mental, mais surtout à propos d'une interrogation qui nécessite une réponse affirmative ou négative. Il ne faut pas que les malades soient amenés à s'interroger sur un point quelconque de la religion ou de la morale, sur Dieu, sur le Démon, sur l'enfer, sur le devoir, le mensonge, ou la responsabilité. Quelquefois le simple effort pour nier une histoire absurde qu'on raconte devant eux suffira pour ramener toutes leurs ruminations ou toutes leurs angoisses.

Un autre phénomène peut devenir le point de départ de certaines ruminations ou de certaines phobies, c'est *l'émotion* ou du moins un certain genre d'émotion. Le malade se trouve dans des circonstances où normalement il devrait éprouver un certain sentiment de joie, ou même de douleur, car souffrir à propos c'est déjà une opération mentale difficile. À ce moment, à la place de l'émotion naturelle qui devrait survenir, arrive la crise d'agitation. J'ai décrit une malade qui avait une très singulière manière de ressentir les douleurs de l'accouchement : c'était à ce moment que son esprit était envahi au suprême degré par les manies du serment, par des pactes, par des ruminations interminables et odieuses. D'autres sujets dans des situations lugubres ont des tics, des agitations motrices et des crises de fou rire. Une malade ne pouvait plus jouer du piano ni écouter de la musique : si elle se laissait aller un instant à l'émotion artistique, au plaisir musical elle perdait l'équilibre et retombait dans ses absurdes raisonnements; un autre ne pouvait plus admirer un paysage ni remarquer la régularité d'une place sans avoir une crise de phobies. Il y a là tout un rôle curieux du sentiment qui le rapproche de la croyance et de la volonté. En fait, d'ailleurs, éprouver une sensation à propos, c'est faire une synthèse mentale qui par bien des points est comparable à une idée ou à un acte.

Enfin je signale avec plus d'hésitation et à titre de curiosité une autre occasion de ces crises que j'ai observée plusieurs fois, c'est le commencement du sommeil ou le réveil. Quand le sujet doit passer d'un état à un autre, par exemple quand il commence à s'endormir, il a des crises d'agitation sous toutes les formes. Une malade se mettait à hurler, à se contorsionner, dès qu'elle commençait à dormir, elle se réveillait alors et se calmait, mais au bout d'une demi-heure recommençait la même scène à propos d'une nouvelle somnolence; d'autres ont des agitations mentales dans les mêmes circonstances ou à propos du réveil, ce sont des faits de ce genre qui m'ont si souvent amené à comparer le sommeil à un acte volontaire.

La crise d'agitation est commencée, nous savons ce qui va la remplir, ce sont tous ces phénomènes d'interrogation, de calcul, de conjuration, de tics, de troubles respiratoires et cardiaques, d'efforts moteurs que nous avons décrits à propos de l'agitation psychasténique des diverses fonctions. Mais on peut se demander quel est le caractère général du trouble qui constitue la crise. Je crois que ce caractère est double : le premier fait capital à mon avis, c'est que les opérations qui devaient s'effectuer quand la crise est survenue sont complètement supprimées. Le malade devait, disions-nous, accomplir un acte volontaire, écrire une lettre, traverser une place ou préparer le dîner, il devait accepter ou refuser une croyance, éprouver la douleur de l'accouchement ou ressentir le plaisir d'une audition musicale. Eh bien, rien de tout cela n'a eu lieu. Le malade n'écrit rien, ne traverse pas la place, il reste son pot à la main dans l'escalier sans descendre chercher le dîner, il rumine pendant plusieurs heures et n'est pas arrivé à savoir s'il croit ou s'il ne croit pas ce qu'on lui a dit. Il en est absolument de même pour les sentiments : quand Lise a d'épouvantables ruminations au moment des douleurs de l'accouchement, elle a sans doute des souffrances morales, mais elle n'a pas les souffrance physiques qu'elle devrait avoir. Il y aurait des études bien intéressantes à faire pour montrer que ces agitations suppriment tous les sentiments réels, qu'ils suppriment même la peur que le malade devrait avoir. En un mot, le premier fait essentiel c'est que tous les phénomènes primaires soient supprimés.

C'est à la place de ces phénomènes primaires que se développent les mouvements variés, les troubles viscéraux et les ruminations mentales. Quel est ce second travail qui vient remplacer le premier? À mon avis, les phénomènes qui le constituent ne sont pas du tout identiques à ceux qu'ils remplacent. D'abord ce ne sont pas des actes réels, c'est-à-dire des opérations de l'homme qui apportent un changement plus ou moins profond et plus ou moins durable dans le monde extérieur, ce sont des mouvements tout à fait insignifiants, qui ne sont même ni mauvais, ni dangereux. Les malades s'agitent, ils crient, ils menacent, mais en réalité ils ne font de mal à personne et ne cassent que des objets insignifiants auxquels ils ne tiennent pas. Dès que le mouvement pourrait prendre quelque importance, il est supprimé. Les ruminations mentales n'ont en réalité aucune importance, elles n'aboutissent jamais à une croyance quelconque et ne constituent même pas un délire : le sujet s'embrouille au milieu d'innombrables idées abstraites dont il ne tire en réalité aucune conséquence. Il est facile de voir qu'il ne prend pas au sérieux les sottises qu'il raconte, ce sont des ruminations enfantines et bêtes, des bavardages à propos des plus sottes superstitions et l'on pourrait dire que chez quelques-uns ces pensées manifestent un retour à l'enfance et à la barbarie. Les angoisses elles-mêmes sont plus grandes en apparence qu'en réalité : ces grands mouvements viscéraux, ces palpitations de cœurs, ces respirations rapides sont le plus souvent sans aucune conséquence. Ce sont des émotions très vagues, très élémentaires dont le sujet garde à peine le souvenir. En un mot la crise d'agitation me paraît consister essentiellement en ce fait que les phénomènes primaires réels et importants sont supprimés et qu'ils sont remplacés par des phénomènes secondaires, exagérés sans doute, mais sans rapport avec la réalité, complètement inutiles à tous les points de vue, élémentaires et inférieurs. Nous aurons à voir plus tard si ce fait essentiel ne se rattache pas à des lois importantes de la maladie.

On devine facilement d'après ces études comment se terminent ces crises d'agitation psychasténique : elles sont terminées quand il n'est plus question de cet acte primaire que le malade ne pouvait pas faire. Tant qu'on insiste pour qu'il traverse la rue, pour qu'il écrive sa lettre, il s'agite de plus en plus; mais il arrive un moment où le voyant malade on oublie complètement le point de départ de la crise, lui-même ne songe plus à la croyance sur laquelle il s'interrogeait, il a complètement renoncé à éprouver l'émotion en rapport avec la circonstance présente. À ce moment l'agitation commencée s'épuise toute seule et le malade rentre dans son apathie précédente, jusqu'à ce qu'une nouvelle circonstance lui propose de nouveau un problème insoluble et ramène une crise d'agitation.

6. – Les périodes de dépression des psychasténiques.

Il faut revenir sur un phénomène essentiel qui caractérisait les crises d'agitation précédentes : ce fait est identique à un caractère déjà observé dans la crise d'hystérie. Les circonstances qui provoquent l'apparition de la crise d'agitation n'ont pas perpétuellement le même pouvoir. Il ne faut pas du tout se figurer que les actes, les croyances, les sentiments ont toujours été arrêtés de cette manière chez ces personnes et qu'ils ont toujours été remplacés par des ruminations ou des angoisses. S'il en était ainsi, ces sujets n'auraient jamais pu vivre, ils n'auraient jamais pu s'instruire ni arriver au langage et à la conduite qu'ils ont aujourd'hui. Il est certain que ces circonstances ne deviennent provocatrices qu'à certains moments et pendant certaines périodes. Un état anormal existant depuis un certain temps est la condition de ces crises d'agitations comme des crises d'hystérie.

Ces périodes méritent d'être appelées des *périodes de dépression*, parce qu'elles sont caractérisées par le développement de tous les phénomènes d'insuffisance qui ont été signalés chez ces mêmes malades. Nous avons étudié, chez eux, des insuffisances de l'attention et de la mémoire qui constituait des doutes tout particuliers, des insuffisances de la volonté qui formaient des innombrables variétés de l'aboulie. L'existence de ces insuffisances est antérieure aux crises d'agitation et c'est précisément parce que depuis un certain temps ils sont incapables d'agir, de se décider, de croire que la nécessité de ces actes détermine l'agitation. Cet état préalable a déjà été observé d'une manière assez vague à propos de certaines impulsions ou de certaines obsessions. On a déjà dit que chez les dipsomaniaques des troubles mélancoliques, une sorte de confusion précède souvent de plusieurs jours l'impulsion proprement dite. Les études que j'ai faites sur ces impulsions confirment singulièrement cette remarque car, pour moi, l'impulsion elle-même à la boisson, à la marche, à l'usage des poisons dépend précisément de cet état mélancolique de la souffrance qu'il détermine et du besoin d'y porter remède.

Mais je crois qu'il faut généraliser cette remarque et constater que cette période de dépression précède toutes les obsessions, toutes les manies mentales et toutes les phobies. Beaucoup de malades l'ont très bien observé et l'expliquent très bien. Une femme Kl… que j'ai souvent décrite, sait très bien que le trouble commence à la fin des règles : il s'annonce presque toujours par une modification du sommeil, la malade dort moins bien et d'une manière bizarre. Il lui semble qu'elle dort trop profondément et en même temps qu'elle ne se repose pas : ceux qui ont étudié le sommeil des épileptiques sont habitués à cette description. En même temps Kl… sent que son sommeil est douloureux, qu'elle a, tout en dormant, une douleur qui se forme au-dessus de la tête, c'est ce qu'elle appelle « avoir la fièvre dans la tête ». Quand elle se réveille le matin en se souvenant qu'elle a eu, pendant le sommeil, la « fièvre dans la tête », elle est certaine qu'elle va encore être malade. En effet, elle se sent, dans cette première journée, mal à son aise, elle est fatiguée, elle souffre de la tête, elle n'a aucun appétit; les digestions sont longues, pénibles, accompagnées de gonflement et de pesanteur de la région épigastrique, la langue est devenue immédiatement tout à fait saburrale et la constipation est opiniâtre. On voit que, du moins chez cette malade, ce sont les symptômes physiques qui semblent apparaître les premiers. La nuit suivante est encore plus mauvaise et la « fièvre de tête » plus forte. Quand la malade se réveille, elle est moralement troublée : « Je sens que je n'y suis plus, j'ai tout à fait perdu ma volonté, on peut faire de moi ce que l'on veut, puisque je suis devenue une machine… Je ne puis plus lire ni comprendre… Les gens me paraissent drôles et j'ai envie de me fâcher contre eux parce qu'ils ont de drôles de têtes... Je deviens étrange, incompréhensible à moi-même et je m'interroge sur une foule de choses ». Voici donc que surviennent les sentiments d'incomplétude à propos de la volonté et de la perception; ils forment très nettement, chez cette personne, une période maladive.

Quand ces symptômes ont duré en s'aggravant, la moindre occasion, un effort pour faire un acte quelconque, un effort d'attention, ou une petite émotion vont déterminer le début d'autres phénomènes : la malade, très agitée et angoissée, va avoir une crise de rumination mentale et s'interroger indéfiniment sur la naissance de son enfant : « La petite tache qu'il porte au derrière est-elle la preuve qu'il soit de son mari? Peut-on concevoir des enfants sans avoir eu d'amant? etc. » Ou bien, si la malade veut se débarrasser de ces questions obsédantes, elle va avoir de l'agitation motrice et entrer dans de véritables crises d'excitation. Autrefois, les périodes ainsi commencées se prolongeait pendant des mois, c'est-à-dire que les crises d'agitation se calmaient, mais que la malade restait dans l'état de dépression avec les sentiments d'incomplétude, prête à recommencer une crise d'agitation à propos de n'importe quoi. Aujourd'hui, la crise de rumination ne survient que deux ou trois fois, car la malade n'y reste exposée que peu de jours. Le sixième ou le septième jour de la maladie, surtout si elle a pris quelques soins, est déjà moins grave, il n'y a plus de véritables crises d'agitation forcée. Tout se borne de nouveau aux symptômes de l'état de dépression, aboulie, sentiment d'étrangeté et un certain degré de dépersonnalisation. Ces symptômes diminuent le jour suivant et, quand Kl... a dormi une bonne nuit sans « fièvre de tête », tout est fini et aucune des mêmes circonstances précédentes ne peut plus l'agiter.

De cas remarquable et très instructif est tout à fait identique aux autres, mais il est beaucoup plus précis : il nous montre que la période de dépression est plus longue que la crise d'agitation et qu'elle l'enveloppe; c'est l'existence d'une telle période qui est le fond de la maladie et qui en explique les accidents.

Ce qui est très important au point de vue clinique, c'est la manière dont surviennent ces périodes de dépression. Dans un certain nombre de cas, elles apparaissent graduellement et se développent insidieusement pendant des mois et des années. Les malades ne peuvent plus parvenir au sentiment de la réalité dans la perception extérieure, mais ils ne s'en plaignent guère, ils ont de l'aboulie, de l'indécision, de la lenteur, de l'inachèvement des actes; ils deviennent incapables d'apprendre et ne se rendent plus bien compte de ce qu'ils lisent et de ce qu'ils entendent. Les choses continuent ainsi pendant très longtemps en s'aggravant insensiblement jusqu'à ce qu'à un moment donné éclatent des crises d'agitation ou des obsessions : c'est là une des formes communes de la maladie.

Plus souvent qu'on ne le croit, les choses se passent tout à fait différemment; il y a un changement brusque de l'état mental à propos d'une maladie physique ou plus souvent à propos d'une violente émotion. Tout d'un coup, en quelques instant, le malade se sent transformé, il entre immédiatement dans l'état de dépression que nous venons de décrire. Des faits de ce genre étaient déjà décrits autrefois sans qu'on les comprît bien : Ball publie la lettre suivante d'une de ses malades : « Au mois de juin 1874, dit celui-ci, j'éprouvai subitement, sans aucune douleur ou étourdissement, un changement dans la façon de voir; tout me parut drôle et étrange, bien que gardant les mêmes formes et les mêmes couleurs... Je me sentis diminuer, disparaître, il ne restait plus de moi que le corps vide. Tout est devenu de plus en plus étrange et maintenant, non seulement je ne sais ce que je suis, mais je ne peux me rendre compte de l'existence, de la réalité »

J'ai observé très souvent des changements brusques de ce genre; j'ai décrit plusieurs malades qui tout d'un coup perdent leur personnalité et ne peuvent plus la retrouver. Le cas de Bei... était particulièrement typique : cette jeune fille, qui avait un amant à l'insu de ses parents, lut dans un journal une petite nouvelle quelconque ayant rapport à deux amants qui, par leur inconduite, avaient fait le malheur de leurs familles. Elle pensa immédiatement que cette histoire était tout à fait identique à la sienne, elle fut troublée et éprouva le besoin de prendre de l'air. À peine au dehors, elle fut surprise de ne plus se reconnaître : « Ce n'est pas moi qui marche, disait-elle, ce n'est pas moi qui parle, etc. » et ces insuffisances psychologiques ont continué pendant plus d'un an. La maladie du doute a commencé chez une femme Bre…, âgée de 36 ans, de la manière la plus étrange : elle soignait avec dévouement son mari très malade sans se rendre compte de la gravité de la situation. Un jour, elle demanda au médecin, avec beaucoup de tranquillité, si dans quinze jours son mari pourra l'accompagner à la campagne. Le médecin, avec une maladresse involontaire, se laissa à répondre : « Mais vous n'y songez pas, ma bonne dame, dans quinze jours, tout sera fini ». La pauvre femme fut bouleversée, elle ressentit comme un choc dans la tête, ce fameux choc que nous retrouvons si souvent au début des fugues, des délires, dans les grandes émotions et dont nous savons si peu la nature. Dès ce moment. La voici qui change de caractère, présente une foule de troubles et en particulier devient une douteuse, avec doutes de perception et surtout doutes de souvenir, ce qui ne tarde pas à amener toutes sortes d'obsessions.

Les faits de ce genre qui sont très nombreux seraient tous semblables, ils me paraissent si importants que j'ai proposé le mot de *psycholepsie* qui signifie « chute de l'énergie mentale » pour désigner cette crise tout à fait particulière. Elle est, par certains côtés, analogue aux phénomènes épileptiques et c'est pourquoi j'ai insisté sur le rapprochement qu'il y a lieu de faire entre les épileptiques et les psychasténiques, rapprochement que nous ne pouvons discuter ici. Dans quelques cas assez rares, l'état mental se relève aussi rapidement qu'il est tombé, mais dans beaucoup de cas, la dépression, même commencée brusquement, se prolonge assez longtemps et ne se termine que graduellement.

Il faut aussi connaître une forme remarquable de ces dépressions, ce sont les *dépressions périodiques*. En effet, la maladie est rarement continue, il y a, au bout d'un certain temps, une amélioration. La plupart des sentiments d'incomplétude disparaissent graduellement, en même temps que les diverses fonctions mentales augmentent d'énergie.

Quand la guérison n'est pas absolument complète, on dit qu'il s'agit de forme rémittente : après un certain temps d'amélioration, il se produit une rechute soit lente, soit subite. Dans d'autre cas, la maladie est franchement intermittente, l'amélioration est assez marquée pour amener la disparition à peu près complète de tous les symptômes. Dans cette forme, la rechute est moins facile et vient ordinairement après un temps plus ou moins long à l'occasion de quelque bouleversement nouveau, physique ou moral, assez grave. Il y a ainsi des malades qui ont, dans le cours de leur vie, trois ou quatre grandes crises de dépression au moment de la puberté, par exemple, après un accouchement, à la ménopause. Mais un certain nombre de malades nous présentent une forme de développement de ces dépressions qui est vraiment très extraordinaire et qui ne me paraît pas complètement élucidée. La durée des périodes de dépression et la durée des intermittences semble à peu près régulière et cela pendant un temps très long : ils ont six mois de dépression, trois ou quatre mois de bonne santé, puis, inévitablement, au moins en apparence, une dépression nouvelle. Ce sont des malades de ce genre qui ont donné naissance aux diverses conceptions médicales de la folie intermittente, de la folie à double forme, de la folie circulaire. On peut se demander si le caractère à peu près périodique de leur maladie suffit pour les distinguer des autres psychasténiques et pour constituer une maladie toute spéciale appelée aujourd'hui par les Allemands la « psychose maniaque-dépressive ».

Dans certains cas, il y a là évidemment des phénomènes assez distincts de ceux que nous venons de décrire, mais je crois que bien souvent on a exagéré cette distinction. Au point de vue psychologique, beaucoup de ces malades ne diffèrent point du tout de nos psychasténiques. Il n'y a que l'évolution de leur maladie qui, par suite de circonstances spéciales encore mal élucidées, prend une allure un eu particulière. Notons seulement que la même difficulté s'est déjà présentée à propos de la double personnalité des hystériques; comme nous l'avons montré, ces doubles existences ont pour point de départ des dépressions périodiques, simplement compliquées par l'addition des phénomènes d'amnésie propres aux hystériques. À mon avis, la double personnalité est la forme que prend le délire circulaire chez l'hystérique. Il n'était peut-être pas indispensable de changer tout à fait la conception de la maladie simplement à cause d'une modification dans son évolution.

Il serait plus important d'étudier les conditions qui semblent déterminer l'apparition de ces crises de dépression. Les maladies infectieuses, les fatigues physiques et morales, les émotions d'un certain genre amènent d'ordinaire l'abaissement du niveau mental. Il faudrait déterminer également les influences qui déterminent l'excitation, les substances excitantes, le changement, le mouvement et l'effort, l'attention et également certaines émotions jouant à ce propos un grand rôle. Ces études permettraient de comprendre mieux des évolutions bizarres et quelquefois de les diriger.

Chapitre II

Les stigmates névropathiques.

Les accidents névropathiques sont si nombreux et si variés que leur énumération a toujours embarrassé les cliniciens. Les premiers auteurs qui décrivaient les hystériques étaient toujours frappés par la complexité de leurs symptômes : « Ce n'est pas une maladie, disaient-ils, c'est une cohorte, une Iliade de maux », et Sydenham appelait cette névrose un Protée insaisissable. On pourrait en dire autant aujourd'hui pour les obsessions, les tics et les phobies des psychasténiques. Aussi, pour rendre ces maladies intelligibles, a-t-on toujours cherché à mettre en évidence quelques phénomène simples, permanents, caractérisant des états de longue durée et permettant de reconnaître la même maladie sous la diversité de ces apparences. C'est de ce besoin qu'est née la recherche du stigmate, symptôme fondamental, restant identique à lui-même pendant la plus grande partie de la vie du sujet, donnant de l'unité aux divers accidents et permettant peut-être d'expliquer leur apparition. Cette recherche du stigmate ainsi entendue est peut-être chimérique, car nous sommes loin de pouvoir dire aujourd'hui quel est le symptôme fondamental des diverses névroses, mais cette recherche a inspiré des études intéressantes et utiles sur la conduite et sur le caractère moral plus ou moins persistant et fondamental des hystériques et des psychasténiques.

1. – Le problème des stigmates hystériques.

C'est à propos de l'hystérie que cette recherche a été faite le plus souvent, et à toutes les époques on a décrit un stigmate fondamental de cette névrose; mais, bien entendu, ce stigmate a beaucoup varié, car il reflétait les théories de chaque époque sur cette maladie. Tantôt ce stigmate a été l'attaque convulsive, tantôt il a été simplement la boule hystérique : on lit avec étonnement dans les ouvrages du début du XIXe siècle des études sur la sensation de globe, de boule qui étouffe les femmes nerveuses, et que l'on considérait comme le symptôme fondamental de l'hystérie.

Plus tard, surtout sous l'influence de l'école de Charcot, un autre symptôme est devenu le stigmate par excellence, c'est *l'anesthésie*, surtout l'anesthésie cutanée. Il y avait là inconsciemment un certain retour vers le passé; au moyen âge, on avait aussi une sorte de diagnostic à faire pour reconnaître autant que possible les sorcières et les possédées avant de les brûler, et on sait la méthode singulière qui était employée à cet effet. Un chirurgien examinait le corps du patient de tous côtés, en interrogeait la sensibilité avec une aiguille acérée, afin d'y découvrir « la griffe du diable », cette plaque d'insensibilité qui était « une marque assurée de sorcellerie ». On examinait tous les recoins, car la diable a l'habitude de se dissimuler dans les endroits les plus cachés, et en somme on faisait l'examen de la sensibilité des muqueuses comme de celles de la peau. Cette même recherche, recommencée un peu plus scientifiquement et dans une meilleure intention, a permis de constater que, dans bien des cas, des anesthésies accompagnaient un assez grand nombre d'accidents hystériques. On a beaucoup discuté aujourd'hui sur l'origine et la signification de ces anesthésies, mais leur existence fréquente me paraît incontestable. Ces troubles de la sensibilité sont le plus souvent associés à des troubles du mouvement des membres et quelquefois à des troubles viscéraux, si bien que l'on soutenait autrefois que le trouble de la sensibilité cutanée se superpose exactement au-dessus de l'organe malade. De ces remarques, justes dans certains cas, on concluait un peu vite que, dans tout accident hystérique, se rencontre une modification de la sensibilité superficielle, et ces modifications devenaient le stigmate essentiel de l'hystérie. Cette conception, que l'on critique souvent avec trop de sévérité, a fait faire de grands progrès à la médecine : elle a amené successivement la découverte d'une foule de symptômes hystériques peu connus et a permis aussi de distinguer de l'hystérie bien des phénomènes qui en sont indépendants.

Cependant, cette interprétation doit-elle continuer à dominer sans modification? La discussion sur ce point a commencé dès le début de l'enseignement de Charcot; ses adversaires, et ils furent nombreux, se sont toujours opposés à son interprétation de ce symptôme. Beaucoup de ces critiques sont justifiées, car l'anesthésie hystérique ne joue certainement pas en pratique le rôle absolument prépondérant que voulait lui faire jouer Charcot. D'abord, il n'est que trop certain que cette anesthésie n'est pas aussi facile à reconnaître qu'on le croyait; elle a, comme nous l'avons vu, des caractères psychologiques très délicats, qui rendent souvent difficiles à interpréter les réponses du sujet; mais surtout elle est très mobile, très impressionnable, tantôt il suffira de votre seul examen pour faire disparaître une anesthésie réelle, tantôt, ce qui est plus grave, votre manière d'interroger créera de toutes pièces une anesthésie qui n'existait pas.

D'autre part, cette anesthésie est loin d'être aussi durable et aussi permanente qu'on le pensait; elle apparaît souvent dans les périodes d'incubation qui précèdent les accidents ou les attaques, et disparaît après la fin de celle-ci : il n'est pas possible de la constater toujours quand on le désire. Enfin, beaucoup d'accidents, comme les accidents mentaux, les idées fixes à forme somnambulique, les amnésies, les troubles du langage, sont loin d'être toujours accompagnés par une anesthésie. Ces faits sont de plus en plus reconnus, et ce symptôme tend évidemment à perdre de son importance passée.

Si on voulait lui conserver quelque intérêt, il faudrait, à mon avis, s'entendre sur le sens du mot stigmate. Ce mot a un premier sens théorique quand il indique le caractère fondamental d'où nous paraissent sortir les autres phénomènes de la maladie. Par exemple, si nous considérons une lésion tuberculeuse, le vrai stigmate sera le bacille de Koch, parce que nous le considérons comme la cause des lésions innombrables de la tuberculose. Eh bien, il faut avouer que l'anesthésie ne joue pas ce rôle dans l'hystérie et que, à ce point de vue, le stigmate de Charcot a fait faillite. Mais le mot stigmate peut avoir un autre sens uniquement pratique : c'est un simple moyen de diagnostic. Or, l'anesthésie accompagne un grand nombre de symptômes hystériques; dans bien des cas, elle persiste longtemps après la disparition de l'accident, et elle peut, par conséquent, devenir un signe très utile. À ce point de vue, et à ce point de vue seulement, l'anesthésie hystérique de Charcot peut rester un stigmate important de l'hystérie.

L'anesthésie hystérique plaisait aux médecins parce que ce symptôme était, en quelque sorte, intermédiaire entre les phénomènes physiques et les phénomènes moraux. Depuis que l'hystérie est devenue plus nettement une maladie mentale, c'est dans l'esprit que nous avons le plus de chances de trouver des stigmates un peu plus permanents, coexistants avec tous les autres symptômes. Depuis longtemps, on sentait qu'il y avait un état mental hystérique, et on obéissait vraiment à la mode en écrivant des thèses sur le caractère des hystériques. On mit d'abord en relief certains trait curieux et frappants, mais un peu exceptionnels de ce caractère. Nos pauvres malades n'ont vraiment pas été favorisées; jadis on les brûlait comme sorcières, puis on les accusa de toutes les débauches possibles, enfin, quand les mœurs furent adoucies, on se borna à dire qu'elles étaient versatiles à l'excès, remarquables par leur esprit de duplicité, de mensonge, de simulation perpétuelle : « un trait commun les caractérise, dit Tardieu, c'est la simulation instinctive, le besoin invétéré et incessant de mentir sans cesse, sans objet, uniquement pour mentir, cela non seulement en paroles, mais encore en action, par une sorte de miss en scène où l'imagination joue le principal rôle, enfante les péripéties les plus inconcevables et se porte quelquefois aux extrémités les plus funestes ». Voici le mensonge qui devient le stigmate de l'hystérie; il ne faut pas sourire, il y a encore bien des médecins qui prennent cela au sérieux.

Sans doute, le mensonge existe dans l'hystérie et quelquefois d'une manière vraiment anormale : j'ai connu deux ou trois sujets, un surtout, qui étaient véritablement extraordinaires à ce point de vue. Une pauvre femme, qui a maintenant trente-cinq ans, est tourmentée depuis l'âge de seize ans par un besoin extravagant de mensonge et surtout de mensonge par lettres. Son bonheur le plus grand consiste à imaginer des correspondances amoureuses : elle fait parvenir à un individu, homme ou femme, des lettres merveilleuses dans lesquelles elle lui fait croire qu'il a inspiré une passion subite en passant sur la promenade. Le plus étonnant, c'est que cela réussit toujours, le monsieur répond par retour du courrier et la malade, car c'est une malade, continue la correspondance pendant des mois et des années. Ce qu'il y a de triste dans cette histoire, c'est que ces romans se terminent en cour d'assises et qu'ils ont pour le sujet les plus déplorables conséquences; il regrette sa passion, ne la comprend pas, se souvient à peine de ce qu'il a fait et, peu de temps après, il recommence. Le mensonge est pour moi un des accidents mentaux de la névrose, un des délires que l'hystérique peut avoir d'une manière très grave ou d'une manière atténuée, comme elle peut avoir des somnambulismes ou des fugues. Mais on sait très bien que toutes les hystériques ne font pas nécessairement des fugues; de même elles n'ont pas nécessairement toutes l'impulsion au mensonge. Nous ne pouvons pas nous arrêter à ces premiers stigmates mentaux qui nous montrent seulement l'importance que l'on doit attacher dans cette maladies aux troubles psychologiques.

2. La suggestivité des hystériques.

En réalité le grand symptôme mental que les études récentes de psychologie pathologique ont bien mis en évidence est le phénomène de la suggestion et l'on peut considérer comme un des stigmates essentiels de l'hystérie *la disparition à présenter d'une manière exagérée et anormale le phénomène de la suggestion.* Cette disposition peut être appelée la suggestibilité ou peut-être mieux la *suggestivité* : je préfère ce mot, d'abord parce qu'il a été proposé par M. Bernheim, l'un de ceux qui ont travaillé le plus, à une époque où cela était difficile, pour faire admettre l'importance de la suggestion dans l'hystérie, et ensuite parce que le mot moins usuel rappelle le caractère pathologique que présente le phénomène chez l'hystérique et empêche de confondre cette disposition morale de certains malades avec la suggestibilité normale.

Mais, si l'on veut, comme cela me paraît juste, faire de la *suggestion* un des symptômes fondamentaux de l'état hystérique, il est nécessaire de préciser ce qu'on entend par ce mot et de ne pas l'employer à tort et à travers pour désigner des phénomènes psychologiques quelconques normaux ou pathologiques.

Ce phénomène consiste d'une manière générale dans *une réaction mentale particulière que présentent à certains moments certains sujets quand on fait pénétrer une idée dans leur esprit* d'une manière quelconque et le plus souvent par le langage. *L'idée* qui a été conçue par eux ne reste pas inerte et abstraite, elle *ne tarde pas à se transformer en un autre phénomène psychologique plus complexe et plus élevé, elle devient vite un acte, une perception, un sentiment* et s'accompagne de modification de tout l'organisme. Si le sujet a conçu l'idée de la marche, de la danse, de la nage; s'il a l'idée d'une secousse de son bras, d'une raideur permanente de sa jambe ou même l'idée d'une faiblesse, d'une impuissance de ces mouvements, le voici qui fait réellement l'acte de marcher, de danser, de nager; le voici qui a des secousses dans son bras analogues à de la chorée, de la raideur permanente de sa jambe analogue à des contractures, ou bien qui nous présente une paralysie systématisée ou complète de telle ou telle fonction motrice. Si sa pensée a été dirigée vers le souvenir, la représentation, l'idée d'un objet, il se comporte à nos yeux comme un individu qui a des perceptions et non des idées; il sent le contact des objets, entend des paroles qu'il croit extérieures et réelles, voit les paysages dont on parle en dehors de lui, il est halluciné. Inversement s'il a l'idée que tel objet est disparu quoiqu'il soit réellement devant lui, il n'en a plus la perception, il cesse d'en sentir le contact, de l'entendre ou de la voir; en poussant les choses plus loin, l'idée de la surdité ou de la cécité peut amener une surdité ou une cécité complètes. Bien mieux, ces idées peuvent se transformer en sentiments internes, déterminer le plaisir ou la douleur, la nausée ou l'angoisse, la faim ou la soif; ces sentiments sont eux-mêmes accompagnés par le fonctionnement correspondant des viscères, l'idée du vomissement amène les vomissements réels, l'idée d'une purge peut déterminer la diarrhée véritable et il est incontestable que des pilules de mie de pain auxquelles la malade prête des propriétés merveilleuses ont rétabli ou supprimé le cours des règles. Je ne parle ici que des phénomènes simples à peu près incontestés, je ne puis m'engager dans la discussion des modifications vaso-motrices, des rougeurs, des hémorragies, des bulles de pemphigus qui, suivant quelques auteurs, peuvent accompagner l'idée suggérée de vésication ou de brûlure. D'ailleurs c'est sur des phénomènes simples et fréquents et non sur des exceptions discutées que doit se fonder la conception d'ensemble et la définition de la suggestion.

Cette transformation des idées en d'autres phénomènes psychologiques et physiologiques présente, à mon avis, des caractères très spéciaux. Toutes nos idées d'ordinaire ne subissent pas par elles-mêmes de pareilles transformations, elle gardent le plus souvent leur caractère propre d'idée, elles restent des phénomènes psychologiques simples, abstraits, incomplets. Tout au plus déterminent-elles de temps en temps quelques mouvements légers comme ceux de la physionomie ou ceux du langage, mais elles sont loin d'amener à leur suite spontanément des actes complets. De même il y une grande différence entre nos idées des objets et nos perceptions des mêmes objets et les premières ne se transforment pas aisément de manière à se confondre avec les secondes. Les idées par elles-mêmes peuvent s'accompagner d'ébauches de sentiments viscéraux mais n'aboutissent pas toutes régulièrement à ces réactions viscérales que nous venons de voir. Sur ce point la suggestion diffère nettement de la majorité de nos idées.

Cependant la transformation des idées en actes et même la transformation des idées, sinon en perceptions du moins en croyances, s'opère quelquefois. Dans un premier cas l'idée se transforme graduellement parce qu'elle se trouve d'accord avec des instincts puissants des tendances fortement constituées en nous depuis longtemps qui viennent ajouter leur force à celle de l'idée abstraite et lui permettre de se compléter. C'est ainsi que l'idée d'une chance de fortune, l'idée d'un appel de sa belle pourront faire marcher et courir l'homme cupide et l'amoureux, et pourront les faire croire facilement à l'existence d'un fait qu'ils désirent mais qui n'est pas réel. Dans d'autres cas ce développement se fera en nous d'une manière plus compliquée. Un romancier, un peintre développent aussi leurs idées, mais c'est en cherchant péniblement tous les éléments qui peuvent s'y joindre pour les rendre aussi réelles et aussi vivantes que possible. Quand nous cherchons à accomplir un travail en rapport avec une idée, nous ajoutons aussi à l'idée des sentiments et même des actes. Cela est très vrai, mais c'est que dans ces cas beaucoup d'autres phénomènes de notre esprit, des souvenirs, des imaginations, des tendances se sont coalisés avec l'idée primitive. Toute notre personnalité avec tout son passé et toutes ses tendances acquises s'est portée au secours de l'idée, c'est ainsi qu'elle l'a adopté et l'a fait grandir. C'est ce qu'on appelle la volonté, l'attention, l'effort dont nous n'avons pas à étudier le mécanisme, mais seulement à comprendre le rôle. L'idée transformée dans ces conditions reste bien rattachée à la personnalité qui a accepté la transformation, qui l'a aidée par ses efforts et qui se souvient de son travail. D'ailleurs la transformation reste à la disposition de la personnalité et celle-ci peut facilement, si ses dispositions ont changé, ne plus la favoriser et même l'arrêter : l'idée réduite à ses propres forces redevient alors abstraite et inerte.

La transformation de l'idée en acte et en perception qui se produit dans le phénomène de la suggestion ne se rattache à aucun de ces mécanismes. Le développement de l'idée n'est pas produit par l'éveil d'un instinct puissant car l'idée en question est insignifiante, n'intéresse pas le sujet et serait plutôt contraire à ses goûts et à ses intérêts. Il n'a pas de tendance à se paralyser, il en est même fort mécontent et cependant il se paralyse parce qu'il a vu un infirme. La transformation n'est pas due non plus à des efforts volontaires, c'est-à-dire à l'action de l'ensemble de la personnalité. Ce point est plus délicat à vérifier, et il est bien certain que dans les descriptions de quelques auteurs se glissent trop souvent sous le nom de suggestion des faits qui s'expliquent par le mécanisme ordinaire de la volonté. Il ne faut pas dire trop vite qu'un malade est suggestionné quand il exécute bien vite n'importe quelle sottise pour ne pas déplaire au médecin, qu'un individu est suggestible quand il prend facilement toute les attitudes pour gagner les bonnes grâces d'un maître. Ce sont trop souvent des individus complaisants, dociles, qui agissent à la façon ordinaire. S'il n'y avait que des faits de ce genre, il n'y aurait pas lieu de parler de suggestion.

Ceux qui ont insisté sur ce phénomène se sont peut-être trompé, c'est une vérification à faire ; mais ils ont cru constater autre chose. Ils ont cru voir que dans certains cas l'idée se développait en actes et en perceptions sans la collaboration de la volonté et de a personnalité du sujet. Celui-ci ne semblait ajouter à l'idée aucune force venant de sa propre collaboration; il semblait ne pas se rendre compte du développement de cette idée au-dedans de lui-même; quelquefois il semblait n'en avoir guère conscience pendant qu'elle s'exécutait. Dans d'autres cas il n'en gardait aucun souvenir après son exécution; s'il prenait conscience du développement de ces idées, il ne le comprenait pas, il ne croyait pas l'avoir déterminé, bien souvent au contraire il luttait contre lui et il était impuissant à l'arrêter. En un mot, *dans ce qu'on appelle suggestion, l'idée se développe complètement jusqu'à se transformer en acte, en perception et en sentiment mais elle semble se développer par elle-même, isolément, sans participation ni de la volonté, ni de la conscience personnelle du sujet.*

La suggestion, définie comme nous venons de le faire, n'est évidemment pas un phénomène banal, se produisant perpétuellement dans notre conscience. Sans doute il y a dans bien des cas un certain développement automatique de nos souvenirs, de nos habitudes, mais ce développement reste toujours très incomplet et surtout il reste toujours limité et dirigé par les autres tendances de l'esprit et par toute la personnalité. Cependant, des phénomènes analogues à la suggestion ne peuvent-ils se produire au cour de la vie normale chez des individus en bonne santé? Il est évident que cela arrive quelquefois dans des phénomènes très simples et très élémentaires : nous marchons au pas en entendant la musique militaire, nous bâillons en voyant quelqu'un bâiller, nous faisons quelquefois une sottise par distraction. Ce sont là des développements plus ou moins avancés d'idées très simples que la volonté n'arrête pas tout de suite. Il y a évidemment des individus un peu naïfs, distraits, peu habitués à surveiller et à critiquer leurs idées chez qui de pareil accidents doivent être plus fréquents que chez d'autres. Je crois cependant qu'il ne faut pas se laisser aller à une illusion : des personnes dociles, obéissantes, disposées à penser que d'autres ont plus d'intelligence et d'expérience qu'elles-mêmes et qui, à cause de cela, croient facilement ce qu'on leur enseigne, des personnes faibles désirant éviter des luttes pénibles et préférant obéir rapidement sur des points qu'elles jugent d'ailleurs insignifiants, tous ces individus ne sont pas du tout des individus suggestibles. Leur adhésion est facile, soit parce qu'ils ont confiance, soit parce qu'ils préfèrent l'obéissance à la lutte, mais c'est toujours une adhésion, une acceptation de l'idée par la personnalité et ce n'est pas un développement indépendant de l'idée, lequel n'arrive en réalité qu'assez rarement.

Des phénomènes identiques à la suggestion s'observent plus souvent chez l'homme normal lorsqu'il est momentanément transformé par quelque puissante influence : M. Le Bon faisait justement remarquer que l'individu mêlé à une grande foule et impressionné par elle devient momentanément suggestible. Beaucoup de grandes émotions, la peur, la surprise, l'intimidation, ont des effets semblables et certaines suggestions observées chez des individus à peu près normaux sont dues à un troubles momentané de la conscience déterminé par certaines émotions. Il y a des individus qui savent très bien user de cette influence de l'émotion dépressive et qui savent se servir de cette suggestivité momentanée qu'elle détermine.

Cependant, chez l'individu normal, ces transformations ne sont pas fréquentes et elles ne doivent pas être trop faciles, sinon cet individu présenterait vite d'autres troubles qui sont associés avec la suggestivité et deviendrait vite un malade. C'est ce qui arrive dans certains cas : on rencontre en effet des personnes chez qui on peut déterminer assez facilement et dans bien des circonstances, des phénomènes de suggestion très nets. Il suffit de les émotionner un peu, puis de leur affirmer une idée quelconque pour que cette idée devienne chez eux, d'une manière automatique, un acte ou une perception, sans qu'ils l'aient accepté, sans qu'ils puissent l'empêcher, quelquefois sans qu'ils s'en doutent. Si nous examinons de telle personnes, nous ne tardons pas à reconnaître que ces individus ont présenté fréquemment des idées fixes à forme somnambulique, qu'ils sont hypnotisables, ce qui n'est, comme nous le savons, que la reproduction de somnambulismes antérieurs, qu'ils ont des mouvements involontaires, des hallucinations, des paralysies d'un genre spécial, des insensibilités, en un mot qu'ils présentent tous les phénomènes que nous avons constatés chez les hystériques. Inversement, étudions des malades reconnus comme hystériques, nous pourrons presque toujours reproduire sur eux expérimentalement des phénomènes de suggestions et d'ailleurs nous pouvons constater qu'un grand nombre de leurs accidents antérieurs se sont produit par un mécanisme tout à fait identique à celui de la suggestion. Les caractères que nous avons étudiés dans les idées fixes des hystériques qui se développe complètement en actes et en hallucinations sans laisser de traces dans la mémoire, les mouvements subconscients de l'écriture automatique, certaines chorées systématiques, étaient absolument du même genre et en réalité la suggestion s'était présentée chez eux d'une manière naturelle avant toute expérience.

Enfin, on observe chez ces malades des variations intéressantes du phénomène de la suggestion : de même que la suggestion n'existe pas perpétuellement chez tous les hommes, il ne faut pas se figurer qu'elle existe d'une manière constante chez les hystériques. Beaucoup de ces malades, après avoir été très suggestibles pendant une période de leur vie, le sont de moins en moins, ne le sont plus nettement qu'à de certains moments, pendant les règles par exemple ou après une indisposition ou une émotion, puis cessent complètement de présenter ce phénomène. Il est facile d'observer que la guérison des autres accidents de la névrose suit une marche parallèle.

D'un grand nombre de remarques de ce genre découle une opinion que j'ai soutenue depuis longtemps : la suggestion, si on prend ce mot dans son sens précis, est un phénomène psychologique relativement rare, il se présente accidentellement dans différentes circonstances chez les individu considérés comme normaux, mais il ne devient régulier et constant que dans une névrose spéciale et la suggestivité constitue un stigmate important de l'hystérie.

3. La distractivité des hystériques.

Ce rôle de la suggestion dans l'hystérie commence à être connu, mais je crois qu'il y a lieu d'aller plus loin et qu'il ne faudrait pas expliquer cette maladie si complexe par ce seul phénomène psychologique. Pour le moment, je me borne à remarquer que dans l'état mental de ces malades on constate d'autres faits au moins aussi importants qui méritent au même degré d'être considérés comme des stigmates de l'hystérie.

Je voudrais mettre au premier rang de ces phénomènes une disposition bien singulière et peu connue pour laquelle nous n'avons même pas d'expression bien nette : il s'agit d'une disposition à l'indifférence, à l'abstraction, à la distraction tout à fait exagérée et anormale. J'ai déjà insisté autrefois à plusieurs reprises sur ce fait. On m'a reproché d'avoir confondu sous le même nom, sous le mot distraction, le phénomène anormal que je voulais faire connaître et la distraction de l'homme normal qui a d'autres caractères. Je propose donc de désigner ici ce phénomène pathologique par le mot de *distractivité des hystériques* afin d'employer un mot analogue à celui de suggestivité.

Quand nous faisons attention à quelque chose, nous nous détournons en même temps de plusieurs autres choses et nous cessons de nous intéresser à d'autres phénomènes qui parviennent cependant encore jusqu'à notre esprit : pendant que je fais attention à ma lecture, je me distrais des bruits de la rue quoique je les perçoive encore. Cette distraction, ou du moins un phénomène analogue se présente dans l'esprit des hystériques d'une manière bien étrange. Ces malades paraissent ne voir qu'une seule chose à la fois et elles semblent n'avoir aucune notion d'un objet pourtant très voisin; quand elles parlent à une personne, elles paraissent oublier qu'il y en a d'autres dans la chambre, et laissent échapper tous leurs secrets avec indifférence. Quand elles conçoivent une idée, on remarque qu'elles ont à ce propos une conviction puérile qui semble fondée sur une ignorance étonnante : elles paraissent n'avoir aucune notion des objections, des impossibilités, des contradictions; il n'y a plus rien dans leur esprit en dehors de l'idée qu'elles ont conçue. La même limitation peut être quelquefois observée dans leurs mouvements et dans leurs actes. Dès le début de la maladie, ces personnes ne peuvent plus faire qu'une action à la fois : on reconnaît souvent le premier signe du trouble mental chez ces jeunes filles de bonne volonté qui ne peuvent jamais faire qu'une commission à la fois. Dans certains cas et chez quelques sujets, on peut même mettre en évidence ce caractère d'une manière expérimentale.

C'est d'ailleurs ce caractère qui donnait une apparence spéciale à tous leurs accidents : À côté du phénomène positif, développement de l'idée somnambulique, convulsions, émotions persistantes, il y avait une sorte de lacune, oubli complet de la situation actuelle, indifférence au ridicule, insensibilité à la fatigue que nous n'aurions pas eu à la place. On dirait que ces sujets une fois malades oublient tout ce qui est en dehors de leur accident actuel : elles ne se souviennent pas d'avoir été jamais autrement, elles n'imaginent pas qu'on puisse être autrement, de là cette résignation et cette absence d'effort qui nous surprenaient.

L'exagération de cette disposition va amener ce qu'on appelle les subconsciences : une foule de choses vont exister en dehors de la conscience personnelle. On pourra faire marcher et agir ces malades à leur insu, si les idées qu'on exprime n'ont pas attiré leur attention et si elles restent dans ce domaine de la distraction. Ce caractère va amener la médiumnité comme tout à l'heure le développement des idées amenait les grands somnambulismes.

Peut-on dire que ce phénomène soit identique à la distraction de l'homme normal attentif à quelque étude, distraction que nous avons prise comme point de départ pour faire comprendre par comparaison le caractère de nos malades? Je ne le crois pas : chez l'homme normal, la distraction n'est jamais aussi complète, les phénomènes méprisés sont en dehors du foyer de l'attention, mais ils ne sont pas complètement en dehors de la conscience, et ils se rappellent à nous très vite dès qu'ils prennent quelque importance. Chez l'hystérique, ces phénomènes sont oubliés, ou ils ne sont pas sentis, ils disparaissent beaucoup plus complètement et ne rentrent que difficilement dans la conscience.

Mais un second caractère est encore bien plus important : chez l'homme normal, cette distraction est le résultat d'un grand intérêt déterminé par quelque instinct puissant ou d'un acte d'attention volontaire; c'est parce que toute la personnalité avec ses instincts, ses tendances, ses souvenirs s'intéresse à ce phénomène que les autres sont laissés dans la pénombre. Quand ces conditions d'intérêt n'existent pas, la distraction cesse de se produire. Chez nos malades, nous ne voyons pas cet intérêt puisant, ni cet acte d'attention volontaire. L'ignorance des phénomènes environnants se produit perpétuellement sans qu'il n'y ait aucune raison qui donne une grande importance aux phénomènes conservés. Il ne s'agit pas non plus d'un effort d'attention ou de volonté. L'attention, qui est chez eux très faible, serait parfaitement incapable de ce tour de force et d'ailleurs le sujet ne fait aucun effort de concentration au moment où il a l'air si absorbé. Il y a là un phénomène tout à fait analogue par certains points à celui de la suggestion : de même que dans la suggestion les idées se développent automatiquement par leur propre force, sans aucune collaboration de l'ensemble de la personne, de même ici *les idées sont supprimées mécaniquement par le simple fait que la conscience se porte sur un autre point sans aucun travail spécial pour amener ce résultat.*

Si cette disposition de l'esprit est différente de la distraction normale, je ne crois pas qu'elle soit non plus identique au trouble de l'attention qui se présente si souvent dans les autres maladies de l'esprit. Les individus fatigués, confus, ne portent une attention précise sur rien; ils n'approfondissent rien, mais ils ont une notion vague de tout et il n'y a pas chez eux de suppression totale des phénomènes environnants dès qu'ils en perçoivent un. Cette suppression facile et automatique de tous les phénomènes psychologiques étrangers à l'idée qui occupe momentanément la conscience est un phénomène assez particulier que je n'ai bien nettement observé que chez les hystériques, c'est ce que je désigne par ce mot barbare de distractivité.

Nous venons de voir que ce phénomène a des caractères analogues à ceux de la suggestion. Peut-on dire qu'il se confond avec elle, en est-il simplement une conséquence? En fait cela n'est pas, car on leur a guère suggéré un phénomène semblable que l'on connaît peu et que les sujets eux-mêmes n'ont pas remarqué. D'autre part, on ne comprendrait pas bien que la suggestion, qui est précisément le développement d'une idée, expliquât cette distraction qui est l'indifférence à une foule de faits. Enfin la suggestion même me paraît dépendre de cette disposition mentale : elle en serait bien plus souvent l'effet que la cause. C'est précisément parce que les sujets ont tout oublié en dehors de l'idée suggérée, parce qu'ils ne sont plus retenus par aucune perception, aucune pensée relative à la réalité environnante qu'ils laissent se développer si librement ces idées qu'on leur a mises en tête. La suggestivité et la distractivité ne me paraissent pas se produire l'une l'autre, elles sont deux stigmates parallèles qui ne peuvent pas exister l'un sans l'autre.

Un autre caractère mériterait aussi d'être signalé comme une conséquence des deux précédents, c'est *cette disposition au changement total et subit des phénomènes de conscience* qui, pendant l'état considéré comme à peu près normal, détermine la versatilité du caractère et qui pendant la période de maladie donne naissance aux *transfert* et aux *équivalences*. Pendant une certaine période, de 1875 à 1890, on s'est beaucoup occupé du phénomène du transfert qui consiste dans le passage rapide d'un symptôme du côté droit au côté gauche du corps ou réciproquement. Une paralysie, une contracture, un trouble de sensibilité qui siégeait d'un côté, passait sous diverses influences sur le point symétrique du côté opposé. On attribua d'abord ce phénomène à des actions physiques, à celle de l'aimant ou du courant électrique, puis on se décida à remarquer que des phénomènes psychologiques jouaient souvent un grand rôle dans sa production et alors, par une réaction violente, on le considéra brutalement comme un fait de suggestion et on ne voulut plus s'en occuper.

À mon avis, ce passage d'un accident d'un côté à l'autre n'est pas nécessairement et toujours le résultat d'une suggestion, il survient quelquefois à l'insu du sujet et de l'opérateur, et cela très naturellement. C'est une application particulière d'une disposition très générale chez l'hystérique dont on observe mille autres applications; c'est une conséquence de la disposition aux équivalences. L'hystérie, en effet, est une maladie bien singulière dont on n'ose jamais affirmer la guérison. Il est souvent facile de faire disparaître, par un procédé psychologique quelconque, tel ou tel accident déterminé. D'ailleurs, ces accidents disparaissent souvent tout seuls à la suite d'une émotion d'une secousse quelconque ou même sans raison; mais quand un accident a disparu, surtout quand il a disparu trop rapidement, il ne faut pas tout de suite chanter victoire. D'abord il y a bien des chances pour que le même accident ne tarde pas à réapparaître, ensuite il arrive très souvent une chose étrange : c'est qu'un autre accident survient à sa place, en apparence tout à fait différent. Une jeune fille de douze ans présentait des vomissements incoercibles qui l'avaient mise dans un état d'inanition très grave. Grâce à certaines excitations de la sensibilité pendant un état somnambulique, je puis la faire manger sans vomissements. Mais dès ce moment cette jeune fille, jusque-là parfaitement intelligente, entre dans un état de confusion mentale et de délire, et il devient impossible de faire cesser ce délire sans que les vomissements recommencent. On observe bien d'autres faits identiques : celle-ci a des contractures aux membres, et quand les contractures disparaissent, elle présente des troubles mentaux; celle-là a de la toux hystérique à la place des crises de sommeil. Un homme avait le pied contracturé en varus, il est guéri par les pratiques un peu mystérieuses d'un rebouteur qui l'émotionnent; le voici qui marche librement, mais il perd la voix pendant trois mois. Quand la voix revient, il a des accidents gastriques et des contractures abdominales. Dans un autre cas, les contractures du tronc cèdent et sont remplacées par des phénomènes d'amaurose, etc. Les accidents semblent être équivalents et pouvoir porter d'un côté ou d'un autre, pourvu qu'ils existent quelque part : on dirait que le sujet peut choisir, mais qu'il ne peut pas se passer d'un trouble localisé de quelque côté. Si on comprend bien cette loi des équivalences, on voit que le transfert du côté droit au côté gauche n'en est qu'un cas particulier. C'est même une forme particulièrement simple d'équivalence, car les sensations et les images des parties symétriques sont très semblables et peuvent très facilement se remplacer l'une par l'autre.

Sans doute, dans beaucoup de maladies de l'esprit on observe de l'instabilité, mais cette forme d'instabilité toute spéciale qui remplace un accident précis par un autre aussi précis, en apparence tout à fait différent, et cela brusquement et nettement, est encore quelque chose de bien caractéristique. Je crois que c'est là une disposition générale de l'esprit hystérique qui le pousse à se porter tout entier d'un côté en négligeant le reste du corps et de l'esprit, puis à se porter dans son ensemble dans un autre sens en oubliant la première direction. Cette disposition se rattache encore aux phénomènes précédents de la suggestivité et de la distractivité et mérite une place parmi les stigmates propres à l'hystérie.

4. Les stigmates communs et les stigmates psychasténiques.

La maladie hystérique n'est pas absolument séparée des autres troubles mentaux, c'est une forme spéciale qui rentre dans un groupe beaucoup plus considérable et qui se distingue plus ou moins des autres formes de ce groupe : les malades que nous désignons sous ce nom sont d'abord et avant tout des névropathes, des individus dont le système nerveux central est affaibli, ils sont ensuite des hystériques quand leur affaiblissement prend une forme particulière. Je dirai même qu'ils sont plus ou moins hystériques suivant que leur maladie se précise plus ou moins dans ce sens déterminé. Il en résulte qu'à côté des stigmates proprement hystériques ils ont des troubles généraux et vague à la fois psychologique et physiologiques qui appartiennent à tous les individus névropathes. Ces troubles qui existent dans l'hystérie existent aussi dans la névrose psychasténique et même quelquefois ils prennent dans cette névrose plus d'importance : ce sont *des stigmates communs* qui existent chez tous les névropathes et auxquels s'ajoutent les phénomènes mentaux qui caractérisent ensuite la maladie dans tel ou tel sens.

Je signalerai d'abord, à ce propos, *certains sentiments* qui jouent un rôle considérable dans l'évolution de toutes les névroses et qui déterminent fréquemment le caractère général de la conduite de ces malades. La plupart des malades, dès le début de leurs troubles, se sentent faibles, se sentent mécontents d'eux-mêmes; ils ont l'impression plus ou moins juste que leurs actions, leurs sentiments, leurs idées sont réduits, sont incomplets, sont couverts par une sorte de voile, de brouillard. Aussi sont-ils perpétuellement tourmentés par un *ennui* vague et profond qu'ils ne peuvent surmonter. L'ennui est le grand stigmate de tous les névropathes : il ne faut pas croire qu'il dépende du milieu extérieur, le névropathe s'ennuie partout et toujours car aucune impression ne détermine chez lui des pensées vives qui le rendent satisfait de lui-même.

Ces sentiments généraux de mécontentement, ces *sentiments d'incomplétude*, comme je l'ai baptisés ailleurs, inspirent presque toujours au malade une attitude et une conduite particulières. Ou bien il se laisse aller avec un air gémissant, ou bien il cherche partout quelque chose qui puisse le tirer de cet état pénible. Or, il n'a à sa disposition que très peu de moyens pour s'exciter : ou bien il usera des procédés d'excitations physiques ou moraux dont il peut se servir lui-même, les boissons alcooliques, la nourriture excessive, la marche, les sauts, les cris, ou bien il fera appel aux autres hommes et réclamera sans cesse qu'on l'excite, qu'on le remonte par les encouragements, les éloges, et surtout par le dévouement et par l'amour. Ces gens-là seront à la fois gémissants et agités, ils vont commettre toutes sortes d'excentricités, parce que l'excentricité excite et parce qu'elle attire l'attention sur eux. Il leur faut attirer l'attention sur eux pour qu'on s'occupe d'eux, qu'on leur parle, qu'on leur fasse des éloges et surtout qu'on les aime. Ce besoin existe chez les hystériques très fortement, au moins dans certains cas, mais ce n'est pas du tout un stigmate propre, il existe tout autant chez les psychasténiques. Les manies amoureuses des douteurs et des obsédés, leurs jalousies, leurs ambitions puériles sont souvent beaucoup plus caractéristiques et surtout plus durables que les mêmes phénomènes ne sont chez l'hystérique.

À côté de ces sentiments d'incomplétude et peut-être comme une justification de ces sentiments, nous devrions décrire chez tous les névropathes d'innombrables défaillances de toutes les fonctions mentales. On note dans l'intelligence une certaine vivacité apparente associée avec un état fondamental de *paresse* et surtout de *rêverie*. Ces malades ne font attention à rien, ne soutiennent que très peu de temps un travail mental et la plupart des névroses débutent chez les jeunes gens par la cessation des études et par l'incapacité complète d'apprendre quelque chose. En effet, cette incapacité d'attention amène comme conséquence l'absence de mémoire.

Tandis que les souvenirs anciens relatifs à des périodes de la vie antérieures à la maladie sont bien conservés et sont même reproduits avec un automatisme exagéré, les évènements récents ne se fixent plus dans l'esprit et passent sans laisser de traces. C'est un trouble de la mémoire que j'ai décrit sous le nom d'*amnésie continue*, il est fréquent chez les hystériques, mais il ne leur est pas propre et on doit le considérer comme un stigmate commun.

On trouve *les mêmes altérations dans les sentiments* qui sont modifiés et surtout affaiblis : les sujets qui paraissent si émotionnables ne sentent en réalité rien vivement. Ils sont indifférents à tous les sentiments nouveaux et se bornent à reproduire avec une exagération automatique quelques sentiments anciens, toujours les mêmes. Leurs émotions qui semblent si violentes ne sont pas justes, c'est-à-dire qu'elles ne sont pas en rapport avec l'événement qui semble les provoquer. Ce sont toujours les mêmes cris, les mêmes déclamations, qu'ils s'agisse d'une surprise, d'un événement heureux ou d'un événement malheureux.

Enfin nous retrouvons à l'état de germe ces *troubles de la volonté* qui ont joué un si grand rôle dans tous les accidents des psychasténiques. En dehors de leurs phobies, leur sentiment d'incomplétude, ces malades ont perpétuellement des troubles de leur activité volontaire. Ils ne savent plus se décider à rien, ils hésitent indéfiniment devant la moindre des choses. Je crois qu'ils ne savent même plus se décider à dormir et que dans bien des cas leur insomnie si grave est un phénomène de l'aboulie. Bien entendu ce sont surtout les actions nouvelles qui leur sont difficiles et pendant longtemps ils continuent des actions anciennes sans pouvoir s'arrêter. Même quand leur action est décidée, elle se fait très lentement : la lenteur de ces personnes pour se lever du lit, pour s'habiller est tout à fait classique, il leur faut des heures pour savoir s'ils sont réveillés ou non; ils aiment à fractionner les actes, ils emploient une première journée à chercher du papier à lettres, une seconde à prendre une enveloppe et peut-être qu'en huit jours ils écriront une lettre. Cette conduite amène une conséquence inévitable : c'est qu'ils n'arrivent jamais à rien en même temps que les autres, au moment où il le faudrait, qu'ils sont perpétuellement en retard. Leurs efforts sont d'une grande faiblesse et ils abandonnent l'action commencée pour le moindre prétexte. Dès qu'ils ont fait le moindre effort, ils se sentent horriblement fatigués, épuisés : « c'est un manteau de fatigue qui tombe sur moi » et ils n'ont pas le courage de persévérer. Aussi n'achèvent-ils jamais ce qu'ils ont commencé et sont-ils dégoûtés de tout avant la fin. Cette faiblesse se montre également dans leur faculté de résistance, ils ne savent ni lutter, ni se défendre contre ceux qui les tourmentent : souvent ce genre de caractère se manifeste dans l'enfance, ces individus sont très malheureux dans les internats et ils deviennent les victimes, les souffre-douleurs de tous leurs camarades. Ces phénomènes d'*aboulie* se retrouvent chez tous les névropathes; ils se mélangent avec la suggestibilité, la distractivité des hystériques; ils existent d'une manière plus isolée chez les psychasténiques. On peut dire que joint au sentiment d'ennui, à la faiblesse de l'attention et de la croyance, ils constituent les stigmates communs des névropathes comme les caractères précédents constituaient les stigmates propres de l'hystérie.

Chapitre III

L'état mental hystérique.

Dans cette revue rapide des troubles névropathiques qui peuvent atteindre les diverses fonctions, j'ai toujours mis en parallèle deux catégories de troubles qui me paraissent mériter d'être distingués, les troubles proprement hystériques et les troubles psychasténiques de la même fonction.

Arrivé au terme de cette étude, il me semble intéressant de réunir ce qui appartient à chacune de ces névroses et les distinguer l'une de l'autre. Je chercherai donc dans ce chapitre à résumer les caractères les plus importants de la première de ces névroses, de l'*hystérie*, caractères qui se retrouvent à peu près les mêmes dans les divers accidents hystériques et qui donnent quelque unité à cette maladie.

1. Résumé des symptômes propres à l'hystérie.

Pour faire cette étude, il est bien évident qu'il ne faut pas insister sur des symptômes rares et douteux dont l'existence est encore controversée, et qu'il ne faut parler que des phénomènes simples, d'une grande banalité, qui ont toujours été considérés comme hystériques. Il ne faut pas non plus choisir arbitrairement certains faits que l'on considérait comme hystériques à l'exclusion des autres : ainsi la conception récente de M. Bernheim, qui voudrait limiter l'hystérie à la seule attaque émotionnelle, me paraît tout à fait arbitraire.

Certains symptômes, assez nombreux, sont cliniquement des phénomènes hystériques, et cela depuis fort longtemps, parce qu'ils coexistent chez les mêmes malades, parce qu'ils alternent les uns avec les autres, qu'ils ont la même origine et souvent la même terminaison. Il reste à justifier ce groupement purement clinique en constatant que ces phénomènes ont les mêmes caractères fondamentaux. Mais il faut prendre comme point de départ ces données de l'observation clinique et ne pas leur substituer des hypothèse prématurées et toujours douteuses sur la nature inconnue de la maladie.

C'est en suivant cette méthode que j'ai mis au premier rang un certain délire observé depuis les temps les plus anciens et devenu même populaire, les idées fixes à forme somnambulique. Ce délire est, à mon avis, extrêmement original : il rentre bien dans les maladies mentales; mais, dans toute la pathologie mentale, je ne crois pas que l'on puisse trouver un délire semblable, qui ait les mêmes caractères et qui puisse être confondu avec celui-ci. D'abord, ce délire est extrême, il s'accompagne d'une conviction intense que l'on retrouve bien rarement; il détermine une foule d'actions, et, si je ne me trompe, amène quelquefois de véritables crimes. Il donne naissance à un foule d'hallucinations de tous les sens, extrêmement remarquables. Le développement de ce délire est étonnamment régulier : la scène de la crucifixion ou la scène du viol se répètent cent fois de suite exactement, avec les mêmes gestes, les mêmes mots au même moment. D'autres caractères, en quelque sorte négatifs, sont plus curieux encore : pendant le développement de son délire, le sujet, non seulement ne croit rien, n'accepte rien qui soit en opposition avec son idée dominante, comme on le voit dans les délires systématiques, mais il ne voit même rien, n'entend rien en dehors du système d'images de son idée : « Ses yeux sont ouverts, mais ils ne voient rien », disait déjà le médecin de lady Macbeth. Quand le délire se termine, le sujet revient à la vie normale et semble avoir complètement oublié ce qui vient de se passer. Dans bien des cas, comme j'ai essayé de le montrer, cette amnésie est plus complète encore : elle s'étend non seulement sur la période remplie par le délire, mais encore sur l'idée même qui a rempli le délire et sur tous les événements précédents où cette idée a été mêlée. Sans doute, cette amnésie, comme cette anesthésie, a des caractères étranges : elle n'est ni définitive, ni bien profonde, mais elle n'en est pas moins très réelle; elle n'est ni inventée, ni voulue par le sujet qui a l'idée fixe de l'événement auquel il pense dans son délire, mais qui n'a aucunement l'idée de tous ces caractères du délire, qui se reproduisent cependant, depuis des siècles, dans les pays les plus divers.

En résumé, ce premier grand symptôme de l'hystérie pourrait se caractériser ainsi : *c'est une idée, un système d'images et de mouvement qui échappe au contrôle et même à la connaissance de l'ensemble des autres systèmes constituant la personnalité.* D'un côté, il y a développement exagéré, régulièrement déterminé, de cette idée émancipée; de l'autre, il y a lacune, amnésie ou inconscience particulière, dans la conscience personnelle.

Considérons un phénomène très voisin de l'idée, le langage : dans bien des cas, nous voyons des crises singulières de logorrhée dans lesquelles le sujet parle indéfiniment, à tort et à travers, de toute espèce de chose sans pouvoir s'arrêter. Ces crises de langage, qui peuvent porter sur la parole ou sur l'écriture, ont revêtu bien des formes. On retrouve ici la même exagération, la même régularité que dans les crises d'idées fixes : on y retrouve les mêmes caractères négatifs, le sujet ne peut plus arrêter sa parole; mais, ce qui est le plus curieux, il ne peut plus non plus la produire volontairement. À mon avis, les phénomènes de mutisme hystériques doivent être étroitement rapprochés des cas de parole et d'écriture automatique dont ils ne sont que la contre-partie. Le malade n'a plus la libre disposition de la fonction du langage; dès qu'il fait attention, dès qu'il sent qu'il va parler, il ne peut plus dire un mot. Cependant, le langage existe encore, il se produit complètement dans des crises, dans des rêves du sommeil normal, dans des somnambulismes. *Le langage existe en dehors de la conscience personnelle*, il n'existe plus en même temps que cette conscience.

Quand nous avons étudié ensuite divers accidents portant sur les mouvements volontaires des membres, nous avons constaté que des petits systèmes de mouvements et quelquefois de grands systèmes riches et anciens, constituant de véritables fonctions, se développaient sans contrôle d'une manière exagérée et constituaient des tics et des chorées. Ce défaut de contrôle se manifestait aussi par des phénomènes négatifs étroitement associés avec les précédents, par des paralysies et des anesthésies qui semblaient jouer ici le même rôle que les amnésies du somnambulisme.

En arrivant aux fonctions sensorielles, nous avons vu les mêmes agitations sous forme de douleurs et d'hallucinations, accompagnées de certaines pertes de contrôle, qui constituaient des anesthésies variées portant sur les sens spéciaux, comme sur les sensibilités générales. À propos de ces anesthésies, nous avons remarqué, plus nettement qu'à propos des phénomènes précédents, la véritable nature de ces amnésies, de ces paralysies, en un mot, de ces disparitions de fonctions; la fonction est loin d'être détruite, elle continue d'exister et se développe même souvent d'une manière exagérée; elle n'est supprimée qu'à un point de vue très spécial, *elle n'est plus à la disposition de la volonté ni de la conscience du sujet.*

Quoique ce soit surprenant, nous avons constaté les mêmes faits même dans l'étude des fonctions viscérales. Les refus d'aliments, les vomissements, les dyspnées hystériques ne sont pas des maladies de l'estomac ou du poumon. Elles consistent dans un sorte d'émancipation de la fonction cérébrale et psychologique relative à ces organes : il y a tantôt exagération indépendante de la fonction, tantôt plus souvent disparition de la conscience des besoins organiques et des actes qui s'y rattachent.

Enfin, dans nos dernières études, nous avons cherché dans le caractère même de ces malades, dans la manière d'être de leur esprit, des stigmates fondamentaux qui permettent de reconnaître et de comprendre la maladie. Nous sommes arrivés à mettre en évidence des stigmates propres à l'hystérie : la suggestivité, la distractivité et une certaine mobilité bizarre des phénomènes qui se remplacent facilement les uns les autres d'une manière en apparence équivalente.

C'est là un tableau clinique qui doit nous suffire en pratique : en nous souvenant de ces faits principaux, en leur comparant les cas complexes et moins nets que la pratique nous présente, nous arriverons déjà à apprécier assez justement la maladie hystérique, à éviter bien des préjugés et bien des erreurs qui sont encore aujourd'hui très communs. Malheureusement, l'esprit humain ne se contente pas à si bon marché, il aime les dangers et les querelles, et nous éprouvons le besoin de formuler sur la maladie hystérique des conceptions d'ensemble, des interprétations, des définitions qui sont bien plus exposées à la critique et à l'erreur. Il me semble que c'est un peu une mode médicale que de donner des définitions de l'hystérie : déjà dans le vieux livre de Brachet, en 1847, il y avait au début une cinquantaine de formules passées en revue. Lasègue, il est vrai, déclara avec prudence qu'on ne définirait jamais l'hystérie et qu'il ne fallait pas essayer; depuis cet avertissement, tout le monde est tenté de faire ce qu'il avait déclaré impossible. Dans mes petits livres sur l'hystérie, 1893, j'ai discuté une dizaine de définitions récentes, et j'ai eu la sottise d'en présenter une autre. Naturellement, on a continué dans la même voie dangereuse, et, depuis cette époque, il y a bien une dizaine de définitions nouvelles de l'hystérie qui ont été proposées.

Il faut obéir à la mode en disant quelques mots de ces définitions, tout en ayant conscience de l'insuffisance actuelle de nos connaissances physiologiques sur les fonctions cérébrales et sur l'analyse psychologiques des malades, tout en sachant bien que le vague de la langue psychologique actuelle nous interdit d'attacher trop d'importance aux termes d'une définition provisoire, il faut essayer de tirer de ces études quelques idées générales qui nous servent à résumer notre conception de la maladie.

2. L'impossibilité d'une conception générale anatomo-physiologique de l'hystérie.

On a cherché tout naturellement parmi les symptômes anatomiques et physiologiques un caractère net, admis par tous, qui pût être régulièrement retrouvé dans tous ces phénomènes hystériques et qui pût caractériser la maladie. Il me semble évident que, jusqu'à présent du moins, on ne l'a pas trouvé. On n'a pas pu constater dans les troubles précédents un phénomène analogue aux modifications des réflexes tendineux, aux atrophies, aux altérations de la tonicité musculaire qui caractérisent certaines autres maladies des centres nerveux. Ce n'est pas, à mon avis, que les divers phénomènes physiologiques soient absolument normaux chez les malades hystériques; j'ai eu soin de faire observer à plusieurs reprises leurs modifications fréquentes. Mais, ou bien ces modifications sont douteuses et contestées comme les troubles des réflexes et les modifications circulatoires, ou bien ces troubles sont communs à toutes sortes de maladies et n'ont rien de caractéristique.

Les études anatomiques et les études histologiques faites après l'autopsie ont été l'objet de beaucoup de recherches, elles ont été jusqu'à présent entièrement négatives. Sans doute une modification anatomique ou histologique observée régulièrement dans plusieurs autopsies d'hystériques et mise en parallèle avec les symptômes bien analysés pendant la vie serait absolument décisive et donnerait une grande netteté et une grande unité à la maladie; mais il faut reconnaître que rien de semblable n'a été présenté d'une manière sérieuse. Dans une critique que je faisais, il y a quelques années, d'un livre, d'ailleurs remarquable, celui de M. Bastian, sur les paralysies hystériques, je faisais remarquer avec étonnement que l'auteur parlait sans cesse d'interprétations anatomiques de l'hystérie mais qu'il ne donnait jamais dans son livre ni une figure anatomique, ni une relation d'autopsie.

C'est qu'en effet on a imaginé depuis quelque temps, à propos de l'hystérie seulement, une singulière manière de parler d'anatomie pathologique. Au lieu de décrire des préparations réelles, on se borne à présenter des descriptions purement imaginaires de certaines modifications que l'on suppose devoir être dans tel ou tel centre nerveux. Que penserait-on aujourd'hui d'un auteur qui aurait la prétention d'établir la localisation d'un centre nerveux très simple dans la moelle ou dans le bulbe et qui procéderait uniquement de cette manière? Je trouve bien singulière l'attitude de beaucoup de neurologistes qui sont très sévères sur les méthodes employées quand il s'agit de localiser simplement l'origine d'un nerf spinal et qui deviennent tout à fait indulgents quand il s'agit de localiser les phénomènes les moins connus et les plus complexes de la pensée. On a singulièrement abusé des localisations corticales pour expliquer les troubles psychologiques qu'on ne comprenait pas. Gall disait autrefois avec quelque naïveté : « Ces hommes sont des voleurs parce qu'ils n'ont pas la bosse de l'honnêteté ». Sommes-nous aujourd'hui beaucoup plus sérieux quand nous disons : « Le centre du langage est obnubilé, c'est pour cela que votre fille est muette »? Il ne faut pas oublier que de telles suppositions qui amusent les esprits superficiels n'ont rien à voir avec l'anatomie pathologique ni avec la physiologie et que, malgré les prétentions de leurs auteurs, de telles études ne sont anatomiques ou physiologiques que de nom. Ce sont en réalité des caractères psychologiques, plus ou moins mal compris d'ailleurs, que l'on traduit grossièrement dans un langage vaguement anatomique. Au lieu de dire modestement : « La fonction du langage semble être séparée de la personnalité normale du sujet, c'est tout ce que je constate », on dit fièrement : « Le centre du langage n'a plus de communication avec les centres les plus élevés de l'association »; au lieu de dire : « La synthèse mentale semble être diminuée », on dit : « Le centre le plus élevé de l'association est endormi », et le tour est joué. Un pareil langage ne doit jamais être pris au sérieux. S'il est vrai, ce qui est démontré, qu'une explication purement psychologique d'un trouble morbide soit une explication inférieure, plus humble, moins scientifique, il faut cependant se résigner à ne formuler que des explications psychologiques, si on n'en a pas d'autres; cela est toujours plus scientifique que de se payer de mots.

En résumé, il n'y a pas actuellement de caractère anatomo-physiologiques observé pendant la vie ou après la mort qui se retrouve dans tous les symptômes hystériques et qui n'existe que dans l'hystérie; que cela soit regrettable ou non il est absolument inutile de chercher à dissimuler cette ignorance.

3. – L'hystérie résumée
par la suggestion.

« L'hystérie, disait déjà Charcot, est une maladie mentale »; mais cette expression qu'il aimait à répéter restait pour lui et pour ses contemporains une pure formule et en réalité on continuait à considérer cette maladie comme un syndrome analogue à ceux que l'on observait dans les lésions des centres nerveux, on l'étudiait de la même manière sans prendre plus de précautions et on ne voulait pas se donner la peine de pénétrer dans les idées et dans les sentiments du malade. J'ai eu beaucoup de peine à me faire comprendre à cette époque, quand je voulais simplement expliquer que l'anesthésie hystérique était un symptôme moral analogie à la distraction et non pas un symptôme physique. Les longues études des psychologues n'ont pas été cependant tout à fait sans influence, car maintenant les temps sont bien changés. Personne n'ose plus parler de l'hystérie comme d'une maladie organique; les partisans les plus convaincus des anciennes théories, ceux-là mêmes qui expliquaient les transferts les plus fantastiques par l'action physique des aimants n'admettent plus que l'interprétation psychologique de tous les symptômes et se figurent même l'avoir inventée.

Mais si cette étude psychologique de l'hystérie est aujourd'hui triomphante, il ne faut pas en conclure que l'on doive supprimer toute précision dans l'analyse des symptômes et dans le diagnostic, il ne faut pas en arriver à jeter pêle-mêle tous les faits observés dans le groupe des troubles psychologiques. Il ne faut pas que l'interprétation psychologique vienne supprimer ce qu'ont fait de bon et d'excellent tous nos ancêtres. Or, il y a eu une œuvre monumentale du siècle dernier, c'est l'œuvre clinique; avec une patience et une pénétration infinie tous ces grands cliniciens ont mis de l'ordre dans un véritable chaos, quand ils ont rangé les symptômes en groupes distincts les uns des autres. Sans doute toutes sortes de perfectionnements doivent s'ajouter à leur travail, mais il ne faut jamais le supprimer ni le méconnaître. Dire, sous prétexte de psychologie, qu'un somnambulisme est identique à un délire quelconque, qu'un vomissement hystérique est une simple toquade à confondre avec les manies du doute ou les mélancolies ou peut-être même avec les tics des idiots, c'est revenir deux cents ans en arrière et il vaudrait bien mieux supprimer l'interprétation psychologique et en rester à la description clinique. Par conséquent, en faisant de l'hystérie une affection psychologique, nous n'avons pas du tout l'intention, comme certains auteurs semblaient le croire, de la confondre avec une maladie mentale quelconque. Nous disons même que c'est aujourd'hui le trouble psychologique le mieux caractérisé et celui qu'il importe le plus de distinguer des autres. C'est une obligation qu'il ne faut jamais oublier quand on examine les théories psychologiques de l'hystérie.

La notion psychologique qui paraît la plus élémentaire et celle qui semble se dégager tout d'abord de tous les travaux déjà anciens, c'est la notion de l'importance de l'idée dans les accidents hystériques. Charcot étudiant les paralysies de ces malades avait montré que le trouble n'est pas produit par un véritable accident, mais par l'idée de cet accident; il n'est pas nécessaire que la roue de la voiture ait réellement passé sur la jambe du malade, il suffit qu'il ait l'idée que la roue a passée sur ses jambes. Cette remarque est facile à généraliser et j'ai montré dans beaucoup d'observations détaillées que l'hystérie était souvent une maladie déterminée par des idées fixes. Il y a de ces sortes d'idées fixes dans les somnambulismes et dans les fugues, idée d'un amour contrarié, idée de la mort de la mère, idée de visiter des pays tropicaux, etc.; il y a de même de ces idées dans les contractures systématiques, par exemple, quand une malade tient les pieds étendus parce qu'elle se croit sur la croix; il y a de ces idées dans les troubles viscéraux et nous avons étudié l'observation d'une malade qui est morte de faim parce qu'elle avait l'idée fixe des navets servis au réfectoire de la pension. Ces remarques ont été bien faites de tous côtés, on a constaté également que chez les hystériques les idées ont une plus grande importance et surtout une plus grande action corporelle que chez l'homme normal. Elles semblent pénétrer plus profondément dans l'organisme et y déterminer des modifications motrices et viscérales. C'est un point sur lequel insistaient encore dernièrement MM. Mathieu et Roux dans l'article qu'ils consacraient au vomissement hystérique. « Ce qui caractérise les hystériques, disaient-ils, c'est moins le fait qu'elle acceptent une idée quelconque, que l'action exercée par cette idée sur leur estomac ou sur leur intestin. » En troisième lieu, les études sur la suggestion dont M. Bernheim a si bien montré l'importance ont permis de déterminer expérimentalement, par l'action des idées, bien des phénomènes au moins analogues aux accidents hystériques. Il est résulté de toutes ces remarques que les conceptions de l'hystérie les plus communes ont mis en évidence le premier caractère de l'*influence des idées sur le développement de la maladie*. Moebius, Strumpell, Forel, répétaient comme Charcot : « On peut considérer comme hystériques toutes les modifications maladives du corps qui sont causées par des représentation. ».

M. Bernheim surtout a lutté pendant des années pour faire prévaloir la conception qu'il avait alors de l'hystérie, conception qui semblait très séduisante et très simple. « Tout phénomène hystérique, disait-il, n'est qu'un phénomène de suggestion déterminé par l'idée que le sujet a de son accident ou par les idées que le médecin lui met en tête à propos de son accident : l'hystérique réalise ses accidents comme elle les conçoit. »

Récemment M. Babinski s'est rattaché à l'enseignement ancien de M. Bernheim, mais il a essayé de renouveler la définition donnée autrefois par cet auteur en l'exprimant d'une manière un peu différente : « un phénomène est hystérique quand il peut être reproduit exactement par suggestion et guéri par persuasion ». Examinons d'abord cette dernière formule avant de discuter l'idée fondamentale contenue dans les définitions précédente. Cette formule nouvelle peut-elle être considérée comme une définition indiquant la nature essentielle de l'hystérie et réalise-t-elle sur ce point un progrès sur les conceptions anciennes de Moebius, de Bernheim et de bien d'autres?

Je ne le pense pas : on ne peut guère caractériser une chose naturelle par les conditions de sa reproduction artificielle plus ou moins exacte. Une reproduction, une imitation, ou le plus souvent une simulation donnent-elles un phénomène exactement identique au fait naturel, ce serait souvent bien difficile à démontrer. Dans le cas actuel, je ne suis pas convaincu que les caractères psychologiques d'un accident reproduit par suggestion soient exactement les mêmes que ceux de l'accident primitif. La ressemblance extérieure plus ou moins grande n'a pas d'importance, quand il s'agit de troubles qu'on reconnaît être mentaux. Il se peut qu'il y ait dans les pensées et les sentiments du sujet, dans la durée des phénomènes psychologiques des différences très graves. Il faudrait commencer par une longue étude sur la comparaison des accidents hystériques naturels et de leurs reproductions chez tels ou tels sujets, ce qui n'a jamais été fait, et ce qui d'ailleurs n'apprendrait pas grand'chose sur les caractères essentiel de la maladie. En effet rien ne prouve que le phénomène approximativement reproduit de cette manière ne puisse pas être produit d'une autre et que cette autre production n'ait infiniment plus d'importance. Comme M. Claparède le disait plaisamment, on ne définit pas la mort en disant que c'est un phénomène fort exactement reproduit par la guillotine.

Une autre difficulté encore vient de ce fait que cette reproduction toute imparfaite qu'elle soit ne peut évidemment pas être obtenue sur tout le monde par simple affirmation : je n'arrive pas à paralyser mon bras quand je pense qu'il est paralysé. Cette reproduction ne peut avoir lieu que sur certains sujets déterminés, or ces sujets sont précisément des hystériques. La définition devient ainsi purement verbale : les phénomènes hystériques sont ceux que l'on peut déterminer chez les hystériques. Cela n'apprend pas beaucoup à ceux qui n'ont pas à leur disposition ces sujets types ou qui n'admettent pas la dénomination de ces sujets que l'on prend comme type ou tout simplement qui cherchent à savoir ce que c'est qu'une hystérique.

Cette formule n'a peut-être pas la prétention de nous instruire sur la nature de la maladie elle-même, n'a-t-elle pas simplement un intérêt pratique comme moyen de diagnostic et ne permet-elle pas de reconnaître à coup sûr sur un sujet donné, les phénomènes hystériques et ceux qui ne le sont pas? Sans doute on pourra dire qu'un accident qui cesse rapidement chez un malade sous l'influence de la persuasion et que l'on peut ensuite reproduire sur le même sujet par suggestion est probablement un accident hystérique. Cela est à peu près exact, surtout si l'on donne une définition précise du mot suggestion. Mais c'est-là tout ce que l'on peut dire : il me paraît impossible d'en tirer une conclusion à propos des accidents de beaucoup les plus nombreux et les plus importants que ne satisfont pas à cette condition. Il est impossible de nier d'avance le caractère hystérique d'un accident parce que l'on ne peut pas le faire disparaître par persuasion et le reproduire par suggestion chez le malade. Ces modifications artificielles ne sont réellement possibles que chez les sujets dressés ou du moins chez des sujets déjà en bonne voie de guérison et tout à fait sous l'influence de leur médecin. N'admettre comme hystériques que ces individus là , c'est retomber dans l'erreur de Charcot qui ne voulait pas reconnaître l'hypnotisme chez un individu ne présentant pas les trois états. Bien des malades, tout en étant capables de devenir suggestibles sous certaines conditions et vis-à-vis de certaines personnes ne peuvent pas du tout être suggestionnées par leur médecin, surtout quand il s'agit de leurs accidents pathologiques. Il y a malheureusement bien des hystériques qui restent longtemps sans être guéris, dont les accidents n'ont pas été enlevés par persuasion et par conséquent n'ont pas été reproduits par suggestion. On ne pourra donc jamais leur appliquer le diagnostic d'hystérie. Bien des malades n'ont pas pu être suggestionnés par tel médecin et plus tard ont pu l'être par un autre. Faudra-t-il dire qu'ils ne sont pas hystériques pour le premier et qu'ils ne le sont que pour le second? C'est rendre le diagnostic de l'hystérie bien difficile que de le subordonner à la guérison et c'est surtout le rendre inutile, car c'est justement avant de les traiter qu'il faut reconnaître le caractère hystérique des accidents.

Il n'est pas nécessaire d'être aussi sévère et dans la pratique la constatation des caractères que nous avons indiqués à propos de chaque accident suffit parfaitement pour le diagnostic. *Un trouble qui porte sur une fonction est probablement hystérique*, probablement, car il n'y a rien de mathématique dans la clinique médicale, *quand on ne constate pas en même temps des symptômes de la détérioration de la fonction elle-même, quand il se montre, spontanément et non sous l'influence du médecin, variable dans les diverses conditions psychologiques du sujet et quand il disparaît au moment où la fonction s'exerce automatiquement en cessant d'être à la disposition de la conscience personnelle du sujet.* Ces remarques suffisent pour que l'on essaye avec des chances de succès le traitement de l'hystérie et plus tard apparaîtront peut-être comme confirmation du diagnostic la modification par persuasion et la reproduction expérimentale par suggestion. Cette formule nouvelle proposée par M. Babinski, tout en ayant l'avantage de mettre en évidence comme les précédentes le caractère psychologique de la maladie, ne me paraît donc pas leur être bien supérieure ni au point de vue pratique, ni au point de vue théorique.

Mais il n'y a pas lieu d'insister sur une formule évidemment défectueuse, en réalité la pensée qui se trouve sous cette expression est fort claire, si on ne veut pas ergoter sur les termes. C'est l'ancienne conception de M. Bernheim : *les phénomènes hystériques ont un grand caractère qui leur est commun à tous et qui n'existe que chez eux; c'est qu'ils sont le résultat de l'idée même que le sujet a de son accident,* « l'hystérique réalise son accident comme elle le conçoit ». C'est cette conception qu'il faut maintenant considérer elle-même. Cette conception est vraiment intéressante et elle ne manque pas d'une certaine précision, car il n'y a guère de maladies organiques ni même de maladies mentales où les choses se passent ainsi. Personne ne soutiendra que dans un délire maniaque le malade soit agité parce qu'il pense à l'agitation : ce développement des accidents par un mécanisme toujours identique à celui de la suggestion serait quelque chose de propre à l'hystérie et pourrait évidemment servir à la définir.

Toute la question est de savoir si cela est vrai et si ce caractère se retrouve en fait dans tous les accidents cliniquement hystériques. L'illusion vient de ce que cette conception semble réellement s'appliquer à quelques accidents. J'ai vu des jeunes filles émotionnées par la vue d'un accès épileptique, penser beaucoup à cet accès et à la suite présenter des attaques qui reproduisaient grossièrement le phénomène. Dans quelques cas que l'on répète, toujours les mêmes, le malade paralysé semble bien avoir eu l'idée de sa paralysie : « J'ai cru, dit-il, avoir la jambe écrasée, j'ai eu l'idée que ma jambe n'existait plus ». La paralysie consécutive avec anesthésie du membre semble la traduction même de son idée. Mais est-ce là une observation exceptionnelle, ou est-ce la règle? La coïncidence entre l'idée de l'accident et l'accident lui-même est-elle constante? Si elle existe, est-il démontré que l'idée a toujours été antérieure et non postérieure à l'accident maladif? Même dans le cas où l'idée est antérieure, l'analyse psychologique a-t-elle démontré le rôle effectif de l'idée dans la production de l'accident? Ce sont là des questions de psychologie pathologique très délicates que l'ont résout à mon avis d'une façon bien brutale.

Autrefois on expliquait tous les phénomènes hystériques par la simulation, parce qu'on avait surpris et plus ou moins bien compris quelques faits de simulation. Puis on a dit que tous ces accidents dépendaient de la mauvaise volonté du sujet, on lui disait : « Vous êtes paralysé, vous avez des crises de sommeil, c'est parce que vous le voulez bien ». Aujourd'hui on veut bien reconnaître à peu près qu'il ne simule pas toujours et qu'il n'est pas malade pour son bon plaisir, mais on lui dit qu'il est malade parce qu'il pense à être malade, parce qu'il s'est mis en tête d'être malade. En somme le pauvre hystérique continue à être dans son tort. On ajoute, il est vrai, que c'est aussi la faute de son médecin qui lui a donné des symptômes en l'examinant, ce qui fait que tout le monde est coupable le malade et le médecin : il n'y a que la maladie dont on ne parle pas. Tout cela, je l'avoue, me paraît d'une psychologie bien simpliste et bien enfantine.

Je crois, pour ma part, après avoir analysé minutieusement la pensée d'un millier de ces malades que *les hystériques ont très rarement la notion précise de leur accident* et surtout qu'elles l'ont très rarement avant l'accident lui-même. Je suis convaincu que le plus souvent l'accident se développe à la suite d'un trouble émotionnel, suivant des lois qui lui sont propres et que le sujets ignore complètement. On peut le démontrer de bien des manières : comme l'avait déjà observé Lasègue, beaucoup de symptômes hystériques se développent chez les malades à l'insu du malade et à l'insu de leur médecin. Beaucoup plus souvent qu'on ne le croit, on a l'occasion d'examiner des sujets qui n'ont absolument jamais été examinés à ce point de vue et qui sont porteurs de symptômes qu'ils ignoraient, dont ils n'avaient pas la moindre idée. On constate ainsi des anesthésies cutanées, des altérations des sens spéciaux, des amauroses unilatérales, des anorexies, je dirai même, quoique cela paraisse surprenant, des parésies hystériques parfaitement nettes et dont personne ne se doutait : tous les médecins ont observé des faits de ce genre. Il y a même des symptômes hystériques qui ne sont pas classiques, que la plupart des médecins ignorent, les amnésies systématiques, les phénomènes de subconscience, la distractivité, etc.., dont nous constatons le développement dans l'histoire du malade sans que personne ait pu avoir l'idée d'en parler auparavant. D'ailleurs, l'histoire de la médecine nous apprend qu'il en était ainsi autrefois, quand les anciens observateurs constataient des faits nouveaux pour eux qui sont devenus classiques depuis leur époque.

Même, quand il s'agit d'accidents où l'idée du sujet joue un rôle évident, comme dans les idées fixes à forme somnambulique par exemple, c'est observer les choses bien grossièrement que de limiter l'accident à la simple expression, à la réalisation de l'idée du sujet. Le malade a dans l'esprit, je

293

le veux bien, l'idée fixe de certaine scène de sa vie, mais, à moins de jouer sur les mots, il est évident qu'*il n'a pas l'idée fixe de la manière dont ces scènes se reproduisent*, de l'anesthésie spéciale, de l'amnésie particulière qui accompagnent et caractérisent les somnambulismes divers, de cette dissociation même descendant jusqu'à un certain niveau et pas au delà, de tous les caractères de sa maladie, en un mot. Un malade est poursuivi par le souvenir que sa femme l'a quitté et l'a volé, cette émotion s'accompagne chez lui d'un mutisme tout particulier et d'une modification des perceptions auditives; il est bien certain qu'il n'avait pas l'idée fixe de ces détails. Un sujet se blesse à la main droite, il a ensuite une hémiplégie droite, mais en même temps il a du mutisme : connaissait-il donc l'association si fréquente, même dans l'hystérie, des troubles de la parole et des troubles respiratoires avec l'hémiplégie droite? Comment se fait-il qu'après des traumatismes oculaires ou simplement des émotions portant sur les yeux, il y ait des paralysies distinctes de la vision binoculaire ou de la vision monoculaire avec leurs lois si singulières, des troubles curieux de l'accommodation, des rétrécissements du champ visuel, et même des hémianopsies, car il s'en rencontre? Tous ces phénomènes et bien d'autres auront donc toujours été enseignés au malade par le médecin qui l'a examiné avant nous. Cette supposition est enfantine et, dans bien des cas, tout à fait impossible. Ce qui est vrai, c'est que *presque toujours les symptômes maladifs dépassent de beaucoup les idées que le sujets peut avoir,* quelle que soit l'origine qu'on leur suppose.

Cet argument se rattache à un ordre de réflexions dont l'importance est encore assez faible, mais qui prendra de plus en plus de valeur avec les progrès de la psychologie pathologique. Les accidents névropathiques, les accidents hystériques en particulier ne sont pas du tout, comme on le croit naïvement, livrés au hasard des idées, des inspirations du sujet ou des bavardages de son médecin. Ils ont, comme le pensait Charcot, un déterminisme très rigoureux, ils sont soumis aux mêmes conditions dans tous les temps et dans tous les pays; ils sont déterminés par des lois physiologiques et psychologiques que les sujets ignorent et que nous ignorons aussi. Nous découvrons péniblement avec beaucoup de tâtonnements et d'erreurs quelques-unes de ces lois qui s'appliquent depuis des siècles, à l'insu de tout le monde, des malades et de leurs médecins.

Enfin, je signale rapidement une dernière difficulté que l'on rencontre quand on essaye de résumer toute l'hystérie par la suggestion, c'est que *tout dépend du sens que l'on donne au mot suggestion*. Si on l'entend d'une manière vague, comme le faisait d'ailleurs M. Bernheim, si on en fait un phénomène psychologique quelconque ou même un phénomène psychologique fâcheux pénétrant dans l'esprit d'une manière quelconque, on n'apprend pas grand'chose en disant que l'hystérie est entièrement constituée par des phénomène de suggestion; on répète seulement que c'est une maladie mentale dans laquelle des phénomènes psychologiques quelconques jouent un rôle quelconque.

Se décide-t-on à donner au suggestion une signification précise, admet-on que chez certains malades les idées ne se comportent pas comme chez tout le monde, qu'elles agissent d'une manière spéciale sur l'esprit et sur l'organisme. C'est alors cette action spéciale qui est le point essentiel, c'est elle qui constitue l'hystérie et vous n'avez pas le droit de faire une définition dans laquelle vous sous-entendez l'essentiel. Commencez par définir ce que vous appelez suggestion et après, vous direz, si vous le voulez et si c'est vrai, que l'hystérie est une maladie par suggestion. Mais pour définir la suggestion, vous allez être obligés d'introduire dans votre définition certaines notion nouvelles qui sont précisément celles que je réclamais.

En un mot, ce résumé général de l'hystérie par le mot « suggestion » est plus spéciaux que scientifique. Si on cherche à serrer cette conception d'un peu près, on n'y trouve que des idées fort vagues, des accusations banales contre les malades ou les médecins, analogues aux anciennes accusations de simulation, la négation de tous les faits spontanés de l'hystérie qui sont innombrables et surtout la négation de tout déterminisme précis de ces névroses. L'introduction de la psychologie dans ce domaine n'aurait ainsi d'autre résultat que de supprimer toute la clinique et toute la science de ces maladies.

4. Le rétrécissement du champ de la conscience.

Il est malheureusement bien difficile de remplacer aujourd'hui cette conception vague et fausse par d'autres plus précises parce que les phénomènes psychologiques morbides sont connus avec bien peu de précision et parce que notre langage est très insuffisant pour les exprimer. Il est probable que bientôt l'analyse physiologique et psychologique découvrira bien des caractères communs à tous les symptômes hystériques, et enlèvera toute importance à ceux que j'ai relevés moi-même. En attendant, certains caractères que j'ai signalés il y a vingt ans et qui n'ont guère été discutés, me paraissaient encore avoir conservé quelque intérêt.

Au lieu de généraliser à tort et à travers le phénomène de la suggestion sans le comprendre, constatons-le quand il existe et voyons de quoi il dépend. Il y a là, comme on l'a vu, un développement excessif des éléments contenus dans une idée, et ce développement semble se faire sans effort volontaire de la part du sujet, sans qu'il y ajoute, comme nous serions obligés de le faire nous-mêmes, tout l'effort de la personnalité. Comment cela est-il possible? Il me semble malheureusement qu'on a guère dépassé l'ancienne explication que je proposais en 1889. Il est facile de remarquer qu'au moment où le sujet s'abandonne à une suggestion, il a tout oublié, et ne peut rappeler dans sa pensée aucun souvenir, aucune tendance opposée à l'idée suggérée. Sans doute cet arrêt dépend d'un trouble émotionnel, mais ce trouble émotionnel se manifeste d'une façon toute spéciale par la suppression de tous les phénomènes psychologiques qui d'ordinaire s'opposent au développement de l'idée suggérée. Toutes sortes d'observations et d'expériences démontrent que la suggestion dépend de cette suppression, et que si on rétablit les phénomènes antagonistes, la suggestion ne se développe pas. C'est parce qu'il n'y a pas de réaction mutuelle entre diverses idées, diverses tendances simultanées, que chaque système peut se développer démesurément et que nous observons le phénomène de la suggestion.

Si nous étudions le deuxième stigmate qui a été décrit, cette singulière distractivité que nous n'avons pas pu désigner autrement, cet état bizarre dans lequel les malades oublient immédiatement les perceptions, les souvenirs qui ne sont pas immédiatement en rapport avec leur pensée actuelle, nous nous trouvons en présence d'un phénomène analogue au précédent. Ce second fait n'est en réalité qu'un autre aspect du premier : nous avons vu que chaque idée existait dans l'esprit d'une manière très isolée, nous voyons maintenant que toutes les autres idées voisines de la première sont en effet supprimées. On dirait, disions-nous, une pensée où manque la pénombre, qui est réduite à l'idée claire, centrale, sans aucun cortège d'images incomplètes environnantes. Le troisième stigmate, l'alternance perpétuelle, le remplacement d'un accident par un autre est encore un fait du même genre, la pensée passe successivement sans transitions d'un fait à un autre.

J'ai essayé autrefois de résumer ces caractères psychologiques d'une façon aussi simple que possible par la conception *du rétrécissement du champ de la conscience*. La vie psychologique n'est pas uniquement constituée par une succession de phénomènes venant à la suite les uns des autres et formant une longue chaîne qui se prolonge dans un seul sens. Chacun de ces états successifs est en réalité complexe, il renferme une multitude de faits plus élémentaires et ne doit son unité apparente qu'à la synthèse, à la systématisation de tous ces éléments dans une seule conscience personnelle.

J'ai proposé d'appeler « *champ de la conscience* le nombre le plus grand de phénomènes simples ou relativement simples qui peuvent être réunis à chaque moment, qui peuvent être simultanément rattachés à notre personnalité dans une même perception personnelle ». Ce champ de conscience ainsi entendu est fort variable suivant les divers individus et suivant les diverses circonstance de la vie. On peut décrire sous le nom du rétrécissement du champ de la conscience une certaine faiblesse morale consistant dans *la réduction du nombre des phénomènes psychologiques qui peuvent être simultanément réunis dans une même conscience personnelle.*

Ce caractère psychologique ainsi entendu, ce rétrécissement du champ de la conscience se retrouve dans tous les stigmates dont nous venons de parler. Il n'est que le résumé de la suggestivité et de la distractivité. On pourrait facilement montrer qu'il se retrouve toujours dans ce qu'on appelle vaguement le caractère des hystériques. Leurs enthousiasmes passagers, leurs désespoirs exagérés et si vite consolés, leurs convictions irraisonnées, leurs impulsions, leurs caprices, en un mot ce caractère excessif et instable, nous semblent dépendre de ce fait fondamental qu'elles se donnent toujours tout entières à l'idée présente sans aucune de ces nuances, de ces réserves, de ces restrictions mentales, qui donnent à la pensée sa modération, son équilibre et ses transitions.

Mais je crois que l'on peut aller beaucoup plus loin et que l'on peut retrouver ce trouble de la personnalité, cette étroitesse de la conscience personnelle comme un caractère essentiel de la plupart de leurs accidents. C'est là ce qui fait le développement de l'idée fixe somnambulique, c'est là ce qui détermine l'aspect de la somnambule qui a les yeux ouverts et qui ne voit pas, ou plutôt qui voit certains objets en rapport avec son idée et non les autres. C'est là ce qui détermine, par des lois que je ne puis étudier ici, l'amnésie consécutive aux idées fixes de forme somnambulique. On retrouve ce même caractère dans le bavardage exagéré qui se développe isolément sans être arrêté par aucune autre fonction. On le retrouve aussi dans le mutisme de l'hystérique incapable de ramener dans sa conscience personnelle la fonction du langage émancipée. C'est un caractère commun des agitations motrices, des phénomènes subconscients, des paralysies et des anesthésies. L'anesthésie se comporte comme une distraction bizarre, elle est variable, mobile, elle disparaît souvent quand on peut provoquer un effort d'attention du sujet; elle n'est ni profonde, ni complète, car elle laisse subsister des sensations élémentaires sous forme de phénomènes subconscients faciles à constater dans bien des cas. On peut produire par la distraction elle-même des insensibilités qui ont tous les caractères des anesthésies hystériques. Quand la répartition de l'anesthésie se modifie, on constate des alternances, des équivalences dans les sensations disparues. « La sensibilité disait autrefois Cabanis, semble se comporter à la manière d'un fluide dont la quantité totale est déterminée, et qui, toutes les fois qu'il se jette en plus grande abondance dans l'un de ses canaux, diminue proportionnellement dans tous les autres .» Il faudrait revenir sur beaucoup d'anciennes études pour montrer que ce caractère joue un grand rôle dans les attaques, les dédoublements de la personnalité, les écritures automatiques, et sans une foule d'autres phénomènes.

« Les choses se passent comme si le système des phénomènes psychologiques qui forment la perception personnelle était chez ces individus désagrégé et donnait naissance à plusieurs groupes simultanés ou successifs, le plus souvent incomplets, se ravissant les uns aux autres les sensations, les images et par conséquent les mouvements qui doivent être réunis normalement dans une même conscience et un même pouvoir ».

Je ne crois pas que ce caractère se retrouve dans les autres maladies mentales où l'on ne voit ni ce genre de suggestion, ni cet isolement des idées, ni cette distractivité, ni cette forme de dédoublement de la personnalité. Il ne faut pas confondre le sentiment du dédoublement, le sentiment de l'automatisme qui peuvent exister chez les psychasténiques et chez beaucoup d'autres avec le dédoublement réel et l'automatisme véritable dans lequel les états psychologiques sont séparés par l'amnésie et par l'inconscience. Le rétrécissement du champ de la conscience ainsi entendu est quelque chose d'assez spécial qui se retrouve dans la plupart des phénomènes hystériques les plus nets et uniquement dans cette maladie, il doit former l'un des caractères généraux de l'état mental hystérique.

5. – La dissociation des fonctions dans l'hystérie.

Pour comprendre l'hystérie, il faut insister également sur un autre caractère dont les anciennes études médicales se préoccupait beaucoup et que l'on semble trop oublier aujourd'hui. Ce caractère est d'ailleurs analogue au précédent, il en est une conséquence ou un aspect particulier.

La conscience étroite du somnambule renferme peu de phénomènes, mais ce sont des phénomènes bien choisis qui ont une unité, qui font tous partie d'un même système, d'une même idée. D'autre part elle refuse d'accepter d'autres phénomènes, d'autres perceptions, c'est que celles-ci font partie d'un autre système, d'une autre idée. La séparation des phénomènes psychologiques ne se fait pas au hasard, elle se fait aux limites qui existent entre divers systèmes psychologiques : il y a, en un mot, *une véritable dissociation des idées*.

Si nous considérons ce qui se passe pour le langage nous voyons que les faits sont analogues. Le langage ou certain langage fait tout entier partie de la conscience ou bien il est tout entier en dehors : il se passe ici pour la fonction quelque chose d'analogue à ce qui avait lieu pour les idées : c'est *une dissociation des fonctions*. Après tout, qu'est-ce qu'une fonction si ce n'est un système d'image associées les unes avec les autres exactement comme une idée? Le système est plus considérable, il est surtout plus ancien, mais c'est quelque chose de semblable : une idée est une fonction qui commence, une fonction est une idée de nos ancêtres qui a vieilli. Le même trouble peut s'appliquer aux deux phénomènes et le mutisme hystérique nous présente la même dissociation qu'une amnésie. Les mêmes remarques peuvent s'appliquer à tous les accidents. Le vrai caractère de toutes les paralysies hystériques, c'est d'être accompagnées ou suivies de l'agitation indépendante de la même fonction, c'est l'acte subconscient qui caractérise la paralysie hystérique. L'essentiel est ici une dissociation soit d'une petite fonction récente dans les paralysies systématiques, soit d'une grande fonction très ancienne dans les paraplégies et les hémiplégies.

Rien ne nous montre mieux cette dissociation des fonctions que l'étude des troubles de la vision. La maladie semble ici disséquer la vision et séparer chacune de ses fonctions élémentaires mieux que ne pouvait le faire l'analyse psychologique. C'est là un caractère des troubles hystériques de la vision qui avait été très bien reconnu autrefois par M. Parinaud et que l'on est trop disposé à méconnaître aujourd'hui. En un mot, on pourrait noter des faits semblables à peu près dans tous les accidents de la névrose.

Pour bien comprendre cette notion de la dissociation des fonctions dans l'hystérie, il est indispensable d'avoir présentes à l'esprit quelques remarques psychologiques. De même que la synthèse et l'association sont les grands caractères de toutes les opérations psychologiques normales, de même la dissociation est le caractère essentiel de toutes les maladies de l'esprit. La dissociation existe partout et on peut dire que dans les états démentiels on se trouve en présence d'un poussière d'idées, d'habitudes, d'instincts, à la place des constructions complètes tombées en ruine. Dire que la dissociation des fonctions existe dans l'hystérie, c'est simplement répéter une fois de plus que cette névrose rentre dans le grand groupe des maladies de l'esprit.

Pour préciser cette interprétation il est essentiel de se rendre compte du degré de profondeur auquel descend la dissociation des complexus mentaux, de même que dans les études de la chimie on fait connaître la nature d'une substance obtenue par une opération d'analyse quand on indique à quel degré de dissociation sont parvenues les substances complexes que l'on décomposait. À ce point de vue un fait me paraît essentiel dans l'hystérie, c'est que, *malgré la dissociation, la fonction elle-même est restée à peu près intacte*. Sans doute on rencontre à ce propos certaines difficultés : dans certains cas nous avons cru observer qu'une certaine dégradation accompagnait la dissociation des fonctions et nous étions disposés à expliquer par cette modification des fonctions dissociées certains caractères des contractures ou des troubles de la circulation. Mais ces phénomènes sont rares et encore discutables, d'ailleurs les altérations ne portaient que sur les parties les plus élevées, les plus perfectionnées de la fonction. D'une manière générale nos anciennes études sur les phénomènes subconscients montrent presque toujours que la fonction séparée de la conscience personnelle subsiste encore à peu près intacte. Le souvenir persiste malgré l'amnésie apparente, de même que la parole et la marche se manifestent en rêve ou en somnambulisme malgré le mutisme et la paraplégie de l'état de veille. Cette conservation des fonctions à l'état dissocié me paraît propre à l'hystérie, elle ne se retrouve pas dans les autres maladies de l'esprit. Dans celle-ci le plus souvent les souvenirs, les actions coordonnées, les habitudes se dissocient davantage, se séparent en éléments plus petits et n'existent plus en temps que fonctions complètes.

Sur quoi donc porte essentiellement la dissociation hystérique, puisque le système qui constitue la fonction n'est pas décomposé? Elle porte uniquement sur la réunion de ces fonctions en un faisceau, sur leur synthèse qui a pour effet la constitution de la personnalité. *L'hystérie est avant tout une maladie de la personnalité* qui détermine la décomposition des idées et des fonctions dont la réunion constitue la conscience personnelle. C'est d'ailleurs une idée à laquelle étaient parvenus à la suite de mes travaux un très grand nombre d'auteurs quand ils disaient comme MM. Breuer et Freud : « La disposition à la dissociation de la conscience et en même temps à la formation d'état de conscience hypnoïdes constitue le phénomène fondamental de la névrose ». M. Morton Prince, en étudiant un cas remarquable de dédoublement de la personnalité, montrait aussi que les somnambulismes, les médiumnités, les doubles existences sont le terme vers lequel se dirige toujours l'hystérie et que les caractères essentiels de ces phénomènes se retrouvent toujours en germe dans tous les accidents de cette maladie.

Ces notions du rétrécissement du champ de la conscience et de la dissociation de la conscience personnelle sont parallèles. On peut les considérer comme deux aspects l'une de l'autre et on peut suivant les cas considérer l'une ou l'autre comme plus importante. Tantôt, c'est parce que la conscience personnelle est mal constituée qu'elle reste étroite et que toutes les fonctions ne peuvent plus en faire partie simultanément. Tantôt, ce sera la transformation, l'isolement de certaines fonctions devenues plus difficiles par suite de certaines circonstances qui contribueront encore au rétrécissement de la conscience. Ce sont là des études délicates à faire sur chaque cas particulier. L'essentiel c'est que nous connaissons deux caractères psychologiques qui n'existent guère dans les autres maladies de l'esprit et que l'on retrouve à peu près constamment dans tous les phénomènes que la clinique avait réunis sous le nom d'hystérie. *L'hystérie devient alors une forme de dépression mentale caractérisée par le rétrécissement du champ de la conscience personnelle et par la tendance à la dissociation et à l'émancipation des systèmes d'idées et des fonctions qui par leur synthèse constituent la personnalité.*

Chapitre IV

L'état mental psychasténique.

Dans le chapitre précédent j'ai essayé de résumer les caractères généraux qui se présentaient dans la plupart des phénomènes hystériques; il faut essayer de faire la même étude à propos du second groupe de symptômes que j'ai sans cesse comparés avec les premiers, les symptômes psychasténiques. Il faut rechercher quels sont les caractères communs qui se retrouvent plus ou moins nettement dans ces manifestations en apparence si diverses et qui peuvent en même temps les distinguer des autres maladies.

1. Résumé des symptômes psychasnétiques.

Les symptômes que nous avons décrits sous ce nom se sont présentés dans toutes les fonctions et à propos de chacune d'elles ont déterminé des troubles parallèles en quelques sorte à ceux de l'hystérie, mais légèrement différents. Si l'on considère les fonctions intellectuelles, à côté des idées fixes de forme somnambulique des hystériques et de leurs amnésies, nous avons constaté les obsessions et les impulsions des psychasténiques accompagnées de doutes très pénibles. Ces doutes, ces manies d'interrogation et de précision semblaient correspondre aux amnésies, comme les obsessions correspondaient aux idées fixes. En étudiant la fonction du langage nous avons vu chez les psychasténiques des crises de bavardages et des tics de parole de même que des arrêts de la parole déterminés par des peurs ou par la timidité. Ces phénomènes n'étaient pas sans analogie avec les crises de logorrhée et le mutisme de l'autre névrose. Les fonctions motrices des membres peuvent donner naissance chez ces malades à des tics innombrables ou à des agitations diffuses, elles peuvent aussi être arrêtées par des phobies, des angoisses, des impuissances particulières : cela nous rappelle les convulsions, les spasmes ou les paralysies des hystérique. Les perceptions deviennent douloureuses dans les algies ou se transforment d'une façon pénible, de manière à troubler la connaissance du monde extérieur dans les dysgnosies psychasténiques, ce qui est évidemment parallèle aux dysesthésies et aux anesthésies; enfin les fonctions viscérales sont atteintes de la même manière dans les deux névroses au moins dans leur partie consciente et à demi-volontaire.

Dans cette nouvelle névrose comme dans l'hystérie ces altérations de diverses fonctions ne sont ni définitives ni profondes. Elles ne suppriment pas complètement la possibilité d'exercer la fonction : elles ne gênent qu'une partie de l'exercice de la fonction et ne la troublent que dans certaines conditions. En effet, les troubles psychasténiques semblent toujours à peu près les mêmes, quelle que soit la fonction considérée, et peuvent se ramener à un petit nombre de formes. Il y a d'abord *des agitations de la fonction* qui s'exerce d'une façon exagérée, inutile, sans que la volonté du sujet puisse l'arrêter ni la diriger. En second lieu on constate dans toutes fonctions des phénomènes inverses, *des arrêts, des insuffisances* : la pensée ne peut pas parvenir à la certitude, à la croyance, l'acte ne peut pas arriver à l'exécution complète, il disparaît quand il y a des témoins, quelquefois il disparaît toutes les fois que le sujet désire l'accomplir avec attention. Si la fonction semble s'accomplir encore correctement, elle s'exécute cependant d'une manière imparfaite car le sujet éprouve à son propos toute espèce de sentiments d'incomplétude.

On voit très bien ce mélange des phénomènes d'agitation et des phénomènes d'insuffisance dans les crises que présentent ces malades. Les circonstances les forcent à essayer d'exécuter une action, à accepter ou à nier une opinion ou simplement à éprouver un sentiment déterminé qui devrait s'éveiller à propos de la situation présente. Il semble que dans ces circonstances la fonction excitée, réclamée par la situation ne peut s'exercer ou ne la fait que d'une manière très incomplète et c'est à ce moment que l'agitation commence, qu'elle s'ajoute à ce fonctionnement incomplet. Le sujet qui ne peut agir, croire ou sentir sent que son esprit est envahi par des manies de précision ou de serment, il a des tics ou des angoisses variées. Les choses ne se passent pas ainsi pendant toute la vie du sujet, mais pendant certaines périodes plus ou moins longue, qui ont commencé après une maladie organique, après une fatigue ou bien après une maladie organique, après une fatigue ou bien après certaines émotions. Quand un certain temps est écoulé le sujet semble reprendre une activité presque normale; mais le plus souvent il retombe bientôt de la même manière que précédemment. Tels sont les faits principaux qui peuvent résumer dans une description rapide les troubles si variés que nous avons rapportés à la névrose psychasténique.

2. La théorie intellectuelle et la théorie émotionnelle de la psychasténie.

Il est malheureusement incontestable que l'on ne peut aujourd'hui donner aucune explication anatomique ou physiologique de ces troubles curieux. Sans doute des symptômes physiologiques les accompagnent presque toujours, mais ce sont des symptômes d'une grande banalité qui se retrouvent dans la plupart des troubles arthritiques, dans un grand nombre de maladies physiques et morales; il est impossible de se servir de ces troubles physiologiques pour interpréter des accidents très spéciaux. Une théorie physiologique ne pourrait ni les résumer, ni les distinguer des autres maladies de l'esprit dont le pronostic est fort différent, ni en prévoir l'évolution, ni en indiquer le traitement. Il est nécessaire, ici comme dans l'étude de l'hystérie, de préciser d'abord l'interprétation psychologique qui seule pourra préparer et rendre plus tard possible une interprétation physiologique.

Autrefois les premiers observateurs ont présenté des théories intellectuelles des symptômes précédents, c'est-à-dire qu'ils mettaient au premier rang surtout l'obsession, l'idée qui tourmentait le sujet; ils essayaient de considérer les autres troubles intellectuel. Cette conception plus ou moins modifiée se retrouve chez Delasiauve et Peisse, 1854; Griesinger, 1868; Westphal, Meynert, 1877; Buccola, Tamburini, 1880; Hack Tuke, 1894, et plus récemment dans les travaux de MM. Magnan et Legrain, 1895. Cette opinion ne semble pas en faveur aujourd'hui et elle a été fortement battue en brèche dans le mémoire de MM. Pitres et Régis, 1907. Cette théorie semblait admettre dans tous les cas la priorité de l'idée obsédante; or, ce fait est cliniquement inexact. Chez beaucoup de sujets on observe pendant longtemps des tics, des agitations mentales, des angoisses, des sentiments variés d'incomplétude et non des idées obsédants proprement dites. Celles-ci ne viennent que beaucoup plus tard et suivent le plus souvent les autres symptômes au lieu de les précéder. D'ailleurs ces théories étaient le plus souvent fort vagues, elles ne nous apprenaient rien sur la nature de ce trouble intellectuel ni sur son mécanisme.

Dès l'origine de ces études une autre interprétation s'est opposée aux théories intellectuelles. L'une des premières descriptions des obsessions a été donnée par Morel en 1866 sous le nom de *délire émotif*, ce qui indique bien le point de vu auquel cet auteur se plaçait. Jastrowicz, Sander, 1877; Berger, Legrand du Saulle, 1880; Wernicke, Kraft Ebing, Friedenreich, 1887; Gans Kaan, Schule, Féré, 1892; Dallemagne, Séglas, Ballet, Freud, Pitres et Régis, 1897, admettent que des perturbations de la vie affective, des troubles émotionnels doivent être ici primitifs et doivent déterminer les troubles intellectuels.

L'émotion pour la plupart de ces auteurs est définie à peu près de la même manière que dans la théorie de Lange et de W. James. Elle est constituée par la conscience des variations de la circulation, par la conscience des modifications viscérales variées qui accompagnent certains faits psychologiques.

L'émotivité serait le premier degré de la maladie et ce phénomène si remarquable ne serait pas autres chose qu'une aptitude particulière à présenter de grandes modifications viscérales et de grands changements circulatoire à propos de la plupart des faits psychologiques et qu'une aptitude à sentir très vivement ces modifications. C'est cette émotivité ainsi entendue qui produit l'angoisse, laquelle est d'abord diffuse et naît à propos d'une foule de pensées. La panophobie serait une sorte de stade préparatoire, une période d'émotivité non différenciée : le hasard, un choc brusque lui donne l'orientation et la fixe dans une direction déterminée. L'émotivité est alors concentrée et incarnée dans une seule pensée qui devient une obsession.

On est frappé du progrès de cette théorie sur la précédente : la méthode est juste car on explique la conception, l'idée par des phénomènes psychologiques plus simple comme l'émotion diffuse. L'angoisse d'ailleurs est un phénomène fréquent et important et l'émotivité est bien en réalité un caractère important que l'on retrouve chez un grand nombre de malades psychasténiques. Il semblerait donc que nous pourrions trouver dans l'émotion exagérée, dans une émotivité pathologique, le caractère commun qui réunirait ces phénomènes morbides et qui les distinguerait des autres maladies.

J'ai été amené cependant à discuter longuement cette conception si simple qui me semble beaucoup trop vague et trop générale et qui est en même temps trop restreinte et incomplète. Est-il un concept plus vague que celui de l'émotion en général et celui de l'émotivité? On se retrouve ici en présence des mêmes difficultés que nous avons rencontrées à propos des explications de l'hystérie par la suggestion. Tout dépend de la façon dont les différents auteurs entendent ce mot : la discussion de certains auteurs est impossible parce que le mot « émotion » désigne chez eux des phénomènes psychologiques quelconques exactement comme chez d'autres le mot « suggestion ». On ne peut discuter que ceux qui donnent à ce mot un sens à peu près précis et qui en font, comme nous l'avons dit, la conscience d'une certaine agitation viscérale.

Cette émotion limitée aux palpitations de cœur, aux respirations irrégulières, aux bouffées de rougeur va se retrouver exactement la même dans les émotions plus normales. Or, l'angoisse du malade, j'ai essayé de le montrer, est un état pathologique tout spécial, ce serait une grosse erreur que de la confondre avec une émotion quelconque. Les sujets sont les premiers à nous avertir « qu'ils n'éprouvent pas une peur naturelle, que leur angoisse toujours la même supprime et remplace la peur naturelle ». Comment pourra-t-on dans cette interprétation rendre compte de cette différence considérable entre l'émotion normale et l'angoisse?

On ne peut répondre qu'en alléguant une différence de quantité dans ces phénomènes viscéraux dont le contre-coup détermine dans la conscience les émotions et les angoisses. Ce sera leur exagération qui leur donnera leur caractère pathologique et qui distinguera l'obsession de la colère ou de la peur. N'y a-t-il pas de grandes colères, des élans d'enthousiasme, de grandes terreurs qui s'accompagnent de grandes modifications viscérales et qui cependant restent des colères, des enthousiasmes, des peurs, sans devenir des phobies et des obsessions? N'y a-t-il pas infiniment d'autres états pathologiques dans les maladies cardiaques ou pulmonaires qui s'accompagnent de grandes modifications viscérales du même genre, sans être identiques à des crises d'obsession? Quel que soit le problème considéré, on est toujours forcé dans cette théorie émotionnelle de rester dans de grandes généralités vagues.

Inversement, cette théorie est trop restreinte : tous les symptômes que nous avons énumérés sont loin de se ramener à des troubles émotionnels de ce genre. Quelques obsessions seulement dérivent d'angoisses préalables, mais beaucoup d'autres se sont développées à la suite de troubles intellectuels très différents, d'agitations mentales, de manies des recherches, de manies des pactes, à la suite de sentiments pathologiques, comme le besoin de direction, le besoin d'être aimé, le sentiment du doute ou le sentiment de l'étrangeté. Toutes ces agitations et tous ces troubles sont loin, en réalité, d'être des angoisses ou des phénomènes d'émotivité. On peut en dire autant à propos des tics, des rêveries, des besoins de vivre dans le passé plus que dans le présent, des aboulies. Tous ces troubles se confondent si peu avec l'agitation viscérale de l'émotion qu'ils lui sont souvent tout à fait opposés. Il y a des malades qui, loin d'être des émotifs, sont des indifférents, des apathiques, et qui deviennent malades et obsédés précisément parce qu'ils se sentent incapable de l'émotion.

Ces réflexions, que l'on pourrait indéfiniment multiplier, suffisent à montrer que l'émotivité, d'ailleurs fort mal comprise, est un phénomène fort banal qui ne servirait pas à distinguer les troubles psychasténiques des autres et qui, d'ailleurs, est loin de se retrouver dans tous ces troubles.

3. La perte de la fonction du réel.

Le sentiment de ces difficultés m'a poussé à chercher un caractère psychologique plus précis appartenant mieux en propre aux groupes de symptômes que nous considérons, et en même temps plus général, susceptible de jouer un rôle dans la plupart d'entre eux. Je ne crois pas que l'on puisse parler, à ce propos, des phénomènes psychologiques qui tenaient la plus grande place dans l'hystérie; il ne me semble pas que l'on retrouve chez les psychasténiques de faits comparables au rétrécissement du champ de la conscience et à la dissociation de la personnalité. On ne constate chez ces malades ni la suggestion proprement dite, ni les phénomènes d'amnésie, d'anesthésie, de paralysie, ni les mouvements subconscients qui sont en rapport avec ce rétrécissement et cette dissociation. Jamais le développement de cette névrose n'aboutit au somnambulisme proprement dit, à l'écriture automatique des médiums, à la double personnalité que l'on trouve au terme de l'hystérie. En un mot, la névrose psychasténique n'est pas essentiellement, comme l'hystérie, une maladie de la personnalité.

Quel soit le symptôme que l'on considère, le trouble essentiel paraît plutôt consister dans *l'absence de décision, de résolution volontaire, dans l'absence de croyance et d'attention, dans l'incapacité d'éprouver un sentiment exact en rapport avec la situation présente.*

C'est pour résumer ces troubles que j'ai essayé d'étudier un caractère remarquable de la plupart de nos opérations mentales, que j'ai proposé de baptiser *la fonction du réel.* Les psychologues semblent admettre le plus souvent qu'une fonction mentale reste toujours la même, quel que soit l'objet sur lequel elle s'exerce; qu'un raisonnement, par exemple, ou la recherche d'un souvenir garde toujours le même caractère, quel que soit le problème ou le souvenir considéré. Je crois, pour ma part, qu'il y a une très grande différence dans les opérations psychologiques suivant qu'elles s'exercent sur des objets imaginaires ou abstraits, ou bien qu'elles s'exercent à propos de choses réelles qui existent, aujourd'hui même, devant nous, qu'il s'agit de percevoir, de modifier, ou dont il s'agit de se défendre. Il y a, à mon avis, une fonction du réel qui consiste dans l'appréhension de la réalité par la perception ou par l'action qui modifie considérablement toutes les autres opérations suivant qu'elle doit s'y ajouter ou qu'elle ne s'y ajoute pas.

Quelle que soit la solution donnée à ce problème, dans l'étude de la psychologique normale, il me semble incontestable que, dans la plupart des symptômes psychasténiques, on peut observer des troubles de cette fonction du réel. Nous avons vu qu'un très grand nombre de ces troubles consistent en sentiments d'incomplétudes, c'est-à-dire en sentiments d'inachèvement, en sentiments d'absence de terminaison à propos de la plupart des opérations. Or, quel est le défaut, quelle est la lacune que le sujet croit constater dans tout ce qu'il fait? Quand le sujet nous dit qu'il ne peut parvenir à faire un acte, que cet acte est devenu impossible, on peut remarquer qu'il ne sent plus que cet acte existe, ou peut exister, qu'il a perdu le sentiment de la réalité de cet acte. Quand d'autre nos disent qu'ils agissent en rêve, comme des somnambules, qu'ils jouent la comédie, c'est encore la réalité de l'acte par opposition au simulacre de l'acte dans les songes et dans les comédies qu'ils sont devenus incapables d'apprécier. Quand ils disent qu'ils ont perdu leur moi, qu'ils sont à moitié vivants, qu'ils sont morts, qu'ils ne vivent plus que matériellement, que leur âme est séparée de leur corps, qu'ils sont étranges, drôle, transportés dans un autre monde, c'est encore le même sentiment fondamental qu'ils expriment; ils ont conservé toutes les fonctions psychologiques, mais ils ont perdu le sentiment fondamental qu'ils expriment; ils ont conservé toutes les fonctions psychologiques, mais ils ont perdu le sentiment que nous avons toujours, à tort ou à raison, de faire partie de la réalité actuelle, du monde présent.

Il me semble qu'il en est de même quand les sujets parlent des objets du monde extérieur. Le sentiment d'absence de réalité psychologique dans les êtres extérieurs leur fait dire que les animaux et les hommes, placés devant eux, sont des morts, c'est le même sentiment relatif à la disparition de la réalité présente, qui se trouve dans les mots « irréel, rêve, étrange, jamais vu », et, à mon avis aussi, dans les termes qui expriment le « déjà vu ». Sous toutes ces expressions variées, le malade dit toujours la même chose : « Il me semble que la pensée de ces hommes n'existe pas au moment où nous sommes, il me semble que ces objets ne sont pas réels, il me semble que ces événements ne sont pas actuels, ne sont pas présents ». L'essentiel du « déjà vu » est beaucoup plutôt la négation du présent que l'affirmation du passé.

Ce trouble fondamental se retrouve, à mon avis, non seulement dans les sentiments plus ou moins illusoires que le malade peut avoir à propos de ses perceptions; mais il est manifeste, même pour un observateur extérieur, dans les actions et les opérations mentales de ces personnes. Leurs fonctions psychologiques ne présentent aucun trouble dans les opérations qui portent sur l'abstrait ou sur l'imaginaire, elles ne présentent du désordre que lorsqu'il s'agit d'une opération portant sur la réalité concrète et présente. Il est visible que le passé, comme l'imaginaire et l'abstrait, apporte dans leur esprit un élément de facilité, tandis que « le présent fait l'effet d'un intrus ». Les troubles les plus accentués se rencontrent dans l'acte volontaire, dans la perception attentive des objets présent. Les indécisions de ces malades, leurs doutes si caractéristiques ne sont que d'autres aspects de ce même phénomène fondamental. Les malades agissent bien, mais a une condition, c'est que leur action soit insignifiante et n'ait aucune efficacité réelle. Ils peuvent se promener, bavarder, gémir devant des intimes; mais, dès que l'action devient importante, et, par conséquent, réelle, ils cessent de pouvoir agir, ils abandonnent peu à peu le métier, la lutte contre les autres, la vie au dehors, les relations sociales. On voit qu'ils mènent une existence toute spéciale, parfaitement insignifiants à tous les points de vue, « étrangers aux choses, étranger à tout ». Ils ne peuvent s'intéresser à rien de pratique et ils sont quelquefois, depuis leur enfance, d'une maladresse surprenante. La famille des malades répète toujours qu'ils n'ont jamais compte de leur situation réelle, qu'ils ne savent rien organiser, rien réussir. Quand ils conservent quelque activité, on voit qu'ils se complaisent dans les choses qui sont les plus éloignées de la réalité matérielle : ils sont quelquefois psychologues, ils aiment surtout la philosophie et deviennent de terribles métaphysiciens. Quand on a vu beaucoup de scrupuleux, on en arrive à se demander avec tristesse si la spéculation philosophique n'est pas une maladie de d'esprit humain.

Une conséquence très remarquable et un peu inattendue et cet éloignement du réel, c'est leur ascétisme sur lequel j'ai eu l'occasion d'insister. Il n'ont qu'une seule préoccupation, c'est d'avoir à faire le moins d'efforts possible dans la vie. Comme ces efforts amènent des délibérations, des scrupules, des angoisses, ils ne tiennent pas assez à la réalité pour braver ces accidents, aussi en arrivent-ils peu à peu à se passer de tout, à renoncer à tout.

Enfin, on pourrait rattacher encore à cet éloignement du réel les troubles que l'on constate fréquemment à propos du sens du temps. Il est évident qu'ils ne mettent pas la même différence que nous entre le présent et le passé : le présent n'est pas absorbant pour eux, ils accordent une importance disproportionnée à l'avenir et surtout au passé; de là, cette obsession du passé si souvent signalée, en particulier dans les observations de Lowenfeld. Aujourd'hui se distingue d'hier par un coefficient plus élevé de réalité et d'action, et c'est parce qu'ils sont plus éloignés du réel qu'ils n'ont plus le sens du présent.

Ces remarques sommaires sur la conduite de ces malades sont d'accord avec nos observations précédentes sur les sentiments qu'ils éprouvent : *c'est un trouble dans l'appréhension du réel et du présent par la perception et par l'action* qui me paraît être le caractère fondamental de leurs troubles psychologiques, comme il est le fond commun de toutes les expressions qu'ils emploient eux-mêmes pour faire comprendre leur singulier état.

4. L'abaissement de la tension psychologique, les oscillations du niveau mental.

Peut-être est-il possible de mieux comprendre ces troubles dans l'appréhension du réel en les rattachant à un autre caractère plus général des phénomènes psychasténiques, caractère important qui joue un grand rôle dans une foule de phénomènes psychologiques. On peut, en effet, rapprocher les symptômes psychasténiques d'un certain nombre de phénomènes psychologiques semi-normaux, semi-pathologiques comme ceux *de la fatigue, du sommeil, de l'émotion.* Dans tous ces divers états, on constate facilement une foule d'analogie quelquefois bien curieuses.

Les individus *fatigués* ont de l'agitation motrice, de tics, de l'irritabilité, de la rêverie obsédante, des troubles viscéraux. Ils se rendent compte que quelque chose d'anormal se produit en eux et ils ont conscience de certains sentiments inusités. Galton mettait déjà en évidence, à ce propos, les sentiments de tristesse, d'anxiété, d'incapacité qui grandissent avec la fatigue : il faut ajouter le sentiment d'ennui qui joue ici un rôle remarquable. En même temps, on note une diminution dans la précision de l'action, dans la rapidité des ajustements moteurs, dans l'évocation des souvenirs utiles, de véritables insuffisances psychologiques. Dans *les rêves du sommeil* on constate les mêmes agitations mentales, avec les mêmes angoisses. On constate aussi des troubles très particuliers de la mémoire, l'amnésie continue, la mémoire retardante et une foule d'insuffisances psychologiques très comparables aux précédentes.

Enfin j'ai eu souvent l'occasion de présenter une interprétation de *l'émotion* que je crois digne d'être considérée. Quand un individu se trouve soudainement placé dans des conditions auxquelles il n'est pas déjà adapté par une habitude antérieure, quand il manque du temps ou de la force nécessaire pour s'y adapter lui-même au moment présent, ou qu'il ne s'y adapte que difficilement, il présente un grand nombre de perturbations physiques et morales qui sont désignées dans leur ensembles sous le nom d'émotions. Les agitations motrices de l'émotion sont bien connues, ainsi que les agitations viscérales auxquelles on a souvent donné une trop grande importance. J'ai souvent insisté sur l'agitation mentale qui se produit dans les mêmes circonstances; j'ai même essayé d'expliquer par elle ce défilé rapide de tous les souvenirs de la vie entière qu'on a souvent décrit chez des individus exposés à un grand danger. On sait aussi que les individus émotionnés ne sont pas eux-mêmes, qu'ils sont au-dessous d'eux-mêmes. Sans insister sur le détail des faits, je remarque seulement que l'état mental, l'éducation, l'élévation morale d'un individu peut se modifier complètement sous l'influence de l'émotion. On constate alors toutes sortes d'altérations de la mémoire, toutes les formes d'amnésie, toutes sortes de troubles de la perception et de la volonté, ainsi que des sentiments d'incomplétude tout à fait analogues à ceux de nos psychasténiques.

Tous ces phénomènes sont sans doute fort différents les uns des autres et fort différents des états pathologiques que l'on observe dans les névroses. Mais il n'en est pas moins vrai qu'il est important de parvenir à quelques idées générales et de comprendre les ressemblances profondes qui existent dans tous ces états. Dans tous ces phénomènes, en effet, il est facile de remarquer qu'il y a une certaine agitation, que certains phénomènes sont, au moins en apparence, exagérés, tandis qu'il y a en même temps une paralysie, un amoindrissement considérable qui porte sur d'autres fonctions. Ce qu'il y a de plus curieux, c'est que, dans tous les cas, on constate que les phénomènes susceptibles d'être exagérés, ainsi que les phénomènes qui disparaissent sont à peu près les mêmes : 1° Les phénomènes conservés ou exagérés sont en premier lieu des phénomènes physiologiques ou psychologiques isolés, relativement simples, sans grande coordination systématique; 2° Ce sont des phénomènes auxquels l'esprit accorde peu d'intérêt et peu d'attention parce qu'ils n'ont pas un rôle utile dans l'action réelle, parce qu'ils ne sont pas considérés comme des réalités importantes; 3° Ce sont des phénomènes anciens, des reproductions de systèmes psychologiques anciennement organisés et qui ne sont évidemment pas formées actuellement pour la situation présente.

Inversement, si nous considérons les phénomènes négatifs, les phénomènes sur lesquels portent cette réduction, cette paralysie que nous avons toujours constatée, nous trouvons les caractères opposés : 1° Ce qui disparaît dans ces divers états, ce sont les phénomènes complexes, riches, qui résultent du fonctionnement harmonieux de tout un système, ceux dont les éléments sont nombreux et dont l'unité est grande; 2° Ce sont les phénomènes sur lesquels portent l'attention et la croyance et qui demandent le sentiment de la réalité; 3° Ce sont surtout les phénomènes qu'on peut qualifier de présents, la volonté exactement adaptée à la situation présente, dans ce qu'elle a de nouveau, d'original, l'attention aux événements qui viennent de survenir, qui permet de les comprendre et de s'y adapter.

C'est pour comprendre ces caractères singuliers qui se présentent à l'état d'ébauche dans la fatigue, le sommeil, l'émotion et qui sont si remarquables dans la névrose psychasténique que j'ai été conduit à présenter quelques hypothèses sur la *hiérarchie des phénomènes psychologiques* et sur *l'oscillation de l'esprit*. En voyant que certains phénomènes, toujours les mêmes, se conservent et s'exagèrent dans tous ces troubles, tandis que d'autres phénomènes, également toujours les mêmes, disparaissent régulièrement, on est conduit à supposer que toutes les fonctions de l'esprit ne sont pas égales et qu'elles ne présentent pas les mêmes degrés de facilité. Les opérations mentales semblent se disposer en une hiérarchie dans laquelle des degrés supérieurs sont difficiles à atteindre et inaccessibles à nos malades, tandis que les degrés inférieurs sont restés à leur disposition. Sans doute, nous avons toujours eu vaguement une conception de ce genre à propos des travaux de l'esprit, mais cette comparaison n'était faite qu'à un point de vue assez restreint et elle conduisait à des résultat très superficiels et très inexacts. Qui ne croirait, à première vue, qu'un raisonnement syllogistique demande plus de travail cérébral que la perception d'un arbre ou d'une fleur avec le sentiment de leur réalité et cependant, je crois que ce point de sens commun se trompe. L'opération la plus difficile, celle qui disparaît le plus vite et le plus souvent, dans toutes les dépressions, est celle dont on vient justement de reconnaître l'importance, *l'appréhension de la réalité sous toutes ses formes*. Elle contient l'action qui nous permet d'agir sur les objets extérieurs, l'action surtout difficile, quand elle est sociale, quand elle doit s'exercer, non seulement sur le milieu physique, mais encore sur le milieu social dans lequel nous sommes plongés, l'action difficile aussi quand elle doit avoir, à nos yeux, les caractères de liberté, de personnalité qui montrent la complète adaptation de l'acte non seulement avec le milieu extérieur, mais encore avec la plupart de nos tendances antérieures nettement coordonnées. Ce premier groupe des opérations les plus élevées et les plus difficiles contient aussi l'attention qui nous permet de percevoir les choses avec la certitude de leur existence. Saisir une perception ou une idée avec le sentiment que c'est bien le réel, c'est-à-dire coordonner autour de cette perception toutes nos tendances, toutes nos activités, c'est l'œuvre capitale de l'attention. En outre, savoir jouir complètement du présent, de ce qu'il y a de beau et de bon dans le présent et aussi savoir souffrir du présent quand il y a lieu sont des opérations mentales qui semblent très difficiles et dignes d'être rapprochées de l'action et de l'attention au réel.

Au-dessous de ce premier degré se placent les mêmes opérations simplement dépouillées de ce qui faisait leur perfection, c'est-à-dire de l'acuité du sentiment du réel, ce sont des actions sans adaptation exacte aux faits nouveaux, sans coordination de toutes les tendances de l'individu, des perceptions vagues sans certitude et sans jouissance du présent : c'est ce que j'ai souvent désigné sou le nom *d'actions* et de *perceptions désintéressées*. Malgré l'opinion populaire, il faut ranger au-dessous, à un rang bien inférieur, *les opérations mentales* qui portent sur des idées ou sur des images, le raisonnement, l'imagination, la représentation inutile du passé, la rêverie. Bien au-dessous encore se placent *les agitations motrices* mal adaptées, inutiles, *les réactions viscérales* ou vaso-motrices que l'on considère comme un élément essentiel de l'émotion. Celles-ci doivent être des phénomènes bien simples et bien faciles, puisque nous les voyons persister à un si haut degré chez les individus les plus affaiblis.

Le degré de la *tension psychologique* ou l'évaluation du niveau mental se manifeste par le degré qu'occupent dans la hiérarchie les phénomènes les plus élevés auxquels le sujet puisse parvenir. La fonction du réel avec l'action et la croyance exigeant le plus haut degré de tension est un phénomène de haute tension; la rêverie, l'agitation motrice ou viscérale peuvent être considérées comme des phénomènes de basse tension et correspondent à un niveau mental bien inférieur. Cette tension psychologique dépend évidemment de certains phénomènes physiologiques, de certaines modifications dans la circulation et la nutrition du cerveau. Quelques-unes de mes expériences sur la vision me disposent à croire qu'il s'agit d'une diminution dans la rapidité de certains phénomènes élémentaires, peut-être de certaines vibrations du système nerveux. Quelques-unes des remarquables expériences de M. Leduc sur l'électrisation du cerveau me semblent pouvoir être interprétées dans le même sens. En réalité, le mécanisme physiologique de ces phénomènes est encore inconnu et nous ne pouvons déterminer avec quelque précision que leur aspect psychologique.

Si on a bien compris cette notion de la tension psychologique on doit s'apercevoir immédiatement que cette tension est très variable, non seulement chez les différents hommes, mais encore au cours de la vie d'un même individu. Si je ne me trompe, la connaissance de ces *variations de la tension psychologique*, de ces *oscillations du niveau mental* jouera plus tard un rôle de premier ordre dans l'interprétation des modifications du caractère, de l'évolution de l'esprit, de tous les phénomènes analogues à la fatigue, au sommeil, à l'émotion.

C'est cette notion qui s'applique très bien à l'interprétation des symptômes psychasténiques et qui permet de constater un caractère général de toute la maladie. À partir d'un certain moment, sous des influences diverses, intoxication, fatigue, chocs émotionnels, survient chez ces individus prédisposés le plus souvent par l'hérédité, un abaissement notable de la tension psychologique. Cela veut dire que certains phénomènes supérieurs, ceux de la fonction du réel, l'action volontaire, avec sentiment de liberté et de personnalité, la perception de la réalité, la croyance, la certitude, la jouissance du présent, sont devenus à peu près impossibles, que le sujet sent vivement cette lacune et qu'il l'exprime par toutes sortes de sentiments d'incomplétude.

Quand cette dépression se produit, les phénomènes inférieurs, action et perception désintéressées, raisonnement, rêverie, agitation motrice et viscérale subsistent parfaitement et même se développent à la place des supérieurs. Ce développement exagéré me paraît dépendre précisément de la diminution des phénomènes supérieurs. C'est pourquoi je suis disposé à considérer cette agitation comme « une substitution, *une dérivation* qui remplace les phénomènes supérieurs supprimés ». Une des difficultés de cette conception, c'est la disproportion apparente entre les actions supprimées qui semblaient devoir être simple et rapide et ces phénomènes

319

secondaires qui prennent un développement énorme. On a peine à comprendre que le second phénomène ne soit que le substitut du premier. Quand un phénomène physiologique est très supérieur à un autre, la tension qu'il exige pour se produire pourrait être suffisante, si on l'employait autrement, pour produire cent fois le phénomène inférieur : nous sommes amenés à admettre que la force inemployée pour les phénomènes supérieurs qui ne peuvent plus se produire donne naissance à une véritable explosion de phénomènes inférieurs, infiniment nombreux et puissants, mais à un plus bas degré dans la hiérarchie. C'est toujours l'abaissement de l'activité cérébrale, la chute de plusieurs degrés qui se manifeste dans ces agitations comme dans les dépressions elles-mêmes.

Le caractère général que je cherche à mettre ainsi en évidence me paraît se retrouver facilement dans tous les symptômes de la névrose psychasténique. C'est en raison de la *psycholepsie*, de la chute de la tension psychologique que l'on voit disparaître les fonctions les plus difficiles qui exigent précisément le plus de tension. Les fonctions sociales qui ajoutent à notre action la considération des autres hommes et de leur sentiment à notre égard sont les plus rapidement atteintes. C'est pourquoi la timidité, qui n'est que l'aboulie sociale, l'intimidation, qui n'est qu'une dérivation à la suite de cette aboulie sociale, vont être bien souvent les premiers symptômes : les phénomènes dans lesquels interviennent des luttes nécessaires, des responsabilités vont disparaître ensuite et c'est ainsi que vont se constituer les diverses agoraphobies, les phobies génitales, les phobies du mariage, les phobies professionnelles. Dans d'autre cas, la difficulté de telle ou telle fonction n'est pas aussi naturelle, elle ne résulte pas d'une complexité fondamentale des choses, elles est artificielle et elle résulte du sujet lui-même et de la façon dont il veut que l'acte soit opéré, de l'attention qu'il lui accorde, de son effort pour l'amener à une perfection impossible. Ces actions deviennent insuffisantes à leur tour et donnent naissance à une foule de dérivations, ce qui constitue les aboulies, les sentiments d'incomplétude, les phobies et les agitations mentales à propos de la vision, à propos des différentes fonctions corporelles.

Les obsessions se développent à la suite de ces diverses insuffisances, à la suite des sentiments d'incomplétude qui en résultent, des manies de précision, d'explication, de symbole, qui les accompagnent comme une dérivation. L'obsession est le résultat final de l'abaissement du niveau mental, c'est une sorte d'interprétation qui se présente perpétuellement à l'esprit tant que subsiste le trouble fondamental qui l'inspire.

Ces caractères généraux existent d'une manière légère dans des phénomènes normaux, comme la fatigue, le sommeil, certaines émotions; la psychasténie s'en distingue par la netteté du désordre et par sa durée. Ces mêmes caractères existent-ils dans d'autres maladies mentales? C'est probable, et comme nous l'avons vu à propos des stigmates communs, ils jouent aussi un certain rôle dans l'hystérie. Ces phénomènes doivent exister au moins au début dans bien des délires systématiques et ils sont certainement très graves dans diverses confusions mentales et peut-être dans certaines démences. Mais je crois que dans ces divers états bien d'autres phénomènes et des phénomènes plus importants viennent s'ajouter aux précédents : dans l'hystérie, par exemple, le rétrécissement de la personnalité s'ajoutent à l'abaissement de la tension psychologique et même la dissimulent. Dans les confusions et les démences, les phénomènes supérieurs, entendus comme je l'ai dit, ne sont pas les seuls supprimés, ou ils le sont même fort peu, tandis que la maladie atteint aussi et supprime des phénomènes inférieurs comme les souvenirs anciens, les habitudes acquises autrefois, les images, les raisonnements. Je crois que cet abaissement de la tension psychologique entendu comme je viens de l'expliquer, quand il reste isolé et tout à fait prédominant, sans autres troubles psychologiques plus graves, caractérise assez bien la plupart des symptômes psychasténiques.

C'est pourquoi on peut ajouter aux troubles de la fonction du réel que je signalais tout d'abord ce nouveau caractère général de la dépression mentale pour résumer les symptômes psychasténiques. On arrivera alors à la définition suivante : *la psychasténie est une forme de la dépression mentale caractérisée par l'abaissement de la tension psychologique, par la diminution des fonctions qui permette d'agir sur la réalité et de percevoir le réel, par la substitution d'opérations inférieures et exagérées sous la forme, de doutes, d'agitations, d'angoisses et par des idées obsédantes qui expriment les troubles précédents et qui présentent elles-mêmes, les mêmes caractères.*

Chapitre V

Qu'est-ce qu'une névrose?

Il était difficile d'analyser un trouble névropathique particulier, mais il est encore plus délicat et plus téméraire de formuler une conception générale à propos de l'ensemble de ces maladies dont tout le monde parle sans les guère comprendre, mais qu'on résume cependant sous le nom général de névroses.

Ce groupe de troubles morbides est formé par les phénomènes les plus bizarre et les plus disparates que l'on ne sait pas comment rattacher les uns aux autres. Leur origine, leur mécanisme nous sont le plus souvent parfaitement inconnus, ils nous paraissent commencer sans raison et finir souvent de même. On dirait que le seul caractère commun de ces phénomènes, c'est qu'ils sont tous également incompréhensibles. Cela ne suffit peut-être pas pour constituer un groupe nosographique intéressant, aussi tous les médecins et tous les physiologistes se sont-ils efforcés depuis longtemps d'introduire un peu d'ordre et de clarté dans ce chaos.

Le groupe des névroses s'est bien souvent modifié au cours de l'histoire de la médecine, il a changé sans cesse dans son contenu et dans sa définition générale. Tantôt on y faisait rentrer des symptômes nouvellement découverts, de plus en plus nombreux, tantôt on en retirait des phénomènes considérés autrefois comme névropathiques et qui, mieux interprétés, ne semblaient plus devoir être rejetés dans ce *caput mortuum*. En même temps on proposait sans cesse, pour résumer et pour caractériser l'ensemble du groupe, les notions les plus diverses et les plus vagues. Il est nécessaire à la fin de cet ouvrage de résumer en peu de mots les principales phases de cette histoire. Les études cliniques et psychologiques, dont nous venons de passer en revue quelques exemples, nous permettront peut-être non pas d'expliquer la nature des phénomènes que les anciens et les modernes appellent névroses, mais de montrer ce qui est commun à la plupart d'entre eux et ce qui a conduit la plupart des cliniciens à les réunir dans un groupe spécial distinct des autres maladies.

1. Les névroses, maladies extraordinaires.

Le mot de névrose n'existait pas dans l'ancienne médecine. Il a été employé pour la première fois par le médecin écossait Cullen à la fin du XCIII^e siècle. Mais si le nom n'existait pas, le groupe existait en réalité dans l'enseignement médical depuis la plus haute antiquité. Des accidents convulsifs, des paralysies, des spasmes, des douleurs, des insensibilités sont déjà décrits pas les anciens sous bien des noms différents.

La médecine du XVIIe et du XVIIIe siècles donnait une grande place à ces affections qu'on baptisait de tant de noms, aux spasmes, aux affections vaporeuses, à la névropathie, à la diathèse nerveuse, à la cachexie nerveuse, à la névrospasmie, à la surexcitabilité nerveuse, à l'hystéricisme, à l'hystérie, etc. Il serait intéressant de savoir ce que ces anciens médecins mettaient exactement sous ces noms. Il est certain que c'était très vague et qu'ils auraient été très embarrassés pour faire l'énumération des maladies qu'ils appelaient « des vapeurs, des affections vaporeuses » et surtout pour indiquer les caractères communs de tous les accidents qu'ils réunissaient sous ce nom. Nous trouvons dans leurs livres les affections les plus disparates, depuis les vraies névroses d'aujourd'hui comme les attaques hystériques jusqu'aux vésanies, aux maladies du foie et aux hémorroïdes. Quel était donc dans leur esprit le caractère qui réunissait ces phénomènes et qui les faisait mettre dans un groupe à part des autres maladies? Au début de leurs livres quelques auteurs imprudents ont bien la prétention de nous donner ce caractère.

Dans le premier chapitre du traité célèbre de P. Pomme « sur les affections vaporeuses des deux sexes ou maladies nerveuses, vulgairement appelées maux de nerfs », publié en

l'an VII, on lit une définition d'ensemble bien singulière :
« Les maladies que j'étudie ne sont pas celles qui dépendent du
relâchement des fibres nerveuses ou de leur faiblesse, mais
celles qui dépendent de la tension et du racornissement de la
fibre nerveuses et qu'il ne nous a pas dit à quoi on le reconnaît,
nous ne savons pas pourquoi il faisait rentrer une affection
dans ce groupe plutôt que dans celui des troubles en rapport
avec le relâchement des fibres. Sa définition théorique et
puérile ne nous apprend pas quel était le caractère apparent qui
lui servait et qui servait à ses contemporains de critérium pour
ranger un symptôme dans un groupe ou en dehors de ce
groupe.

Je crois cependant que l'on peut découvrir ce critérium qui,
à l'insu de l'auteur lui-même, le guidait dans ce problème de
classification; il suffit pour le comprendre de relire la table des
matière de ce même ouvrage de Pomme. Nous y voyons
énumérées « la maladie extraordinaire de Mme de Bezons,… la
maladie extraordinaire de Mme Pécaud,… la maladie
extraordinaire de l'évêque de Noyon,… la maladie
extraordinaire de Mlle Roux,… l'observation de M. Villeaupuis
sur un effet remarquable du racornissement,… l'effet cruel de
la raréfaction de l'air intérieur, le surnagement de Mme de
Cligny dans son bain, etc. »

Dans cette singulière table des matières on retrouve à toutes
les lignes les mots « extraordinaire, remarquable et étonnant »,
on dirait vraiment un catalogue de musée de phénomènes. Il
me semble que l'auteur nous étale avec naïveté l'état de sa
pensée et nous donne la définition des « vapeur » beaucoup
plus clairement que dans son premier chapitre. Il n'y a pas
d'autres caractères communs dans ces descriptions de flux
hémorroïdal mêlé à des jaunisses, de convulsions, d'aigreurs,
de cécités, de surnagements dans le bain, si ce n'est le
sentiment d'étonnement que ces symptômes faisaient naître
dans l'esprit du médecin qui était appelé pour les constater et
qui n'y comprenait rien. Jamais il ne lui serait venu à l'idée
d'appeler « vaporeuse » l'impotence causée par la fracture
d'un bras. Il voyait la cause du phénomène et il trouvait alors
la maladie très simple, tandis qu'il appelait de ce nom un

accident quelconque, même un vomissement quand il n'en soupçonnait pas la raison. Les névroses ont été en somme pendant très longtemps *des maladies extraordinaires*, c'est-à-dire inexplicable, incompréhensible dans l'état actuel de la science physiologique. Ce groupe de maladies était un tiroir commode où l'on rejetait sans examen tous les faits pour lesquels on n'avait pas de casier déterminé.

La première partie du XIXe siècle ne me semble pas avoir beaucoup amélioré la situation. Pinel, qui prétend avoir considérablement réduit le groupe des névroses, énumère encore sous ce nom, dans sa nosographie philosophique de 1807, une foule d'états dont certains ne sont même pas de nature nerveuse et dont la plupart sont descendus aujourd'hui au rang de symptômes de telle ou telle maladie organique. En 1819, dans son article « névrose » du *Dictionnaire des science médicales*, il énumère parmi les névroses la surdité, la diplopie, l'amaurose, la paralysie, le pyrosis, le vomissement, la colique, l'iléus, l'hydrophobie, l'hystérie, l'hypocondrie, le tétanos, etc. Vraiment, on peut se demander ce qu'il trouve de commun à tout cela. je crois qu'on peut toujours faire la même remarque, Pinel n'aurait jamais songé à qualifier de névropathique la cécité d'un homme dont l'œil était crevé parce qu'il voyait la destruction de l'œil; mais il appelle névropathique l'amaurose du tabétique parce qu'il n'avait pas vu l'atrophie de la pupille. Quoiqu'il ne le dise pas nettement et que peut-être il ne s'en rende pas compte, c'est toujours le même caractère d'extraordinaire et d'incompréhensible qui réunit tous ces phénomènes par un lieu bien fragile. Cette conception a duré très longtemps et il n'est pas certain qu'elle ne dure pas encore aujourd'hui et qu'elle ne contribue pas à jeter une sorte de défaveur sur ce groupe de maladies.

Encore en 1859, des sociétés médicales, comme la Société médico-psychologique, proposaient l'étude « des névroses extraordinaires », comme s'il était raisonnable d'employer ce mot pour l'examen de phénomènes naturels.

2. – Les névroses, maladies sans lésions.

Le traité des maladies nerveuses de Sandras, publié en 1851, ne semble pas réaliser un progrès sensible au point de vue de l'énumération des symptômes considérés comme névropathiques. On retrouve encore dans les névroses de cet auteur le vomissement, la diplopie, l'amaurose, la surdité, les convulsions, les contractures, l'état nerveux, les affections intermittentes périodiques, y compris la fièvre intermittente, l'hystérie, l'éclampsie, le tétanos, l'hydrophobie, les hallucinations, le somnambulisme, la léthargie, la catalepsie, la mélancolie, la nostalgie, la catalepsie, la mélancolie, la nostalgie, l'hypocondrie, le délire passager des passions, certaines intoxications, certaines fièvres, la chorée, et même une certaine paralysie générale, analogue à celle que Beyle et Calmeil avaient fait connaître, mais qui évoluait sans délire. C'est encore, comme on le voit, un amoncellement de symptômes disparates et mal compris. Mais, si nous nous plaçons à un autre point de vue, si nous recherchons l'idée générale que l'auteur se faisait des phénomènes névropathiques, nous voyons apparaître une conception qui est un peu plus précise que la précédente et qui va dorénavant jouer un très grand rôle. Sandras entend par maladies nerveuses « toutes celles dans lesquelles les fonctions du système nerveux sont altérées sans que, dans l'état actuel de nos connaissances, on y puisse reconnaître pour cause première une altération matérielle, locale, nécessaire des organes ». Voici donc une définition qui a l'air un peu plus sérieuse que celle de Pomme, et qui est bien en rapport avec le caractère des études médicales à cette époque.

En effet, les troubles observés sont rattachés nettement à un groupe d'organes bien déterminés, le système nerveux; en outre, on insiste sur un caractère, il est vrai, purement négatif, mais qui, au premier abord, paraît précis, l'absence de lésions visibles de ces organes. Or, nous sommes à l'époque de Laënnec et Trousseau; depuis quelque temps, l'anatomie pathologique avait fait de très grands progrès ; on avait peu à peu pris l'habitude de découvrir à l'autopsie une altération matérielle de tel ou tel organe et on comprenait plus ou moins bien comment cette altération visible avait déterminé les symptômes de la maladie et amené la mort. Or, dans un certain nombre de cas, on avait constaté pendant la vie du malade des désordres en apparence énormes, bien plus grands que ceux qui d'ordinaire trouvaient leur explication à l'autopsie par une lésion visible, et tout justement, dans ces cas, l'autopsie la plus minutieuse avait été négative et le symptôme était resté sans explication. C'était là un fait assez net qui semblait suffisant pour distinguer les névroses des autres maladies. Sans doute, ces deux notions étaient vaguement contenues dans l'ancienne définition de Cullen. Pour lui : « les névroses étaient toutes les affections contre nature du sentiment et du mouvement où la pyrexie ne constitue pas une partie de la maladie et toutes celles qui ne dépendent pas d'une affection topique des organes, mais d'une affection plus générale du système d'où dépendent spécialement le mouvement et la pensée ». Mais ces caractères essentiels n'avaient pas été exposés ni compris avec autant de précision.

Quelques années après l'ouvrage de Sandras, en 1863, paraît, dans le tome IV des *Éléments de pathologie médicale* de Requin, le remarquable travail d'Axenfeld sur les névroses. Ce travail est repris et complété par M. Huchard et forme le grand traité des névroses de 1883. à de certains points de vue, ce travail est un grand progrès, le terrain est largement déblayé, beaucoup de symptômes, considérés autrefois comme névropathiques, sont rattachés à des maladies mieux connues et le nombre des névroses est notablement réduit. Ainsi, l'ataxie locomotrice, que Duchenne lui-même et d'autres auteurs, comme Trousseau, considéraient encore comme une névrose, est interprétée, grâce aux travaux de Romberg, de Charcot, de Vulpian, et rattachée aux maladies de la moelle. Il n'y a plus que six névroses : l'état nerveux, la chorée, l'éclampsie, l'épilepsie, la catalepsie et l'hystérie. Mais la conception générale de la névrose ne fait guère de progrès, quoique les auteurs, dans une longue dissertation et par d'excellents arguments que j'aurai à répéter, démontrent l'insuffisance des caractères précédemment invoqués, ils finissent par les reprendre à peu près sans modification. « Les névroses sont, pour eux, des états morbides, le plus souvent apyrétiques, dans lesquels on remarque une modification exclusive ou du moins prédominante de l'intelligence, de la sensibilité ou de la motilité ou de toutes ces facultés à la fois, états morbides qui présentent cette double particularité de pouvoir se produire en l'absence de toute lésion appréciable et de ne pas entraîner par eux-mêmes des changements profonds et persistants dans la structure des parties ». C'est, en somme, la même définition; l'intervention de l'intelligence, de la sensibilité et de la motilité sert ici simplement à préciser qu'il s'agit d'un trouble du système nerveux et le reste de la formule consiste à dire qu'il n'y a pas de lésion connue.

Depuis, le mouvement a continué dans le même sens; quelques maladies nouvelles ou plutôt quelques groupes de symptômes nouvellement découverts, et, par conséquent, mal compris, sont rattachés au groupe des névroses. Brochin, dans l'article « Névrose » du dictionnaire de Dechambre, en 1878, ajoute la paralysie agitante de Parkinson; Grasset, dans la quatrième édition de son *Traité des maladies nerveuses,* en 1894, ajoute, non seulement la maladie de Parkinson, mais le goître exophtalmique de Basedow. M. Raymond, dans ses derniers articles de 1907, veut bien y ajouter la psychasténie que j'ai décrite en 1905, et qui, d'ailleurs, ne fait que résumer sous un seul nom beaucoup de syndromes déjà compris dans les névroses ou les psychoses. Mais le plus souvent les auteurs n'ajoutent pas au domaine des névroses, ils le diminuent, au contraire. Beaucoup de phénomènes primitivement appelés névropathiques sont successivement rattachés aux diathèses, aux maladies infectieuses, aux intoxications, aux compressions, irritations, traumatismes, portant sur les nerfs à leur émergence cérébrale ou rachidienne, ou à un point quelconque de leur trajet. C'est ainsi, par exemple, que le tétanos, si longtemps considéré comme un type de névrose, devient une maladie infectieuse en rapport avec le bacille de Nicolaïef; que l'angine de poitrine devient une maladie des artères coronaires, etc.

On peut donc dire qu'il a un progrès incontestable dans l'énumération des névroses et dans leur délimitation; mais si l'on considère le groupe restant, j'avoue que je ne trouve plus aucun progrès dans la recherche de son caractère général et de sa définition. Brochin dit toujours la même chose : « Les névroses sont toutes les maladies constituées par un troubles intéressant spécialement les fonctions nerveuses et ne dépendant nécessairement d'aucune lésion anatomiquement appréciable ». Hack-Tuke, dans son *Dictionnaire de médecine* de 1892, fait des névroses « un désordre fonctionnel du système nerveux qui, autant que nous le savons à présent, n'est en relation avec aucune lésion organique constante ». M. Raymond, en 1907, dit encore : « Sous ce nom générique de névroses, on est convenu de désigner certaines affections du système nerveux sans lésion organique appréciable par nos procédés actuels d'investigation ».

Eh bien! pouvons-nous être satisfait de cette conception? Déjà Axenfeld et M. Huchard, en 1883, montraient fort bien qu'elle n'a aucune valeur, elle n'en a pas gagné depuis. Comme ils le disaient très bien, l'attribution au système nerveux, en l'absence de lésions connues, est extrêmement vague. Le système nerveux intervient absolument dans toutes les fonctions, aussi bien viscérales que motrices ou sensitives; on ne précise rien en disant qu'il y a un trouble nerveux, quand on ne dit pas lequel. On a bien essayé de préciser, en n'admettant dans les névroses que les troubles de l'intelligence, de la sensibilité et du mouvement; mais alors on supprime sans raison un très grand nombre de faits considérés comme névropathiques, toutes les névroses viscérales. La difficulté principale se trouve dans la seconde partie de la définition : l'absence de lésion n'est qu'un caractère purement négatif. Il n'aurait quelque valeur que si on avait le courage de déclarer définitive cette absence de lésions; ce serait, en effet, un groupe de maladies bien spécial que celui des maladies sans aucune espèce de fondement organique; mais c'est là une absurdité que personne n'a jamais osé dire. Tout le monde admet que des altérations organiques aujourd'hui encore insoupçonnées sont nécessaires dans les névroses aussi bien que dans les maladies nerveuses organique. « Les névroses sont des maladies à lésions ignorées plutôt que des maladies sans lésions », disait M. Raymond; mais alors ce caractère peut disparaître du jour au lendemain et la classe tout entière des névroses est à la merci d'une découverte histologique. Qui vous assure que cette lésion, que l'on découvrira un jour, sera la même pour tous les symptômes que vous rangez actuellement dans un même groupe? Si l'unité de votre groupe ne dépend aujourd'hui que de l'ignorance de la lésion, elle peut disparaître complètement devant la découverte de lésions multiples dont vous acceptez la possibilité. Du moment que l'on ne prévoit rien à propos de la légion que l'avenir mettra en évidence, on peut imaginer que diverses lésions seront découvertes pour les divers symptômes que nous rangeons actuellement dans l'hystérie. Les éléments, qui composent aujourd'hui cette maladie, se dissocieront alors pour être rattachés les uns à une maladie, les autres à une autre. Déclarer que l'unité de la classe des névroses ne repose que sur notre ignorance de la lésions, c'est admettre, en réalité, que cette unité n'existe pas et que ce groupement de symptômes dépend uniquement du hasard, d'une ignorance égale pour tous. Comme le disaient très bien Axenfeld et Huchard, « si vous récusez tous les états pathologiques qui dépendent d'une altération des solides ou des liquides, que restera-t-il pour constituer la classe des névroses? Il restera un amalgame de faits qui se ressemblent par un seul point, c'est que leur nature nous échappe, un amas d'états morbide essentiels, c'est-à-dire existant, parce qu'ils existent; il restera, en un mot, notre ignorance élevée à la hauteur d'un caractère nosologique ».

3. Les névroses, maladies psychologiques.

Malgré cette insuffisance de la définition générale des névroses, beaucoup d'observateurs continuaient à sentir dans cet amoncellement de symptômes hétérogènes une certaines unité que les formules précédentes ne dégageaient pas. Sans doute on se trompait souvent en rattachant tel ou tel phénomène au groupe des névroses et peu à peu certains symptômes devaient être éliminés. Mais ces erreurs et ces corrections mêmes prouvaient bien que dans l'esprit des médecins un groupe de faits avait des caractères particuliers qui ne se confondaient pas avec ceux des autres maladies. Aussi, à côté des travaux de l'anatomie pathologique, d'autres études se développèrent depuis quelques années et tentèrent d'aborder le problème d'un autre côté.

Depuis le début du XIXe siècle, les aliénistes avaient commencé l'analyse de l'état mental de leurs malades et avaient expliqué quelques-uns de leurs troubles par des modifications dans l'exercice des fonctions psychologiques. Des neurologistes furent conduits à essayer la même étude sur les troubles des individus considérés comme névropathes. Hack-Tuke par exemple, dans son livre célèbre sur le corps et l'esprit en 1872, montre qu'un très grand nombre de symptômes appelés névropathiques, des trouble de la motilité, de la sensibilité, des fonctions viscérales, pouvaient être en rapport avec des phénomènes mentaux. D'autre part, des psychologues, à la recherche d'expériences sur les phénomène de l'esprit furent attirés par l'étude de ces mêmes malades et montrèrent que beaucoup de leurs désordres devenaient plus simples, présentaient plus d'unité quand on les considérait sous leur aspects mental plutôt que sous leur aspect physique. Enfin les études singulières des anciens magnétiseurs ont conduit tout doucement aux études sur l'hypnotisme et sur la suggestion, et celles-ci ont encore montré que des idées, des sentiments, des émotions pouvaient déterminer un très grand nombre de troubles en apparence corporels. Ces différentes influences semblent avoir été convergentes et dans les périodes les plus récentes les études sur les névropathes sont devenues de plus en plus des études psychologiques.

Il était alors tout naturel que ce nouveau point de vue jouât un rôle dans la conception d'ensemble de la maladie. Beaucoup d'auteur les ont appelées des maladies par imagination, ou des maladies par émotion. M. Bernheim et ses disciples, en abusant du « suggestion », ont confirmé cette idée que les névroses sont caractérisées par des troubles mentaux et surtout par des troubles suggestifs : des définitions de ce genre se trouvent de tous côtés. Il me semble que l'auteur qui a poussé le plus loin cette notion et qui s'en est servi pour formuler le plus nettement une définition des névroses est M. Dubois, de Berne, en 1904. Il propose d'appeler ces maladies *psychonévroses* et soutient qu'elles sont caractérisées par un fait capital, *l'intervention de l'esprit, des représentations mentale dans tous leurs symptômes.*

Qu'il y ait beaucoup de vérité dans cette nouvelle définition, qu'elle soit beaucoup plus juste et plus précise que les précédentes, j'aurais mauvaise grâce à le contester, car j'écrivais moi-même en 1889 dans mon livre sur l'automatisme psychologique (p. 120, 452) que les maladies nerveuses méritaient bien plutôt d'être appelées des maladies psychologiques. L'intervention de l'esprit dans tous les accidents n'est plus un caractère purement négatif, une simple ignorance, comme l'absence de lésion à l'autopsie, c'est un caractère positif, réel et assez spécial à la maladie que l'on considère. Il est certain que des phénomènes psychologiques (je ne dirai pas toujours, comme M. Dubois, des représentations) jouent un grand rôle dans la plupart des troubles névropathiques les plus nets : tout ce petit livre l'a mis sans cesse en évidence. Les symptômes dans lesquels ces troubles psychologiques sont ou plutôt paraissent absent sont précisément les symptômes névropathiques les plus douteux. Il est certain aussi que ce caractère sépare à peu près nettement les névroses d'un certain nombre d'autres maladies. On reconnaîtra volontiers que des fractures, des entorses, des abcès, des infections, ne sont guère influencés par des phénomènes psychologiques. Ceux-ci les accompagnent presque toujours plus ou moins, mais ils jouent un faible rôle dans leur évolution. Cette définition dont on pourrait d'ailleurs préciser la formule conserve donc à mon avis une grande valeur.

J'hésite cependant à m'arrêter aujourd'hui à une définition des névroses analogue à celle que je proposais en 1889 et à dire simplement que ce sont des maladies dans l'évolution desquelles interviennent d'une manière prépondérante des troubles psychologiques. Une définition de ce genre présente d'abord quelques difficultés au point de vue du langage médical : on a beau répéter les déclaration de principes au début de toutes ces études, on a beau dire que l'on considère les phénomènes psychologiques comme des manifestations de l'activité cérébrale il y aura toujours des adversaires qui feront semblant de ne pas comprendre et qui accuseront ces interprétations cliniques de métaphysique spiritualiste. Il est évident que l'on pourrait ne pas s'arrêter à ces préjugés; mais il est cependant mauvais de sortir brutalement, sans nécessité absolue, du langage médical usuel quand il s'agit de maladies communes étudiées par tous les médecins.

Mais il y a, à mon avis, une autre difficulté de fond beaucoup plus considérable. Une définition de ce genre s'applique à peu près à tous les accidents névropathiques, quoiqu'elle présente des difficultés quand il s'agit des troubles circulatoires. Mais il n'est pas du tout évident qu'elle s'applique uniquement à des névroses et qu'elle ne soit pas infiniment trop large. Il y a énormément de maladies dans lesquelles les phénomènes psychologiques jouent un grand rôle et que personne ne songe à considérer comme des névroses. Un individu qui, à la suite d'une hémorragie cérébrale, a perdu la parole, présente bien de grands troubles psychologiques, un paralytique général, un dément précoce, ou tout simplement le vulgaire gâteux des asiles ont aussi des troubles psychologiques d'une importance colossale, vont-ils être des névropathes?

M. Dubois (de Berne) ne semble pas embarrassé : « Dans les névroses, dit-il, les troubles de la vie psychologique ne sont plus simplement secondaires et déterminés par une altération primaire du tissu cérébral comme dans la paralysie générale; l'origine du mal est au contraire psychique et c'est l'idéation qui crée ou entretient les désordres fonctionnels ». J'avoue que je ne comprend pas du tout cette phrase de M. Dubois et que je la trouve même en contradiction avec les lignes qu'il écrivait précédemment. Est-ce qu'il admet par hasard que les troubles de l'idéation des névropathes soient absolument primitifs et indépendants de toute altération cérébrale? Mais il vient de dire le contraire, il a écrit dix lignes plus haut : « que nous pourrions peut-être réussir à déceler les altérations cellulaires accompagnant ce trouble idéationnel des névropathes, nous nous retrouvons exactement dans les mêmes conditions que dans l'étude du paralytique général. En réalité, les troubles organiques du cerveau dans l'état actuel de notre science ne sont ni antérieurs, ni postérieurs aux troubles psychologiques; ils leur sont simultanés et cela dans les deux cas, qu'il s'agisse des lésions connues de la paralysie générale ou des lésions inconnues des névroses. Refuser cette proposition, c'est sortir d'une discussion médicale et entrer dans des problèmes de métaphysique, intéressants sans doute, mais tout à fait en dehors de la question. M. Dubois dira peut-être que lorsqu'il parle de désordres fonctionnels créés par l'idéation il entend parler de désordres non cérébraux mais périphériques portant sur les membres et les viscères. Dans ce cas également, les deux maladies considérées sont identiques, des troubles des membres et des viscères peuvent être consécutifs aux troubles psychologiques aussi bien chez les déments que chez les névropathes.

En un mot je ne comprends pas l'argumentation de M. Dubois sur la priorité des troubles psychologiques comme caractéristique des névroses. Les définitions précédentes sont beaucoup trop vagues et s'étendent à toutes sortes d'altérations des fonctions cérébrales, à toutes les insuffisances mentales, à toutes les aliénations qui sont tout à fait indépendantes de que nous entendons par névroses.

4. Les névroses, maladies de l'évolution des fonctions.

Il est difficile de donner une meilleure définition des névroses, car il s'agit là d'une notion très générale qui touche aux problèmes les plus insolubles relatifs à la vie et à la pensée. Il faudrait pour en parler avec quelque précision aborder ces curieuses études de philosophie médicale qui séduisaient tant les grands médecins d'autrefois et qui ne sont plus guère à la mode aujourd'hui. Je dois me borner à indiquer quelques réflexions qui se dégagent des analyses faites dans ce volume à propos de quelques symptômes névropathiques. En premier lieu, à mon avis, le mot de « fonctions », *l'idée de maladie fonctionnelle* doit entrer dans la conception générale des névroses. Comme l'observent depuis quelque temps plusieurs auteures et en particulier M. Grasset, nous sommes trop hypnotisés depuis un siècle par l'anatomie pathologique et nous pensons beaucoup trop anatomiquement. Il faut en médecine penser physiologiquement et avoir toujours présent à l'esprit la considération des fonctions beaucoup plus que la considération des organes, car en réalité ce sont les fonctions qu'on nous demande de rétablir. Cela est surtout important quand il s'agit de troubles névropathiques qui portent toujours sur des fonctions, sur des systèmes d'opérations et non pas isolément sur un organe.

En second lieu, quand on parle de névroses, il faut se décider à *distinguer dans la fonction diverses parties hiérarchiquement superposées,* car il est évident que dans les troubles névropathiques une fonction n'est jamais détruite d'une manière définitive dans son ensemble. Il me semble nécessaire de distinguer dans toute fonction des parties inférieures et des parties supérieures. Quand une fonction s'exerce depuis longtemps elle contient des parties qui sont très anciennes, très faciles et qui sont représentées par des organes très distincts et très spécialisés. Dans la fonction de l'alimentation, par exemple, il y a les sécrétions digestives qui existent depuis l'époque des premiers animaux, qui sont représentées par des glandes bien isolées et qui fonctionnent très facilement, à la suite de réflexes très élémentaires; ce sont là les parties inférieures de la fonctions. Mais je crois qu'il y a aussi dans toute fonction des parties supérieures consistant dans l'adaptation de cette fonction à des circonstances plus récentes, beaucoup moins habituelles, qui sont représentées par des organes beaucoup moins différenciés. Il est évident par exemple que dans l'alimentation il y a la préhension des aliments qui se fait chez l'homme par la bouche, par les mains, c'est-à-dire par des organes qui peuvent servir à beaucoup moins simples et beaucoup moins réguliers que ceux de la sécrétion des glandes gastriques.

Mais on peut monter plus haut encore, il y a à mon avis une partie tout à fait supérieure dans chaque fonction, c'est celle qui consiste dans son adaptation à la circonstance particulière qui existe au moment présent, au moment où nous devons l'employer, dans l'adaptation plus où moins complète à l'ensemble des phénomènes extérieurs et intérieurs dans lesquels nous sommes placés à ce moment même. Pour reprendre le même exemple, la fonction de l'alimentation doit s'exercer en ce moment, quand je dois prendre des aliments sur cette table, au milieu de certaines personnes nouvelles, c'est-à-dire desquelles je ne suis pas encore trouvé dans cette circonstance, en portant un costume spécial et en soumettant mon corps et mon esprit à des rites sociaux tout à fait particuliers. C'est toujours au fond la fonction de l'alimentation, mais on voudra bien remarquer que l'acte de dîner en ville n'est pas tout à fait le même phénomène physiologique que la simple sécrétion du pancréas.

Cette distinction et ces degrés se retrouvent à mon avis dans toutes les fonctions, aussi bien dans les fonctions de la marche que dans les fonctions de l'écriture, aussi bien dans les fonctions de la miction que dans les fonctions sexuelles. La physiologie peut ne pas s'en préoccuper car elle n'étudie que la partie organisée, régulière, simple, de la fonction et le physiologiste rirait bien si on lui disait que dans l'étude de l'alimentation il doit tenir compte du travail qui consiste à manger en portant un habit noir et en parlant à sa voisine. Mais la médecine ne peut pas s'en désintéresser, parce que la maladie ne nous consulte pas et qu'elle ne porte pas toujours sur les parties de la fonction que nous connaissons le mieux.

Sans doute il y aura des maladies simples de la fonction, si le malade ne marche pas parce qu'il a cassé son péroné ou s'il ne s'alimente pas parce qu'il a un cancer du pylore. Ici c'est la partie ancienne et simple de la fonction qui est lésée et la lésion porte sur un organe bien distinct. Mais la maladie peut porter sur les parties supérieures de la fonction, sur celle qui sont encore en formation, en organisation : il y a des individus qui ne marchent pas, quoique leurs jambes et même leur moelle épinière soient intactes, ou qui ne s'alimentent pas quoique leur estomac et tous les organes inférieurs de l'alimentation puissent parfaitement fonctionner. Certains malades ne perdent que cette partie supérieure de la fonction de l'alimentation qui consiste à manger en société, à manger dans des circonstances nouvelles et complexes, à manger en prenant conscience de ce que l'on fait. Quoique le physiologiste ne soupçonne pas que ces phénomènes fassent partie de l'exercice des fonctions sexuelles dans l'humanité, il y a une pathologie des fiançailles et une pathologie du voyage de noces. C'est justement *sur cette partie supérieure des fonctions, sur leur adaptation aux circonstances présentes que portent les névroses* et cette notion doit entrer dans leur définition.

Cette conception d'une partie supérieure de la fonction seule atteinte dans les névroses peut être exprimée d'une autre manière. On sait bien en général que l'évolution des êtres vivants existe, on veut bien en tenir compte quand on considère les longues périodes du passé; mais le médecin et le physiologiste n'ont pas l'habitude d'en tenir compte en étudiant l'homme actuel. Ils le considèrent comme immuable, comme figé, ils semblent croire que l'homme ne met en œuvre que des fonctions anciennement acquises et définitivement inscrite dans son organisme. C'est là une illusion, peu à peu le point de vue changera et on comprendra qu'il faut tenir compte de l'évolution et de l'évolution actuelle à propos de tous les phénomènes de la vie. Certains auteurs, comme M. Gustave Le Bon, ne nous parlent-ils pas déjà de l'évolution de la matière et ne nous montrent-ils pas que les physiciens et les chimistes s'arrêtent devant des phénomènes inexplicable parce qu'ils considèrent la matière comme inerte? À plus forte raison faut-il tenir compte de l'évolution dans les actions de l'être qui évolue le plus, dans l'interprétation de la conduite de l'homme.

Chaque homme évolue continuellement de deux manières : en premier lieu il doit accomplir à chaque instant de sa vie et plus fortement à certaines périodes un développement individuel qui, de la naissance à la mort, transforme incessamment son activité, en second lieu il participe sans cesse à l'évolution de la race qui se transforme plus rapidement qu'on ne le croit au milieu des incessantes modifications du milieu social. Aussi une certaine partie de toutes le fonctions humaines, la partie la plus élevée, est-elle toujours en voie de transformation : les phénomènes de la volonté, ou du moins une partie d'entre eux, la perception de la réalité changeante, la formation des croyances ne sont comparables qu'à des phénomènes de développement organique. Il faut les rapprocher non des mécanismes du cœur ou du poumon, mais des phénomènes par lesquels l'embryon évolue et se transforme en construisant des organes qui n'existaient pas encore. Dans les parties qui président à ces actes le cerveau ne fonctionne pas seulement comme le cœur qui se borne à mettre en œuvre un organe déjà construit, il se forme lui-même continuellement. Jusqu'au dernier jour de la vie le cerveau continue l'évolution embryonnaire et la conscience manifeste de cette évolution.

Les névroses sont des maladies qui portent sur cette évolution, parce qu'elle portent sur la partie de la fonction qui est encore en développement et sur elle seule : on devrait les rattacher au groupe des maladies de développement. Tous les accidents névropathiques nous ont apparu comme des troubles dans la partie la plus élevée d'une fonction, dans son adaptation actuelle à des circonstances nouvelles extérieures ou intérieures. En outre, on constate très facilement que les névroses apparaissent presque toujours aux âges où la transformation organique et morale est la plus accentué : elles débutent presque toujours à la puberté, elles s'aggravent au moment du mariage, à la mort des parents ou des intimes, après tous les changements de carrière ou de position. C'est-à-dire qu'elles se manifestent au moment où l'évolution individuelle et sociale devient le plus difficile.

Enfin on arrive encore à la même notion générale en observant les modifications que les diverses névroses déterminent chez tous les malades quand elles se prolongent longtemps. Ces individus semblent avoir cessé d'évoluer; ils restent perpétuellement au point de leur vie où la maladie les a saisies et les a figés. Les parents répètent sans cesse en parlant de leur fils : « Ce garçon a trente ans, mais, en réalité, nous ne pouvons pas le croire : il a gardé l'attitude, les manières, les idées, le caractère qu'il avait à dix-sept ans quand il commença à être malade, on dirait que moralement il n'a pas grandi ». Les malades eux-mêmes s'étonnent de cet écoulement du temps qui ne les a pas transformés, qui semble n'avoir laissé sur eux aucune impression. L'observation nous a montré d'ailleurs qu'une certaine amnésie continue est un caractère commun de la plupart de ces phénomènes névropathiques. Le grand caractère des névroses c'est que l'esprit ou, si l'on veut, la partie supérieure des diverses fonctions n'évolue pas ou évolue mal. Si on veut bien entendre par ce mot « évolution » ce fait qu'un être vivant se transforme continuellement pour s'adapter à des circonstances nouvelles, qu'il est sans cesse en voie de développement et de perfectionnement, *les névroses sont des troubles ou des arrêts dans l'évolution des fonctions.*

Cette conception des névroses, qui semble vague, parce que le groupe lui-même des névroses, en général, a des limites fort vagues, me paraît avoir au moins autant de valeur que les définitions précédentes, car elle renferme évidemment les caractères exacts auxquels les précédentes définitions faisaient allusion. En rattachant les névroses au développement individuel et social, qui est si peu connu, on donne suffisamment satisfaction à ce sentiment d'étonnement qui poussait les premiers auteurs à considérer les névroses comme extraordinaires. En parlant des parties les plus élevées de chaque fonction, de celles qui sont encore en transformation, on sous-entend qu'il s'agit de phénomènes siégeant surtout dans le système nerveux, car c'est dans le système nerveux que s'élaborent et se perfectionnent les fonctions nouvelles des êtres vivants. Ensuite, on explique, à mon avis, assez bien pourquoi ces troubles du système nerveux sont mal localisés et sont difficilement perceptibles pour l'anatomiste. L'anatomie, en effet, étudie surtout et nécessairement les organes anciens, bien délimités, identiques chez tous les hommes, en un mot, les organes des fonctions parvenues à l'état stable; elle ne peut pas connaître les organes futurs, ceux qui n'existent encore qu'en germe, en formation, et qui, par conséquent, ne sont ni nettement perceptibles, ni bien délimités, ni identiques chez tous les hommes. L'anatomiste ne sait pas toujours donner la raison des arrêts de développement, surtout lorsqu'il n'étudie qu'on organe isolé; il ne peut pas toujours dire pourquoi tel individu est resté petit et pourquoi tel autre est devenu grand. Enfin ces troubles névropathiques sont souvent accompagnés de perturbations psychologiques, comme nous l'avons vu dans les dernières définitions. Cela est encore tout naturel, puisque par définition la conscience accompagne les phénomènes encore nouveaux, mal organisés, avant qu'ils ne deviennent des réflexes automatiques. En un mot, toutes les idées intéressantes, contenues dans les définitions précédentes des névroses, trouvent également leur expression dans la conception que je propose.

Je crois qu'en plus cette conception générale ne présente pas les mêmes inconvénients, n'est pas exposée aux mêmes objections que les définitions précédentes. Un symptôme névropathique n'est plus un symptôme merveilleux en lui-même et isolément, ce qui n'était guère scientifique, il participe simplement au caractère mystérieux de tout un groupe de faits biologiques, comme cela arrive dans toutes les explications des sciences. Les névroses ne sont plus non plus des maladies sans lésions d'une manière absolue et définitive; on découvrira peut-être quelque jour des modifications de certains organes dont dépendent les arrêts de développement. Déjà maintenant, comme je le disais, l'anatomie n'est tout à fait impuissante sur ce point que si elle considère isolément l'organe arrêté dans son évolution; déjà on rattache, dans certains cas, quelques troubles de l'évolution à des modifications des organes sexuels ou des glandes à sécrétion interne. Si une découverte de ce genre donnait l'explication de l'hystérie, cette découverte ne supprimerait pas la maladie, ne détruirait pas la séparation que nous avons établie entre les névroses et les affections organiques. Ces autres affections seraient déterminées par une lésion propre atteignant l'organe ancien de la fonction, les névroses seraient déterminées par une autre catégorie de lésions portant souvent sur des organes éloignés et déterminant par contre-coup l'arrêt de l'évolution de la fonction.

Enfin, cette conception me paraît surtout remédier aux lacunes de la définition purement psychologique des névroses. Elle admet fort bien, comme on l'a vu, l'importance de ce caractère psychologique, mais elle n'écarte pas *a priori* du cadre des névroses des troubles d'évolution qui ne seraient pas en rapport avec des phénomènes de conscience. Elle a surtout l'avantage de permettre une distinction facile entre les névroses et les maladies psychologiquement qui ne sont pas névropathiques. Tout les faits psychologiques ne sont pas constitués par des opérations de volonté présente , de croyance, d'attention à des perceptions nouvelles, en un mot, par ces phénomènes supérieurs dont nous parlons sans cesse. Il y a des mécanismes psychologiques comme des mécanismes organiques, anciennement organisés et assez stables, des souvenirs anciens, des associations d'idées, des habitudes, des tendances, des sentiments, des instincts. Très souvent les troubles mentaux portent sur ces mécanismes psychologiques anciens, effaçant les souvenirs d'une manière définitive, détruisant les habitudes, les sentiments, les instincts et ne permettant jamais leur réapparition dans aucune circonstance, ni sous aucune forme subconsciente ou automatique. C'est ce qui, si je ne me trompe, est caractéristique des états démentiels. Un paralytique général, un dément précoce ne sont pas complètement arrêtés dans leur développement, ils continuent à percevoir et même à vouloir, au moins dans certains cas; mais ils présentent des lacunes profondes et irrémédiables dans leurs associations d'idées, leurs jugements, leurs sentiments, leur conduite. Sans doute, le diagnostic peut être difficile dans tel ou tel cas particulier; mais au point de vue théorique, on conçoit très bien *la différence qui existe entre les détériorations des fonctions anciennes caractéristiques des démences et les arrêts d'évolution caractéristiques des névroses.* Au moins un certain nombre d'objections, celles que nous venons de faire aux définitions anciennes, peuvent être évitées, en considérant les névroses à ce point de vue.

Comme conclusion de ces réflexions, je puis donc dire que le groupe des névroses, malgré les diverses aventures qu'il a traversées, n'est pas absolument arbitraire et inutile. Sans doute le progrès de la science en modifiera souvent la composition et lui rattachera ou lui enlèvera tour à tour divers symptômes : mais il restera un groupe de phénomènes qui conservera une unité particulière et qui formera longtemps encore soit une maladie unique, soit des maladies voisines les unes des autres. *Les névroses sont des maladies portant sur les diverses fonctions de l'organisme, caractérisées par une altération des parties supérieures de ces fonctions, arrêtées dans leur évolution, dans leur adaptation au moment présent, à l'état présent du monde extérieur et de l'individu et par l'absence de détérioration des parties anciennes de ces mêmes fonctions qui pourraient encore très bien s'exercer d'une manière abstraite, indépendamment des circonstances présentes.* En résumé, *les névroses sont des troubles des diverses fonctions de l'organisme, caractérisés par l'arrêt du développement sans détérioration de la fonction elle-même.*

Ces notions générales sur l'ensemble des névroses sont plus philosophiques que médicales; dès qu'il s'agit de diagnostiquer et de traiter un symptôme névropathique précis, il est nécessaire de revenir à son analyse psychologique. Il me semble seulement indispensable de ne pas se laisser égarer par ces caractéristiques psychologiques qui deviennent essentiels dans telle ou telle névrose particulière jusqu'à faire de ces maladies des rêveries et des caprices du sujet et jusqu'à oublier leur véritable aspect pathologique. Les névroses sont avant tout des maladies de tout l'organisme arrêté dans son évolution vitale; c'est ce que le médecin ne doit jamais méconnaître. Sans doute, elles ne détruisent que rarement la vie du sujets, mais elles la diminuent certainement. Cette diminution de la vie, déjà manifeste chez l'individu, devient évidente dans la famille qui, par l'intermédiaire des névroses, marche à la dégénérescence et à la disparition. Ce caractère pathologique des névroses apparaît aussi dans leur origine; l'hérédité, sous la forme d'athristisme ou d'intoxication diverses, ou de dégénérescence mentale des parents, en est le plus souvent le point de départ. La mauvaise hygiène physique et morale de l'enfance, les infections diverses, les intoxications alimentaires, les épuisements déterminés par divers surmenages, les émotions qui ne sont que des surmenages causés par des adaptations imparfaites et trop rapides à des circonstances difficiles qui provoquent l'apparition des névroses sont aussi des causes trop réelles d'affaiblissement de la vitalité de l'individu.

À ce moment et à ce moment seulement, après ces altérations physiologiques générale, se manifestent des troubles psychologiques, parce que les fonctions psychologiques sont les plus élevées et les plus sensibles de l'organisme. Le premier aspect de cette diminution vitale est une névrose peu grave encore et fort banale que l'on peut désigner par le terme vague de neurasthénie ou, si l'on veut éviter certains malentendus, de *nervosisme*. Dans le nervosisme, certaines opérations supérieures, certains actes, certaines perceptions sont déjà supprimées ou altérées; mais ces suppressions sont irrégulières, elles apparaissent tantôt à propos d'une opération psychologique, tantôt à propos d'une autre, suivant que ces opérations deviennent momentanément les plus difficiles. À la place de ces opérations supérieures se développent de l'agitation physique et mentale, et surtout de *l'émotivité.* Celle-ci n'est, comme j'ai essayé de le démontrer, que *la tendance à remplacer les opérations supérieures par l'exagération de certaines opérations inférieures et surtout par de grossières agitations viscérales.*

Si la maladie se développe, elle prend diverses formes particulières, suivant que certaines opérations supérieures sont plus régulièrement et plus constamment supprimées que certaines autres. Nous n'avons étudié, dans cet ouvrage, que deux exemples des formes que peuvent prendre les diverses névroses. L'une nous a paru être la psychasténie, quand la dépression accompagnée d'agitation portait surtout sur la volonté, sur l'attention, sur la fonction du réel; l'autre était l'hystérie, quand l'insuffisance accompagnée de dérivations portait surtout sur la perception personnelle, sur la construction de la personnalité. Pour comprendre ces formes particulières que prennent les névroses, pour essayer de les transformer, il devient alors nécessaire de décrire avec soin les symptômes psychologiques, de les distinguer les une des autres et de leur donner des noms précis. C'est à ce point de vue que je me place pour tirer la conclusion la plus intéressante des études encore bien insuffisantes qui ont été faites sur les névroses. Si le côté médical de ces maladies ne doit pas être négligé, les symptômes psychologiques doivent aussi être analysés avec autant de soin et de précision que les symptômes physiologiques. Tous les observateurs sont aujourd'hui convaincus qu'il faut distinguer avec précision des réflexes cutanés ou tendineux, des réflexes inférieurs ou supérieurs, qu'il est puéril de confondre sous le même nom des amaigrissements et des atrophies, des tics et des spasmes, des secousses émotives et du clonus; il faut se décider à comprendre qu'on ne doit pas davantage employer à tort et à travers les mots « démonstration, persuasion, suggestion, association, idée fixe, obsession, etc, », qu'il faut distinguer dans les troubles de l'esprit les idées fixes de telle ou telle espèce, les diverses formes de la conscience, les divers degrés de la dissociation psychologique.

Cette précision du langage permettra seule de reconnaître nos erreurs inévitables, de comprendre mieux les malades, et de faire faire à la psychiatrie des progrès analogues à ceux qu'ont accomplis les études de neurologie. C'est cette analyse psychologique qui sera le point de départ des méthodes de *psychothérapie*, seules applicables au traitement des névroses, auxquelles j'espère pouvoir consacrer un prochain volume.